EL ARTE DE ACONSEJAR
BÍBLICAMENTE

Lawrence J. Crabb, Jr.

Contiene un estudio programado por la Facultad
Latinoamericana de Estudios Teológicos

EL ARTE DE ACONSEJAR BÍBLICAMENTE

© 2001 Logoi, Inc.
14540 S.W. 136 Street, Suite 200
Miami, Florida 33186

Título original en inglés: *Effective Biblical Counseling*
Copyright © 1977 by Zondervan Publishing House

Autor: Lawrence J. Crabb Jr.
Diseño textual: Logoi, Inc.
Portada: Meredith Bozek

Producto: 491081
Categoría: Psicología/Consejería
ISBN: 0-7899-1045-4
Impreso en Colombia

CONTENIDO

**PARTE IV: HACIA UN PROGRAMA DE CONSEJO
DENTRO DE LA IGLESIA LOCAL**

INTRODUCCIÓN

En mi primer libro, *Basic Principles of Biblical Counseling* [Principios bíblicos del arte de aconsejar], desarrollé en un bosquejo más o menos extenso un enfoque del arte de aconsejar que creo que está psicológicamente bien fundado y acorde con las Escrituras. El libro ofrece el pensamiento filosófico y conceptual sobre el cual baso mi enfoque de cómo aconsejar. Mi propósito al escribir este libro es hallar un modelo de aconsejar que pueda integrarse adecuadamente en el funcionamiento de la iglesia local. En mi opinión, cualquier enfoque de la obra de aconsejar que sea verdaderamente bíblica funcionará con mayor eficacia cuando se lleva a cabo en el contexto de un cuerpo local de creyentes. En estos días oímos mucho acerca de conceptos como vida de cuerpo, compañerismo *koinonía*, y amor ágape. No sólo es bíblico el énfasis; también es oportuno para una iglesia cristiana que se ha vuelto demasiado impersonal y superficial en su vida de comunidad.

Sin embargo, una efectiva vida de grupo también tiene sus propios problemas. Cuando los cristianos comienzan a experimentar la emoción de la verdadera aceptación y empiezan a saborear las posibilidades de un profundo compañerismo, tanto con el Señor como entre sí, a menudo ocurre que comienzan a aflorar problemas que estaban profundamente ocultos desde mucho tiempo atrás. En estos casos el cuerpo local no debe entonces decir de entrada a sus hermanos y hermanas que están sufriendo que busquen ayuda profesional. Tenemos que proveer recursos alternativos o diferentes para encarar estos problemas dentro del grupo, donde la gente pueda beneficiarse del potencial sanador inherente al funcionamiento de grupo, a la vez que recibir consejos apropiados. El aconsejar y la vida en el cuerpo no deben estar separados. La tarea que tenemos por delante es desarrollar un modelo bíblico de cómo dar consejo que pueda integrarse con propiedad a la iglesia local. Mi meta en este libro es hacer un bosquejo de tal modelo y explorar algunas ideas preliminares en cuanto a estrategias de integración.

La labor de aconsejar no es una disciplina como la odontología o la medicina que dependen fundamentalmente de un agregado creciente de conocimiento técnico administrado por un profesional altamente especializado. El dar consejo es más bien en esencia y práctica una relación entre personas solícitas. Como con la mayoría de los conceptos, podemos equivocarnos por caer un uno u otro de los dos lados de la angosta plataforma de la verdad. Algunos insisten en que aconsejar no es otra cosa que relación. Yo no estoy de acuerdo. Hay conocimiento técnico de la dinámica psicológica y procedimientos terapéuticos que dan más efectividad al consejo. Otros caen del lado opuesto al insistir en que el arte de aconsejar no es otra cosa que la operación científica de aplicar experimentalmente verdades confirmadas de laboratorio para resolver problemas de conducta. Pero cuando consideramos que el hombre es una criatura personal hecha a la imagen de Dios, concebida para tener compañerismo con Dios, comprendemos que la orientación o consejo que desvaloriza las dimensiones personales de confianza, solicitud, y aceptación no puede ser verdaderamente efectiva.

Si el consejo efectivo requiere a la vez de cuidado y solicitud personal y de comprensión del funcionamiento humano, tenemos que buscar en nuestras iglesias locales creyentes maduros llenos del amor de Cristo, y prepararlos en la habilidad y la intuición del arte de aconsejar. Este libro está dedicado a la idea de que personas cristianas solícitas y maduras (solícitas porque conocen el amor de Cristo y maduras porque por sobre todas las cosas desean conocerlo a él) puedan llegar a ser consejeros aptos dentro de sus iglesias locales.

Es posible que algunos consejeros profesionales se sientan amenazados por semejante idea o tal vez la rechacen como nacida de un optimismo ignorante. Los invito a considerar el potencial curativo disponible de ser cierta la anterior proposición. Al tratar con personas afligidas, los consejeros que son miembros de la misma iglesia local y por lo tanto conocen bien a los otros podrán movilizar recursos de amistad, cuidado, ayuda, y oración y ponerlos al servicio de sus pacientes. En mi opinión, nosotros los profesionales seguiremos siendo necesarios, pero cambiará nuestro papel. Ya no seremos los sacerdotes de ese mundo secreto, sagrado, y misterioso de la psicoterapia. La oportunidad de la consulta privada hace que muchos se olviden de la gente que los conoce y se preocupa por ellos para ir a un profesional y pagarle por oírles y aconsejarles. En el modelo que propongo muchas personas se volverán unas a otras y a los líderes que hayamos preparado para encontrar respuestas bíblicas a sus problemas. Los consejeros que son parte de la congregación podrán con inteligencia aprovechar los recursos de una comunidad solícita y en disposición de ayudarles a remediar las necesidades de sus «pacientes».

La función de los profesionales cristianos será doble: (1) entrenar cristianos de la iglesia local que adquieran el don de aconsejar, (2) ofrecer recursos de apoyo cuando fuere necesario. No estoy de acuerdo con la opinión de algunos, de que los psicólogos deberían cerrar sus puertas y referir sus pacientes a los pastores. Aunque las Escrituras proveen la única información con autoridad para aconsejar, la psicología y su disciplina especializada, la psicoterapia, ofrecen algunos enfoques válidos acerca de la conducta humana que en ningún sentido contradicen la Biblia. Si combinamos estas ideas con los recursos curativos de un grupo local de cristianos dedicados y solícitos, mediante el entrenamiento de miembros de las iglesias para asumir buena parte de la tarea de aconsejar, podríamos ver un tremendo aumento en madurez espiritual y emocional en nuestras iglesias.

Tres tipos de consejo

Todo creyente ha sido llamado a un ministerio de ayuda y estímulo para otros, especialmente a los de la familia de la fe. Lo que necesitamos no es más conferencias ni libros acerca de la teoría del don de aconsejar, sino llamar, estimular, y apoyar a miembros de las iglesias locales para que lleven adelante la comisión de amarse unos a otros, llevar las cargas los unos de los otros, orar unos por otros. Dar aliento es una clase de ministerio de consejo que está a la disposición de todo cristiano. Los pastores, ancianos, y otros líderes de las iglesias tienen la oportunidad y la responsabilidad especial de enseñar principios bíblicos para la vida. Ese es un segundo tipo de consejo. Algunos deberán ser preparados específicamente para el ministerio de dar consejo que conlleva la exploración profunda de problemas serios. Este es un tercer tipo de forma de aconsejar y constituye el tema principal de este libro.

En mi empeño por comunicar un modelo bíblico de dar consejo he sugerido algunas ideas acerca de cómo reaccionan las personas. Cualquier cristiano puede entender y usar estas ideas de manera práctica para tratar sus propios problemas personales y para ayudar a otros a encarar los suyos. Aunque parte del material es un poco técnico, en general está escrito en un estilo tal que podrán seguir sin dificultad personas sin ninguna formación académica en el arte de aconsejar. Es mi esperanza que cada uno de nosotros, como miembro del cuerpo viviente de Cristo, se tornará más atento a sí mismo y hacia los demás, y más apto para utilizar de manera efectiva la suficiencia de Cristo para sanar el dolor propio y el ajeno.

PARTE I: ALGUNAS IDEAS PRELIMINARES

CAPÍTULO 1

LA META AL ACONSEJAR: ¿QUÉ ESTAMOS TRATANDO DE HACER?

¿Es que estamos siendo egoístas?

He aquí lo que podría ser una conversación típica entre un paciente y un consejero cristiano:

> Sujeto: Estoy frustrado. Siento como que voy a explotar. Tiene que haber alguna manera de aplacar esto. Si ocurre una cosa más, creo que me vuelvo loco.
>
> Consejero: Parece que se siente realmente desesperado.
>
> Sujeto: Así es. Aunque soy cristiano y creo en la Biblia, no encuentro la solución. He probado la oración, la confesión, el arrepentimiento, el dar lo que tengo, todo. Tiene que haber alguna respuesta en Dios, pero no la encuentro.
>
> Consejero: Comparto su convicción de que el Señor puede traer paz. Pero veamos qué puede estar impidiendo que responda en su caso.

En este punto la acción de aconsejar puede tomar distintos rumbos, según sea la posición teórica del consejero, la naturaleza de su relación con el paciente, y muchos otros factores. Pero cualquiera que sea la dirección que tome, tenemos que pensar cuidadosamente en el *fin*. ¿Qué es lo que en definitiva pide el paciente? ¿Qué es lo que espera principalmente como resultado del consejo? Al escuchar a muchos pacientes y al considerarme yo mismo cuando estoy luchando con un problema personal, llego a la conclusión de que el objetivo general que se desea con tanta desesperación es fundamentalmente egocéntrico: «Quiero sentirme bien...» «Quiero ser feliz...»

Ahora bien, nada hay de malo en querer ser feliz. Sin embargo, una preocupación obsesiva por «mi felicidad» a menudo puede nublar la visión del camino bíblico hacia un gozo profundo y perdurable. El Señor dice que hay gozo eterno para nosotros a su derecha. Si queremos gozar de esa dicha, tenemos que aprender lo que significa estar a la derecha de Dios. Pablo nos dice que Cristo ha sido exaltado hasta la diestra de Dios (Ef 1.20). De ello resulta que cuanto más permanezcamos en Cristo, más disfrutaremos de la dicha disponible por la relación con Dios. Si quiero experimentar la verdadera felicidad, debo desear por sobre todas las cosas vivir en sujeción a la voluntad del Padre como lo hizo Cristo mismo.

Muchos de nosotros damos prioridad no al hacernos semejantes a Cristo en medio de nuestros problemas sino al hallazgo de la felicidad. Quiero ser feliz, pero la paradójica verdad es que nunca voy a ser feliz si mi primera preocupación es ser feliz. Mi meta principal deberá ser siempre responder bíblicamente en cualquier circunstancia; poner primero al Señor; buscar actuar como él quiere que lo hagamos. La maravillosa verdad es que si dedicamos todas nuestras energías a la tarea de llegar a ser lo que Cristo quiere que seamos, él nos llenará de un gozo indecible y de una paz que sobrepasa con mucho a la que el mundo ofrece. Por un acto de la voluntad, debo rechazar con firmeza y convicción la meta de ser feliz y adoptar la de llegar a ser más como el Señor. El resultado será mi felicidad a medida que vaya aprendiendo a morar a la diestra de Dios y en relación con Cristo. El énfasis moderno en la integridad personal, el potencial humano, y la libertad de ser uno mismo nos ha alejado silenciosamente de la ardiente preocupación por llegar a ser más como el Señor, y hemos sucumbido al interés más primario de la realización personal, el cual —se nos promete— nos conducirá a la felicidad.

Véanse los títulos de muchos libros cristianos actuales: *El secreto cristiano de una vida feliz*; *Sé todo lo que puedas ser; Lo que estamos destinados a ser; La mujer completa; La mujer satisfecha*. Muchos contienen conceptos excelentes y verdaderamente bíblicos; pero el mensaje, ya sea explícito o implícito, a menudo está orientado más a la preocupación por la autoexpresión que al interés de conformarnos a la imagen de Cristo. Sin embargo, la Biblia enseña que si permanecemos obedientes en la verdad a fin de llegar a ser más como Dios y así darlo a conocer, la consecuencia será a su tiempo nuestra felicidad. Pero la meta de la vida cristiana, como así también la del don cristiano de aconsejar, no es la felicidad individual. Tratar de encontrar la felicidad es como tratar de dormir. Cuanto más nos afanamos y tratamos desesperadamente de dormirnos, menos lo logramos.

Pablo dijo que su meta no era llegar a ser feliz sino agradar a Dios en todo momento. ¡Qué idea más revolucionaria! Cuando conduzco mi coche camino al trabajo y alguien me obstruye el paso, cuando mis hijos se portan mal durante el culto, cuando se descompone el lavarropas... ¡mi primera responsabilidad es agradar a Dios! En Hebreos 13.15,16 se nos dice que los creyentes-sacerdotes (todos lo somos) tienen una doble función: (1) ofrecer el sacrificio de adoración a Dios y (2) ofrecer el sacrificio del servicio a otros. Si quiero agradar a Dios en todo momento, debo tener como preocupación central la adoración y el servicio. Pienso que una verdad que se ha descuidado en la mayoría de los intentos de aconsejar es la siguiente: la razón bíblica básica para querer resolver un problema personal debiera ser querer entrar en una relación más profunda con Dios, para agradarle con más eficacia mediante la adoración y el servicio.

Se nos proveerá de beneficios y recompensas personales en abundancia. Pablo se sentía muy fortalecido en medio de sus aflicciones por la perspectiva del cielo. Miraba hacia adelante, al maravilloso descanso y al gozo imperturbable que está disfrutando en este momento. Yo imagino que ha venido pasando un tiempo maravilloso durante estos últimos 1900 años, conociendo mejor al Señor y gozando de conversaciones con Pedro, Lutero, y mis abuelos entre otros. Disfruta de un gozo supremo. Pero la felicidad personal debe considerarse un subproducto, no la meta principal. Debo glorificar[1] a Dios, y al hacerlo, voy a disfrutar de él. No necesito leer el Catecismo para saber que debo glorificar a Dios para disfrutar de él. Como meta, la felicidad será siempre imposible de alcanzar cualquiera que sea nuestra estrategia. Pero la felicidad como consecuencia está maravillosamente a disposición de aquellos cuya meta es agradar a Dios en todo momento.

La próxima vez que luche con algún problema personal (tal vez lo está haciendo en este momento), pregúntese a sí mismo: «¿Por qué quiero solucionar este problema?» Si la respuesta sincera es: «Para poder ser feliz», está a kilómetros de distancia de la respuesta bíblica. ¿Qué puede hacer entonces? Adoptar una meta diferente por un acto de la voluntad consciente, definitivo, y completamente decisivo: «Quiero resolver este problema de una manera que me haga más como el Señor. Entonces podré adorar a Dios con más plenitud, y servirle con más eficacia.» Escríbalo en una tarjeta, y léalo cada hora. Afírmelo regularmente aunque al comienzo le parezca artificial y mecánico. Ore para que Dios lo confirme en su interior a medida que continúa afirmándolo por un

---

[1] A menudo usamos las palabras «glorificar», «gloria», «glorioso» sin detenernos a definirlas. Debo a mi padre la idea de que glorificar a Dios es revelar su ser esencial. «Padre, la hora ha llegado; glorifica [revela] a tu Hijo, para que también tu Hijo te glorifique [revele] a ti» (Jn 17.18). Glorifico a Dios al revelarlo, cuando ando como él anduvo.

acto de la voluntad. Ponga su meta en práctica en formas concretas. Comience a alabar al Señor dándole gracias por aquello que más lo aflige, y busque formas creativas para comenzar a servirle.

Los consejeros cristianos debieran estar atentos a la profundidad del egoísmo que reside en la naturaleza humana. Es terriblemente fácil ayudar a una persona a pretender una meta no bíblica. Es nuestra responsabilidad como miembros compañeros del mismo cuerpo, exhortar y recordar continuamente unos a otros cuál es la meta de un verdadero acto de aconsejar liberar a la gente para que pueda servir y adorar mejor a Dios, ayudándolos para que lleguen a ser más como el Señor. En una palabra, la meta es la madurez.

Madurez espiritual y psicológica

Pablo escribió en Colosenses 1.28 que su trato (¿aconsejando?) con la gente estaba destinado a promover la madurez cristiana. Solamente el creyente que está madurando está entrando con más profundidad en el propósito fundamental de su vida, a saber, el servicio y la adoración. En consecuencia, el consejero bíblico debe adoptar como su estrategia principal la promoción de la madurez espiritual y psicológica. Cuando hablamos con otros creyentes, debemos siempre tener presente el propósito de ayudarles a madurar a fin de que puedan agradar mejor a Dios.

La madurez envuelve dos elementos: (1) obediencia inmediata en situaciones específicas y (2) crecimiento a largo plazo del carácter. Para comprender lo que quiero significar por madurez y para ver cómo estos dos elementos contribuyen a su desarrollo, debemos primero captar el punto de partida bíblico en nuestra búsqueda de la madurez. Nada es más crucial para una vida cristiana efectiva que una clara conciencia de sus fundamentos. La experiencia cristiana comienza con la justificación, el acto por el cual Dios me declara aceptable. Si quiero llegar a ser psicológicamente sano y espiritualmente maduro, debo comprender claramente que mi aceptación por parte de Dios no se basa en mi conducta sino más bien en la conducta de Jesús (Tit 3 s.). Él fue (y es) perfecto. Como nunca pecó, no merecía morir. Pero fue a la cruz voluntariamente. Su muerte fue el castigo que merecía mi pecado. En su amor, Jesús proveyó para un intercambio. Cuando yo le doy mis pecados, Él paga por ellos para perdonarme con justicia y después me da el regalo de su justificación. Dios me declara justo a base de lo que Jesús ha hecho por mí. Soy declarado justo. Soy justificado. No es un don que Dios pone en mí (sigo siendo pecador), sino que Él declara que ahora me pertenece. No puedo perderlo. Soy aceptado como soy porque mi aceptación no tiene nada que ver con la forma en que soy o que era ayer, o que seré mañana. Depende únicamente de la perfección de Jesús.

Este punto no debe ser relegado al reino árido de la teología. Es un punto que está en el centro de todo crecimiento cristiano; sin embargo, muchos de los que entienden la doctrina de la expiación sustitutiva no ven su tremenda aplicación práctica a la vida. Toda nuestra motivación para todas nuestras conductas depende de esta doctrina. Los esfuerzos para agradar a Dios viviendo como debiéramos y resistiendo la tentación están muy a menudo motivados por la presión. Tenemos un vago sentimiento de pavorosa compulsión que nos incita a obedecer. Entonces obedecemos bajo la amenaza de algún presentimiento. ¿Tenemos miedo de la ira de Dios? «Ahora, pues, ninguna condenación hay para los que están en Cristo Jesús.» ¿Estamos preocupados por si seremos o no aceptados? Nuestra aceptación depende de la obra expiatoria de Cristo. ¿Tal vez tememos perder su amor? «¿Quién acusará a los escogidos de Dios?» Nada «nos podrá separar del amor de Dios, que es en Cristo Jesús Señor nuestro». Porque nos preocupamos por todas estas cosas y no creemos verdaderamente en las Escrituras, tendemos a mirar a otros cristianos para confirmar nuestra aceptación. Su aprobación se vuelve sumamente importante, de modo que tratamos de agradarlos para ganar su aprobación. En ese momento comenzamos a sentir la presión para estar a la altura de ellos. No satisfacemos las expectativas que creemos ellos tienen de nosotros. Nos sentimos culpables y los evitamos o los engañamos. Se rompe el compañerismo. Cuando hacemos lo mejor que podemos y ellos muestran desaprobación o no alaban nuestros esfuerzos, nos ofendemos con ellos.

De manera que mucha de nuestra actividad cristiana está motivada por un deseo personal de ganar la aprobación de alguien y con ello ser aceptables. Todo el dolor y los problemas que resultan de esa clase de motivación son innecesarios gracias a la doctrina de la justificación por la fe. Ya he sido aceptado. No necesito de la aprobación de nadie. Dios ha declarado que estoy bien. Cuando llego a entender eso, aunque sea débilmente, mi respuesta inevitable es: «Gracias, Señor. .. quiero agradarte.» Pablo dijo que estaba constreñido no por la presión de ser aceptado sino más bien por el insondable amor de Cristo (2 Co 5.14). Su motivación fundamental era el amor. Quería agradar a Dios y servir a los hombres, no para ser aceptado sino porque ya era aceptado. La base de toda la vida cristiana, pues, es una adecuada comprensión de la justificación.

Algún día seré glorificado. Estaré en el cielo. En ese momento serán quitadas todas mis imperfecciones. Lo que Dios ha declarado como verdad, que soy totalmente aceptable, él mismo lo hará verdad un día en mi estado consciente: seré completamente libre de todos los deseos, pensamientos, y actitudes pecaminosos. Hasta ese momento (que generalmente llamamos glorificación), Dios está en el proceso de santificarme, de purificarme, de ayudarme lentamente a ser más como él ha declarado que ya soy. Me ha asegurado la posición en la aceptabilidad. Ahora me indica que debo ir creciendo hasta esa posición, para actuar en forma cada vez más aceptable. La motivación para poder hacerlo es el amor. Me ha dado el Espíritu Santo, quien me indica cómo debo vivir y me capacita para vivir de esa manera. Por ser justificado, tengo asegurada la glorificación. Voy a manifestar el carácter de Dios cuando lo vea, porque entonces seré como él. Pero Dios me ha dicho que durante el tiempo entre mi justificación y glorificación debo andar por el camino de la obediencia. La madurez cristiana envuelve llegar a ser cada vez más como el Señor Jesús a través de una creciente obediencia a la voluntad del Padre, Permítaseme hacer un esquema de lo que hasta ahora he dicho:

GLORIFICACION — Seré perfeccionado. Dios lo ha preestablecido.

La senda de la rectitud

OBEDIENCIA — En vista de mi justificación y de mi futura glorificación, deseo agradar al Señor.

JUSTIFICACION — Soy aceptado por Dios. El lo ha declarado.

Todo aquel que es justificado algún día será glorificado. Nuestra justificación (pasado) y glorificación (futuro) dependen enteramente de Dios. Pero en el ínterin todos tenemos mucho problema con la obediencia. Nos salimos fácilmente del camino de la rectitud, y no siempre seguimos modelos bíblicos para nuestra conducta. El consejero cristiano se preocupa de si el paciente está respondiendo en forma obediente o no en cualquier circunstancia que esté pasando. Muchas veces en el acto de aconsejar se pondrá de manifiesto que el sujeto no está respondiendo de manera bíblica a su circunstancia problemática. Puede encontrarse bajo una terrible presión; tal vez hay una historia que hace perfectamente comprensible y natural su conducta y podemos sentir profunda compasión hacia él por esos problemas. Sin embargo, debemos insistir en que, a pesar de la circunstancia o trasfondo, la fidelidad de Dios nos asegura que el paciente tiene todos los recursos que necesita para aprender a obrar bíblicamente en su situación actual. Dios nunca permitirá que una situación en la vida de un creyente llegue a tal punto que le impida responder en forma bíblica. Tal como yo entiendo la realidad de «Cristo en mí» a través de su Espíritu, nunca puedo decir: «Pero no puedo obrar como Dios quiere que lo haga. Las circunstancias son demasiado difíciles.» El consejero deberá ayudar a su paciente a entrar en el camino de la obediencia. Yo le llamo a eso la meta de ENTRAR. Agregando la meta de ENTRAR a nuestro esquema, resulta como sigue:

Mucho de la operación de aconsejar equivale a quitar obstáculos tales como «No puedo», «No voy a», «No sé cómo manejar esto». A menudo el problema del sujeto son tentaciones ante las cuales sucumbe. Estas requieren más que una exhortación como «Haga de la manera que Dios ordena». Más adelante consideraremos métodos específicos para resistir la tentación, que dependen de recursos tanto psicológicos como espirituales. Cualquiera que sea el enfoque, la meta es ayudar al paciente a responder bíblicamente ante la circunstancia problemática, a ENTRAR.

Sin embargo, la obediencia es sólo una parte de la meta. Un cristiano debe hacer algo más que cambiar su conducta. Debe cambiar su actitud, sus deseos deben acomodarse lentamente al plan de Dios, debe manifestar un nuevo estilo de vida que represente más que una suma de respuestas obedientes. El cambio debe ser no solamente obediencia externa sino también renovación interior: una manera renovada de pensar y percibir, un conjunto de metas cambiadas, una personalidad transformada. A este segundo objetivo más amplio lo llamo la meta de SUBIR. La gente necesita no solamente ENTRAR sino también SUBIR.

Pablo habla de cristianos inmaduros que realmente no asimilan de una manera práctica para cada momento la realidad del señorío de Cristo. Viven de una manera que no es notoriamente diferente de los no creyentes. Pelean, se irritan con facilidad, expresan celos y resentimientos, no se llevan bien unos con otros. Los maduros (más bien aquellos que están creciendo en madurez) son los que entienden verdaderamente en qué consiste la vida cristiana. En sus corazones no tienen otro deseo mayor que adorar y servir a Cristo. Comprenden cuál es la meta fundamental de la vida cristiana. Tropiezan y caen, pero se arrepienten rápidamente, se ponen de pie, y siguen andando.

Gene Getz ha escrito un valioso libro titulado *The Measure of a Man* [La medida del hombre] cuyo contenido representa esencialmente una definición operante de la madurez cristiana. Cuando Pablo indicó a Timoteo y a Tito que buscaran hombres para asumir posiciones de dirección les dijo que se fijaran en ciertas características que en su conjunto reflejan madurez. Getz enumera veinte medidas de madurez y considera brevemente lo que cada una de ellas envuelve, y sugiere muchas ideas prácticas sobre cómo desarrollarlas. Estas descripciones son útiles para un consejero como una guía para promover y evaluar la madurez. En capítulos posteriores trataremos a fondo la idea de que, para desarrollar madurez —de la calidad que puede afrontar tormentas difíciles— es necesario identificar y cambiar directamente ciertas partes cruciales del sistema de creencias del paciente. El cambio de conducta (la meta de ENTRAR) es un prerrequisito necesario para la madurez, pero si se quiere desarrollar una madurez cristiana estable hay que llegar a cambios más fundamentales en las ideas del sujeto acerca de lo que satisface necesidades básicas como las relativas a la estima, la importancia, y la seguridad personal.

Hay que tener en cuenta que las metas de ENTRAR Y SUBIR son radicalmente diferentes de las que generalmente establecen los consejeros seculares. Ullman y Krasner, dos conocidos psicólogos behavioristas, han definido al humanismo como «cualquier sistema o forma de pensamiento o acción en que predominan los intereses, los valores, y la dignidad humanos». La mayoría de las teorías psicológicas explícita o implícitamente aceptan la doctrina humanista como la base de su pensamiento. Un sistema en que «predominan los intereses, los valores y la dignidad humanos» está abiertamente centrado en el hombre, dejando fuera la dirección sagrada de un Dios objetivo y personal. Si, a juicio del terapeuta, los intereses humanos entran en conflicto con los mandatos bíblicos, las Escrituras se dejan tranquilamente de lado en favor de la meta más elevada. Para la persona secular (y, como vimos antes, muchas veces también para el cristiano) la felicidad del paciente es lo fundamental. Todo aquello que promueva un sentido de bienestar se considera valioso. Lazarus, en un libro en general excelente y provechoso, adopta como su sistema de valores un único precepto moral que muchos secularistas adoptarían con gusto: «Usted tiene el derecho de hacer, sentir, y pensar lo que se le antoje, a condición de que nadie resulta lastimado en el proceso». De acuerdo con este precepto, las ideas sobre moralidad se pueden establecer fácilmente sin tener en cuenta en absoluto el carácter y la ley revelada de Dios. Sin embargo, digamos brevemente que los terapeutas seculares sensatos no tratan necesariamente de cambiar el sistema de valores de una persona para que adopte el de ellos, y pueden ser de verdadera ayuda al tratar a creyentes, siempre que las metas de su terapia coincidan, o al menos no entren en conflicto en determinado momento, con la meta general de ENTRAR Y SUBIR.

Debe aclararse, sin embargo, que la psicología secular opera partiendo de un conjunto de presupuestos radicalmente diferentes de los que el cristianismo enfatiza, y las metas para un paciente particular pueden resultar afectadas por esas diferencias. Por ejemplo, un acuerdo matrimonial que contradiga la enseñanza de la Biblia sobre los papeles del esposo y la esposa podrá satisfacer al paciente secular pero no al cristiano. Tal acuerdo no viola la preocupación humana limitada por los intereses, los valores, o la dignidad personales, y ciertamente no daña a otras personas. Pero la meta de ENTRAR al esquema bíblico no se ha logrado y la de SUBIR hacia una actitud como la de Cristo en su sumisión a la voluntad del Padre no se ha tenido en cuenta en ningún momento (y en la mayoría de los casos se la consideraría risiblemente irrelevante).

Resumen

La meta del acto bíblico de aconsejar es promover la madurez cristiana, ayudar a las personas a entrar a una experiencia más rica de adoración y a una vida de servicio más eficaz. En términos generales, la madurez cristiana se desarrolla (1) al encarar circunstancias problemáticas inmediatas en una forma consecuente con la Biblia: ENTRAR; Y (2) al desarrollar un carácter interior que esté de acuerdo con el carácter (actitudes, creencias, propósitos) de Cristo: SUBIR.

CAPÍTULO 2

CRISTIANISMO Y PSICOLOGÍA: ¿ENEMIGOS O ALIADOS?

Antes de tratar la estrategia para ayudar a las personas a EN-TRAR Y SUBIR, puede ser importante considerar algunos puntos de vista sobre el problema acaloradamente debatido y todavía lejano de ser resuelto de integrar el cristianismo y la psicología. Al fomentar la madurez cristiana por medio del consejo, ¿estamos autorizados a apartarnos de las teorías y procedimientos de la psicología secular? ¿Es admisible que el pensamiento de un consejero cristiano sea modelado o influido de alguna manera por la obra de psicólogos no creyentes? Algunos enfoques seculares para ayudar a los pacientes, tales como el análisis transaccional,[1] han llegado a ser populares en círculos evangélicos. ¿Cómo encara un cristiano esas posiciones? ¿Ofrecen ideas válidas de las cuales puede beneficiarse un creyente cristiano, o son en todo sentido inaceptables?

Tal vez muchos de los problemas personales que la gente trae a los consejeros son completamente ajenos a cuestiones espirituales; para estos problemas ¿son de alguna manera irrelevantes los objetivos de ENTRAR Y SUBIR (y para el caso todo el cristianismo)? ¿Cómo se fomenta la obediencia y el crecimiento de carácter en alguien que se queja de tener tan fuerte temor a las

---

1 Un moderno enfoque que se considera con más detalle más adelante en este capítulo.

víboras que interfiere sus salidas al campo con la familia? ¿Le planteamos sus responsabilidades bíblicas para con su familia y lo exhortamos a salir a pesar de su temor, confiando en Dios para su protección y paz? ¿O usamos la técnica de la desensibilización sistemática, técnica secular cuya efectividad está bastante bien documentada? Algunos podrán pensar que problemas como esos son similares a una carie que requiere la atención de un dentista calificado. Las creencias del dentista acerca del Señor le resultan mucho menos importantes al paciente cristiano que su capacitación profesional. Los diferentes tipos de problemas que experimentan las personas, ¿son realmente problemas psicológicos o médicos que serían mejor tratados por psicoterapeutas profesionales, o en alguna medida representan un alejamiento o una comprensión inadecuada de una verdad espiritual?

Estas son preguntas importantes. Si la psicología ofrece ideas que pueden agudizar nuestra preparación como consejeros e incrementar nuestra efectividad, conviene que las conozcamos. Si todos los problemas son en el fondo problemas espirituales, no conviene descuidar los recursos realmente necesarios de que disponemos en el Señor poniendo un énfasis errado en teorías psicológicas. Ya que mi propio pensamiento sobre la integración se refleja en muchos de los conceptos que luego voy a desarrollar en este libro, puede resultar apropiado resumir mi perspectiva sobre una relación aceptable entre la psicología secular y la verdad bíblica.

Al leer los trabajos de psicólogos cristianos se evidencia que hay una serie de posiciones diferentes con relación al tema de la integración. La situación se parece de alguna manera a la que existe entre las diversas denominaciones protestantes, donde cada grupo afirma que su posición es verdaderamente bíblica. El problema con que se enfrentan los cristianos evangélicos que luchan con la integración es sencillo de describir. Hay un cuerpo de verdad revelada en forma declaratoria al que todos los cristianos consideran como la inequívoca e inspirada Palabra de Dios. Por otro lado, hay una vasta literatura que representa las teorías y observaciones diversas y a veces contradictorias a las que simplemente llamamos psicología secular. Representemos con un círculo a cada una. El círculo de la verdad revelada tiene en el centro a la persona de Cristo y su obra expiatoria en la cruz.

Buswell, en su *Sistematic Theology*, [Teología sistemática] afirma que la presuposición central del cristianismo es Cristo Jesús como la Segunda Persona de la trina y soberana Divinidad, como está presentado en la Biblia, su Palabra infalible. La psicología secular está comprometida con la presuposición radicalmente opuesta que es el humanismo, una doctrina que insiste fervientemente en que el hombre es el ser superior, el hecho central de toda la historia. Todo gira alrededor del hombre y se evalúa en términos de beneficios para el hombre. La pregunta que se nos plantea a aquellos que queremos encarar con sentido la cuestión de la integración es: ¿cuál es la relación entre los dos círculos?

Los diversos intentos de integrar los círculos y con ello proveer un marco de trabajo para una estrategia de aconsejar verdaderamente bíblica tal vez puedan reducirse a cuatro enfoques diferentes.

Separados pero iguales

El primer enfoque se puede llamar «separados pero iguales» y se puede representar gráficamente como sigue:

SEPARADOS PERO IGUALES

Los partidarios de esta posición piensan que las Escrituras encaran problemas espirituales y teológicos que incluyen las creencias y las prácticas cristianas. Piensan que muchas áreas de preocupación legítimas, como problemas médicos, dentales, y psicológicos, caen fuera del alcance de la responsabilidad exclusivamente cristiana y se deben poner en manos de profesionales calificados. Señalan que las Escrituras fueron destinadas no para servir como texto de medicina o guía para el tratamiento profesional de dolencias de cualquier índole ni tampoco para ser un registro exhaustivo de historia antigua o un tratado científico. Si una persona tiene pulmonía, se la lleva al médico, no al pastor. Si quiere construir una casa, consulta al arquitecto o a un constructor. Si tiene dinero para invertir, se le recomienda un consultor financiero. Y, siguiendo con el paralelo, si tiene un problema psicológico, si padece una enfermedad mental, se la refiere a un consejero profesional experimentado.

Los pastores que tengan poca experiencia y preparación en el arte de aconsejar y todavía menos inclinación hacia ello debieran remitir a las personas con problemas a un consejero competente, pero no porque los problemas psicológicos pertenezcan a un campo ajeno al cristianismo. Muchos consideran que la Biblia no tiene más relevancia para los problemas emocionales de lo que la tiene para la pulmonía. Lo falso de esta idea común se hace aparente cuando consideramos lo que se suele llamar enfermedades mentales. Generalmente las perturbaciones psicológicas consisten o provienen de problemas como la culpa, la ansiedad, el resentimiento, apetitos incontrolados, falta de autoaceptación, sentimientos de fracaso personal, inseguridad, prioridades equivocadas, y egoísmo. Pues aun la lectura más casual de la Biblia revela muy pronto que sí tiene mucho para decir acerca de este tipo de problemas.

Tal vez una comprensión detallada de cómo operan estos problemas para producir síntomas psicológicos es algo que la psicología puede ayudarnos a captar mejor. Pero sin lugar a duda el tipo de problemas que constituyen la base de los desórdenes emocionales son dificultades a las cuales alude la Biblia. Levantar una pared entre la Biblia y la psicología y considerar que las dos disciplinas son separadas pero iguales, que cada una encara áreas diferentes de problemas, es una reflexión inadecuada sobre el contenido bíblico y debemos rechazarla con firmeza.

Ensalada mixta

Un segundo enfoque de la integración recuerda la técnica que se sigue para preparar una ensalada mixta: se mezclan juntos varios ingredientes en una misma fuente para lograr una sabrosa combinación.

ENSALADA MIXTA

ASESORAMIENTO BIBLICO

La debilidad del primer enfoque se corrige con este. Como la Biblia trata tantos problemas que se ven en el consultorio de psicología, el psicólogo cristiano querrá agregar a su arsenal terapéutico un conocimiento operativo de los conceptos bíblicos relevantes y los versículos que los expresan. Quentin Hyder, en su bien acogido libro *Christian's Handbook of Psychiatry* [Manual cristiano de psiquiatría] sigue esta línea de pensamiento. Discute el valor de doctrinas bíblicas tales como la del perdón al tratar el problema de la culpa. Su tesis parece ser que la teoría psicológica secular no ha agotado los medios disponibles para ayudar a las personas a tener vidas sanas y productivas. Señala que el cristianismo ofrece recursos grandes y a veces indispensables (por ejemplo, la fe, el amor, la esperanza, la confianza, el propósito) que un terapeuta cristiano entendido podrá aprovechar en caso de necesidad.

Tengo la impresión de que la mayoría de los profesionales cristianos han adoptado este enfoque de la integración: combinar las ideas y los recursos de la Biblia con los conocimientos de la psicología, de lo que surgirá una psicoterapia cristiana completa y efectiva. Los integracionistas cristianos tienden a alinear las dos disciplinas —psicología y teología— y a determinar dónde se tocan una a la otra para luego mezclar en una sola las ideas de ambas. El proceso se parece al de unir dos mitades completas de un rompecabezas para formar la figura. Por ejemplo, la hamartiología (el estudio teológico del pecado) y la psicopatología (el estudio psicológico de las desviaciones mentales) encaran ambas desde diferentes perspectivas más o menos el mismo asunto, la miseria humana. Se podría lograr la integración a modo de una ensalada mixta poniendo a los hamartiólogos y a los psicopatólogos en una misma habitación para comparar ideas y llegar a un concepto sintético integral de la condición humana.

El problema crítico del modelo de la *ensalada mixta* es el de restar énfasis a la necesidad de una investigación cuidadosa de cada concepto secular a la luz de los postulados cristianos. La psicología surge de un conjunto de presuposiciones que son violentamente opuestas a la Biblia, por lo cual, una posición que no investigue diligentemente los conceptos seculares abre las puertas a una síntesis de ideas contradictorias. La Biblia da por sentado que hay verdad absoluta. Todo aquello que contradiga la verdad es falso. La Biblia se niega terminantemente a acomodar conceptos que de alguna manera puedan ser inconsecuentes entre sí. Cada vez que mezclamos ideas surgidas de posiciones filosóficas opuestas, estamos en peligro de salirnos de nuestra posición básica.

Toda verdad es realmente una verdad de Dios. La doctrina de la revelación general nos autoriza a salir más allá de la revelación declaratoria de la Biblia al mundo secular del estudio científico con el objeto de buscar conceptos verdaderos y útiles. Pero debemos tener cuidado. Permítaseme explicar por qué, especialmente cuando acudimos a la psicología en busca de ayuda (y aquí me veo obligado a ser un poco técnico). La psicología trata mayormente de complejos inobservables o hipotéticos. Aunque se han diseñado ingeniosos métodos para medir esos conceptos inobservables, un enfoque estrictamente empírico ha quitado a la realidad invisible mucho de su sentido común. El positivismo lógico y un empirismo estéril son posiciones que exigen que cada término significativo sea definido exhaustivamente en términos con referencia empírica observable. En otras palabras, nada tiene sentido a menos que lo podamos ver. Estos enfoques del conocimiento han probado ser estériles. Cada vez son más los científicos que reconocen que no podemos reducir palabras como amor, alma, o belleza a una realidad tangible. A menudo las realidades importantes son invisibles. Una disciplina que se limite al estudio de aquellas realidades que se pueden discernir palpablemente con los cinco sentidos rápidamente se convertirá en una investigación meticulosa de lo trivial.

Si había de ser pertinente a las verdaderas preocupaciones del ser humano, la psicología tuvo que salirse del empirismo estricto y ocuparse de conceptos que no se pueden medir directamente. No bien la psicología comenzó a hacer algo más que recoger datos observables, sus conclusiones comenzaron a requerir necesariamente una gran dosis de interpretación subjetiva. Aquello a lo que gratuitamente nos referimos como las verdades o los descubrimientos de la psicología es en realidad una mezcla de datos e interpretaciones personales. Y aquí está la cuestión. Las interpretaciones reflejan presuposiciones. Los descubrimientos psicológicos típicamente representan datos interpretados y en consecuencia reflejan hasta cierto punto un conjunto falso de presuposiciones. Es imposible para la disciplina de la psicología mantenerse metafísicamente neutral y puramente descriptiva cuando trajina con elementos inobservables. Es por eso que debemos proceder con extrema cautela al aceptar las conclusiones de la psicología secular en nuestro pensamiento cristiano. Podemos estar absorbiendo ideas que contradigan sutilmente nuestra posición bíblica.

Una vez más, permítaseme insistir en que la psicología sí ofrece verdadera ayuda al cristiano que está tratando de entender y resolver problemas personales. Sin embargo, la más alta prioridad en el intento de una integración responsable es el trazar una estrategia que pueda evaluar la psicología secular a la luz de las Escrituras.

Buswell expresa bien esto cuando dice que la persona y obra de Cristo es «...la verdad central del sistema total de verdad y realidad del universo, la verdad tan integrada con toda otra verdad como para ser su fundamento y revelarse en ella».[2] La integración pues, se convierte en una cuestión de determinar qué conceptos psicológicos surgen naturalmente de los postulados básicos del cristianismo. Debemos hacer algo más que preparar una ensalada mixta al unir conceptos de dos disciplinas en una síntesis que permita a cada concepto mantenerse fiel a su propia presuposición. El modelo de la *ensalada mixta*, aunque a menudo lo practican cristianos que tienen un alto concepto de las Escrituras, puede resultar en una teoría que sutilmente nos aleje del cristianismo hacia un puro humanismo.

Permítaseme ilustrar cómo un enfoque del tipo *ensalada mixta* puede hacernos entrar en conflicto con la verdad cristiana. El análisis transaccional ofrece una teoría clara y sencilla de la personalidad y de la dinámica interpersonal que ha ganado amplia popularidad en muchos círculos evangélicos. Básicamente sostiene que las personas que tienen convicciones negativas acerca de sí mismas por lo general desarrollan problemas. Esto es perfectamente aceptable para los cristianos. La clara y fácil de entender división de la personalidad en tres partes (padre, adulto, niño) corresponde aproximadamente a las descripciones bíblicas de la conciencia (padre), el yo (adulto), y la naturaleza pecaminosa (niño).

---

2 J. A. Buswell, *Teología sistemática* (Miami: Logoi, Inc., 1979).

Básicamente el análisis transaccional incluye un estudio de los encuentros o transacciones interpersonales para determinar qué parte de la personalidad está implicada en un intercambio determinado. Entonces el acto de aconsejar se convierte en cuestión de ayudar a las personas a reconocer cuándo su conducta proviene de una conciencia abrumadora (padre) o de una puerilidad egoísta (niño), y de estimular un esfuerzo deliberado para responder en forma madura, realista, y razonable, como un adulto.

Nada de lo dicho hasta ahora es contrario a los cristianos. Debemos comportarnos con madurez más bien que en forma tiránica o infantil. Como el sistema es relativamente fácil de entender, y exhibe aparente compatibilidad con el pensamiento cristiano, algunos han adoptable el análisis transaccional como un modelo útil para el consejero cristiano. Pero hay problemas. Consideremos las suposiciones que se especifican como fundamentales al análisis transaccional en el popular libro *Yo estoy bien, tú estás bien* de Thomas Harris:

1. Dios es una fuerza impersonal (Harris acepta la teología de Tillich).
2. El hombre básicamente es bueno. El pecado no es otra cosa que la desafortunada convicción adquirida de que «Yo no estoy bien». No hay lugar en el análisis transaccional para la culpa moral objetiva.
3. Redención es el proceso de ir descubriendo que mi autovaloración desgraciadamente negativa no es y nunca fue verdadera. Realmente estoy bien, y soy aceptable tal como soy. Esta posición es semejante al universalismo que enseña que toda la gente está bien aunque algunos sufren por el temor de que están mal.
4. El hombre es autosuficiente.

Mi preocupación es que la teoría del análisis transaccional refleja sus presuposiciones. Una aceptación incondicional de los conceptos y prácticas del análisis transaccional en el consejo cristiano puede tener consecuencias devastadoras. Nunca se discute la cuestión del pecado. No forma parte del sistema. La fe como medio básico de apropiarse de los recursos divinos es irrelevante porque no necesitamos ayuda sobrenatural. Las cuestiones morales se ven oscurecidas por (1) la insistencia en el comportamiento adulto razonable, (2) la inclusión del pecado como parte de nuestra puerilidad, y (3) el tratamiento del material de la conciencia (padre) como sospechoso. El despojarse del viejo hombre se reduce a deshacerse del *niño* o del *padre*. Vestirse del nuevo hombre se redefine como el responder en *adulto*. La idea de que el ser humano pueda decidir actuar en forma aceptable por sus propias fuerzas no refleja la revelación de Jesucristo y está en franca contradicción con la misma. La obra del Espíritu en motivar y hacer posible la transformación, la eficacia de la expiación en proveer la vida nueva, y la dependencia de la Palabra como guía de nuestros cambios, son todos conceptos que el análisis transaccional rechaza.

Cuando los sistemas se mezclan sin una definida preocupación por tener en cuenta sus diferentes postulados, con el tiempo uno de ellos «se comerá» al otro. Si un consejero incorpora en su método los procedimientos del análisis transaccional sin un extremo cuidado, el contenido cristiano desaparecerá o tal vez se mantendrá como un agregado inútil. El problema central de la integración tipo *ensalada mixta* no es que la psicología secular no tenga nada para ofrecer sino más bien que una aceptación descuidada de las ideas seculares puede conducir a un imprevisto sacrificio de la doctrina bíblica. La integración no es principalmente una cuestión de alinear la teología con la psicología relevante. La primera tarea de los integracionistas es pasar los conceptos seculares a través del filtro de las Escrituras; entonces podremos alinear aquellos conceptos que pasen con los puntos teológicos apropiados e intentar asimilarlos en un todo abarcador. El modelo tipo *ensalada mixta* falla al no enfatizar suficientemente la función prioritaria de la investigación crítica.

Nadamasquismo

Un tercer enfoque a la integración resulta ser una reacción bien motivada frente a los otros dos enfoques. «Separados pero iguales» falla al no reconocer la relevancia de las Escrituras para los problemas psicológicos. «Ensalada mixta» agrega conceptos escriturales al pensamiento psicológico en lugar de comenzar con la Escritura e investigar cuidadosamente los conceptos psicológicos a la luz de los postulados bíblicos. Los «nadamasquistas» (y esto incluye tanto a psicólogos como a teólogos) manejan hábilmente el problema de la integración al dejar de lado completamente la psicología. Su principio básico es «nada más que la gracia, nada más que Cristo, nada más que la fe, nada más que la Palabra». Podemos representar fácilmente este enfoque:

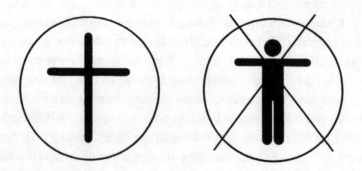

Permítaseme responder brevemente a esta posición antes de considerarla más a fondo. Yo también creo en la suficiencia de Cristo para cada necesidad del hombre, pero no creo que estemos rechazando su suficiencia cuando aceptamos una teoría secular que en ninguna manera contradice la revelación de Cristo en su Palabra. Como dice Buswell, los conceptos son aceptables si Cristo los sostiene y se revela en ellos. Usar conceptos que cumplen con esa condición no contradice la verdad de que Jesús es todo lo que necesitamos, ni priva a nuestro Señor de su posición preeminente.

La filosofía que alienta el nadamasquismo parece incluir una serie de ideas, muchas de las cuales corrigen los errores implícitos en los dos primeros enfoques:

1. Las Escrituras no pretenden ofrecer una guía detallada para problemas físicos objetivos (curar una pulmonía, construir una casa, etc.). Mientras nos mantengamos cuidadosamente dentro de los principios bíblicos generales, es válido recurrir a la ayuda que ofrecen la medicina, la ingeniería, la arquitectura, y toda otra disciplina «secular», sin que eso signifique comprometer nuestra posición cristiana.

2. Todo lo que necesitamos saber para vivir en forma efectiva está contenido en la Escritura, ya sea en forma directa o específica a través de la enseñanza, o en forma indirecta y general a través de los ejemplos. Los problemas personales que afligen a tantos (sin incluir los causados por trastornos físicos) son siempre consecuencia del pecado, definido simplemente como el no seguir los principios de Dios para la vida o errar el blanco de los objetivos y pautas de Dios. Los nadamasquistas insisten en que un desorden psicológico se comprende y encara mejor como un conjunto de problemas causados directamente por una vida pecaminosa o no bíblica. Junto con psicólogos destacados como Thomas Szasz y O. Hobart Mowrer, rechazan firmemente la suposición implícita en muchas de nuestras

ideas de que la enfermedad mental representa una invasión externa de gérmenes mentales o la consecuencia de una primera infancia infeliz que ha debilitado o torcido nuestras estructuras psíquicas internas.

3. Puesto que la Biblia incluye la revelación de Dios de cómo Él encara el pecado y una declaración extensa de los principios divinos para la vida, el consejero necesita conocer nada más que las Escrituras para tratar con eficacia todo problema cuyas causas no sean orgánicas.

4. Un énfasis sobresaliente entre los nadamasquistas es que las personas son responsables de su conducta. Incluso afirman que los problemas psicológicos no son el resultado de lo que le ocurre a la persona sino más bien de la forma en que la persona responde a lo que le acontece. Y las personas son responsables (y en consecuencia capaces) de responder bíblicamente frente a cualquier situación.

5. A la luz de estos conceptos, la manera de aconsejar incluye esencialmente dos pasos: (1) la identificación del patrón de pecado que se supone yace bajo cualquier problema exterior y (2) la exhortación y dirección para encarar ese patrón mediante la confesión (despojarse del viejo hombre) y un arrepentimiento definido que se refleje en un cambio de conducta (vestirse del nuevo hombre).

A mi juicio, el nadamasquismo tiene muchos aspectos que lo acreditan entre los cristianos dedicados. En el mundo a veces secular de lo que pretende ser psicología cristiana resulta refrescante saber de una insistencia tan firme en la autoridad y centralidad de las Escrituras. El énfasis en la responsabilidad personal es un oportuno alivio ante aquellos que justifican la conducta pecaminosa como los desafortunados síntomas de una enfermedad mental. Leí en alguna parte que el psicólogo de Richard Speck explicó el asesinato a sangre fría de las ocho enfermeras, cometido por este, como una «necesidad psicológica». Skinner hubiera condenado el mismo ambiente. Freud señala como culpable una perturbación psíquica interna. Rogers pone el énfasis en que la persona se ve sofocada por habérsele negado su derecho de autoexpresión. En todos estos casos no aparece la persona como agente responsable. No existe la responsabilidad, lo cual para muchos es una bienvenida consecuencia lógica, y lo mismo pasa con la culpa. Eliminemos la responsabilidad y acabamos con la culpa. Acabemos con la culpa, y no existe el pecado. Al anular el pecado, la cruz de Cristo se convierte en un martirio religioso en lugar de la base de la redención. Otro tanto con Satanás. Los nadamasquistas nos vuelven a la responsabilidad, la culpa, el pecado, y la obra expiatoria de Cristo. Por eso les estamos muy agradecidos.

A esta altura de la cuestión disiento de mis colegas nadamasquistas principalmente en dos áreas: (1) su insistencia en que la psicología no tiene nada que ofrecer, y (2) a lo que reducen con tanta facilidad el arte de aconsejar en su línea de pensamiento: identificar el pecado y mandar el cambio. De lo cual se sigue que la función del consejero no es otra cosa que la búsqueda de los fallos de conducta, indicar a las personas en qué debieran cambiar, y planear, estimular, y exigir los cambios adecuados.

El primer punto lo hemos comentado en el modelo de la *ensalada mixta*. Allí afirmé que debemos ser cuidadosos al aceptar los descubrimientos psicológicos en nuestros métodos y nuestros pensamientos. Pero espero haber dejado en claro que si realmente investigamos la psicología secular, encontraremos algunas ideas (tal vez muchas) que están de acuerdo con las Escrituras y que, en efecto, contribuyen a nuestra comprensión del funcionamiento humano. Por ejemplo, Adán, en Génesis 3, encaró su problema de pecado con la racionalización y la proyección; justificó su conducta (racionalización) al culpar a Eva (proyección). En realidad se engañó a sí mismo al negar su responsabilidad personal en el pecado. Jeremías dice que todos nosotros somos propensos por naturaleza al autoengaño («Engañoso es el corazón más que todas las cosas, y perverso; ¿quién lo conocerá?», Jer 17.9). Es evidente que un psicólogo cristiano querrá conocer esta característica del autoengaño y tendrá que comprender las muchas maneras específicas en que lo practicamos. Anna Freud, hija de Sigmund Freud, ha escrito una obra clásica sobre los mecanismos de defensa del yo, estrategias destinadas a ayudarnos a evitar encarar las realidades desagradables acerca de nosotros mismos. Observa una variedad de formas en que la gente practica el autoengaño. Por esa razón sus escritos son apropiados y útiles para un cristiano. Más adelante diremos algo más sobre el uso válido de la psicología secular cuando consideremos el cuarto enfoque de la integración.

El segundo aspecto del nadamasquismo que me preocupa es lo que considero un modelo simplista de la función de aconsejar. ¿Es que esta función no es otra cosa que escuchar hasta detectar un patrón de conducta pecaminoso y entonces señalarlo en forma autoritaria, indicando a las personas que se adecuen a lo que dice la Biblia? Al mirar en mi propia vida, la dinámica fundamental detrás de cualquier crecimiento espiritual que yo haya tenido ha sido una profunda sensación del amor y la aceptación incondicionales de Dios, esto hecho posible gracias a la obra expiatoria de Cristo en la cruz. Cuando experimento la inexpresable emoción de la aceptación me siento movido a amar a Dios a través de la adoración y el servicio. El consejo que pretenda ser cristiano no debe contradecir el carácter de Dios ni la eficacia de la cruz. Dios es santo, justo, y recto. Toda su ira y su cólera han sido volcadas sobre Jesús cuando soportó el castigo que merecían mis pecados. Como lo expresó un escritor: «Jesús ha bebido las últimas gotas amargas de la copa de la cólera de Dios; para mí no queda otra cosa que el amor.» Al ser justificado, nunca conoceré experimentalmente la ira de un Dios santo. Gracias a la cruz, ahora me encuentro descubriendo lentamente las infinitas riquezas de su amor. Durante toda la eternidad nunca llegaré a los límites de su amor. No hay tales límites.

Como es tan difícil para la gente captar la total aceptación en Cristo, el consejo debe reflejar continuamente la aceptación que Dios tiene del pecador justificado. La reprensión y la confrontación tienen un lugar real y a menudo necesario cuando se imparte consejo, pero siempre deben ocurrir en el contexto de la verdadera aceptación. Un consejero que acentúe la exhortación y la corrección puede llegar fácilmente a descuidar la dinámica fundamental de la aceptación. Si no se establece un acuerdo y una relación donde se comunique la sincera aceptación, la corrección autoritaria producirá rebelión o una conformidad forzada. Ninguna de estas dos cosas lleva a la madurez espiritual.

Otro problema relacionado con el modelo simplista de «identificar, luego exhortar» es su aire mecánico. Carl Rogers, en cientos de sesiones de consejo, ha documentado en forma impresionante que las variables de relación son tremendamente poderosas para producir mejoras en el funcionamiento. Las personas son seres sociales. Dios nos hizo así. El consejo tiene que tener en cuenta la fuerte influencia de la dinámica interpersonal. Descuidar la relación entre el consejero y el sujeto en favor de un modelo de entrega de información (como tienden a hacer los nadamasquistas) es reducir los encuentros personales a interacciones mecánicas. Arreglar un automóvil no requiere otra cosa que comprender los principios del funcionamiento del motor y el resto del sistema, y luego hacer al automóvil lo que corresponda para que se cumplan esos principios. «Arreglar» una persona es algo muy diferente. Además de un conocimiento de los principios del arte de vivir, se debe comunicar un profundo y sincero interés por el individuo si se quiere lograr un verdadero progreso en su carácter.

Otro corolario cuestionable del modelo simplista de aconsejar es la insistencia de los nadamasquistas en que todos los problemas personales son consecuencia del pecado. Por supuesto, en cierto sentido esto es una verdad incuestionable. No existiría ninguna clase de problemas en toda la creación de Dios si el pecado no hubiera producido su efecto corruptor. Pero los nadamasquistas parecen dar un gran paso más hacia adelante al insistir en que el pecado personal concreto es inmediatamente responsable de cualquier problema que experimente una persona. Aunque esa idea puede resultarnos atractiva a aquellos que estamos cansados de escuchar que se justifica la conducta pecaminosa como reacción incontrolable a enfermedades mentales, el modelo no siempre se puede aplicar directamente en el mundo real.

Pensemos en el niño que desde sus primeros días ha sido golpeado o descuidado, según el estado de ánimo de su padre alcohólico. Durante años ha estado sometido a un mundo donde no hay otra cosa que sufrimiento. A los 16 años un asistente social lo remite a un psicólogo. Se muestra insensible, introvertido, y apenas cumple las funciones esenciales de supervivencia, como comer y eliminar. A veces se queda inmóvil durante horas. Un terapeuta secular le diagnostica esquizofrenia catatónica y le hace un tratamiento terapéutico a base de drogas, siguiendo el concepto freudiano de que los pacientes psicóticos con un yo apenas formado no responden a la psicoterapia. Si el terapeuta es de orientación behaviorista, probablemente desarrollaría un programa de contingencias destinado a estimular formas adecuadas de conducta por medio del dinero, golosinas, o prendas que el muchacho pueda canjear por otras cosas que desee. Con optimismo, la asociación del amor y la atención con los refuerzos primarios crearía el deseo de variables de relación que luego se podrían usar para estimular su progreso.

Supongamos que un consejero cristiano con inclinaciones de tipo nadamasquista se ocupa de este caso. Con el pregón constantemente sonando en sus oídos de «no hay tal cosa como enfermedad mental, sólo hay patrones pecaminosos de vida», ¿atacará rápidamente los muchos patrones errados que comprenden todo el estilo de vida del muchacho? ¿Dónde cabe exactamente la cuestión del pecado personal? Está claro que el paciente no está practicando una fe en el Dios amante y soberano; el muchacho no está produciendo ningún fruto para el Señor, más bien se refugia en un rincón, no está controlado por el Espíritu Santo sino por el temor. Qué es lo que realmente conviene hacer, ¿identificar el pecado y exigir el cambio?

El sujeto no desarrollado, escondido bajo capas de reclusiones defensivas, se recluiría aun más en sí mismo si percibiera que el terapeuta lo está confrontando críticamente con sus respuestas pecaminosas a un desafortunado conjunto de circunstancias. Su necesidad primordial es ser aceptado. ¿No sería mejor proveerle un mundo nuevo de amor, intentando comunicarle verdadera aceptación de una manera que lo alcance? Tal vez un programa de terapia de la conducta sería útil para establecer el contacto y ser la avenida de comunicación. Las drogas podrían ayudar a reducir la ansiedad, o, en caso de necesidad, activar un sistema nervioso embotado. En algunos casos la confrontación enérgica puede ser la mejor manera de transmitir respeto por la persona como un individuo valioso capaz de responder de manera adecuada. Insistir en cambios graduales a menudo también puede ser una maniobra terapéutica efectiva. Cualquiera que sea la estrategia, la meta inmediata es crear una atmósfera de aceptación, un mundo nuevo en el que el muchacho se arriesgue a asomar la cabeza. En algún punto, insistir en que responda en forma apropiada puede ser lo adecuado, pero no hasta que el muchacho haya encontrado una razón para creer que alguien en el mundo real externo se interesa por él.

Permítaseme resumir mis ideas sobre esto. Muchas de las personas que tratamos en el asesoramiento se ocultan detrás de toda clase de capas defensivas destinadas a proteger un frágil sentido de autoaceptación o a evitar un nuevo rechazo o el fracaso de no encontrar una identidad que ya está lisiada. El arte de aconsejar envuelve quitar esas capas —a veces en forma delicada, a veces a la fuerza— para llegar a la verdadera persona que está por debajo. El contexto de todos estos esfuerzos tiene que ser la sincera aceptación o, como lo ha expresado Rogers, una consideración positiva incondicional del valor del individuo. Una vez que se llega a la persona interior hay entonces que presentar las verdades de la Escritura de una manera adecuada a la condición del individuo. Parafraseando a Pablo en 1 Tesalonicenses 5.14, si el individuo es rebelde o está deliberadamente errado, hay que confrontarlo y reprenderlo; si está débil, asustado, inseguro, pero dispuesto, hay que proveerlo de toda la fuerza y el apoyo que se pueda. (Los recursos de una congregación pueden ser especialmente valiosos en esos casos.) Cualquiera que sea su estado, hay que ser paciente con todos y aceptarlos afectuosamente.

Afirmar que el aconsejar es simplemente una cuestión de encontrar el pecado y exhortar al cambio de actitud manifiesta un enfoque simplista que no refleja la dinámica esencial del cristianismo ni se ajusta a las exigencias realistas de las situaciones que requieren consejo. El consejero bíblico verdaderamente calificado es aquel que aprovecha el verdadero conocimiento cualquiera que sea su origen y sabe cómo acercarse al individuo particular que tiene enfrente para tocarlo con esa verdad. Por eso estoy en desacuerdo con el nadamasquismo, por dos razones: (1) desacredita todo conocimiento de fuentes seculares como impuro e innecesario, y (2) tiende a reducir la compleja interacción entre dos personas a un modelo simplista de «identificar-confrontar-cambiar».

Despojar a los egipcios

Hay un cuarto enfoque de la integración que, a mi manera de ver, cubre un necesario equilibrio entre el descuido no intencionado de la *ensalada mixta* y la extrema reacción del nadamasquismo. El enfoque de la *ensalada mixta* supone correctamente que la psicología secular tiene algo que ofrecer pero no presta la debida atención a una posible confusión de presuposiciones contradictorias. Los nadamasquistas exigen con acierto que cada detalle de la actividad cristiana de aconsejar sea totalmente consecuente con la revelación bíblica pero dejan de lado toda la psicología, incluso aquellos elementos que (quizás accidentalmente) son consecuentes con la Escritura.

El modelo que propongo puede ser titulado Despojar a los egipcios. Cuando Moisés liberó a los hijos de Israel de la esclavitud en Egipto se llevó con toda libertad de los bienes de los egipcios para mantener al pueblo de Dios durante su viaje a la Tierra Prometida. Dios no sólo aprobó este «despojo» (robo) sino que también lo planeó e intervino para hacerlo posible. Pero hubo algunas cosas que los israelitas se llevaron que en realidad debieron haber dejado. Éxodo 12.38 habla de una «multitud de toda clase de gentes» que salió con los israelitas. Este grupo de gente tenía valores diferentes a los de los israelitas (negaban la presuposición cristiana de un solo Dios verdadero al seguir aferrados a los falsos dioses de Egipto) pero querían participar de la bendición prometida. Su actitud es similar a la versión moderna del cristianismo que no exige ningún compromiso con Cristo como Señor sino que estimula una actitud de «saca todo el provecho que puedas de Jesús; él te hará sentir bien». Un autor ha llamado a esto la teología de Papá Noel. «No tengo particular interés en tu Papá Noel pero sí quiero lo que me pueda dar».

Las Escrituras relatan que esa multitud de toda clase de gente no comprometida fue la primera que se quejó por la falta de alimentos en el desierto e incitó a los israelitas a rebelarse. La rebelión se convirtió en un modelo tan obstinado que todos los israelitas, salvo dos (Josué y Caleb), actuaron como paganos incrédulos y murieron en el desierto. Es por eso que la tarea de «despojar a los egipcios» es delicada y riesgosa, apropiada para el cristianismo y aprobada por Dios, pero en ningún modo libre de verdadero peligro. Como mencioné al tratar de la *ensalada mixta*, cuando mezclamos conceptos que se basan en presuposiciones antagónicas, un sistema se «comerá» al otro, hasta que no quede ningún contenido cristiano y la psicología cristiana muera en el desierto sin jamás alcanzar la Tierra Prometida. Pero podemos beneficiarnos de la psicología secular si investigamos cuidadosamente sus conceptos para determinar su compatibilidad con las presuposiciones cristianas.

La tarea de investigar cuidadosamente no es fácil. A pesar de las mejores intenciones de permanecer bíblicos, es terriblemente fácil admitir dentro de nuestro pensamiento conceptos que pueden comprometer el contenido bíblico. Puesto que los psicólogos han dedicado casi nueve años a estudiar psicología en la universidad y se ven obligados a pasar mucho de su tiempo leyendo todo lo relacionado con su campo para poder estar al día, es inevitable que se formen un determinado esquema mental. El resultado muy común pero lamentable es que tendemos a mirar las Escrituras a través de los lentes de la psicología, cuando la necesidad crítica es mirar la psicología a través de los lentes de las Escrituras.

En los últimos años algunos psicólogos miembros de organizaciones psicológicas cristianas han sugerido abiertamente que interpretemos las Escrituras a la luz de la psicología. Uno de ellos ha llegado al punto de reinterpretar los relatos de actividad demoníaca de los evangelios en términos psicológicos, insistiendo en que los psicólogos se deben adherir a la investigación empírica moderna en lugar de a los supuestos culturalmente condicionados que se reflejan en la Biblia. En contraste, McQuilkin ha afirmado acertadamente que «...si la hermenéutica —la base de la interpretación de las Escrituras— se hace desde la perspectiva de la antropología cultural o de la psicología naturalista, las Escrituras dejan de ser la autoridad final. El relativismo cultural, el determinismo ambiental, y otros conceptos antibíblicos irán penetrando y gradualmente tomarán el control».[3]

Me preocupa que los esfuerzos para «despojar a los egipcios» puedan fácilmente degenerar en nada más que otra *ensalada mixta* con sabor bíblico, en la cual se comprometa involuntariamente el contenido esencial de las Escrituras. Para disminuir esa posibilidad, me gustaría proponer que cualquiera que quiera trabajar hacia una integración verdaderamente evangélica del cristianismo y la psicología tiene que cumplir con los siguientes requisitos:

1. Tiene que estar de acuerdo en que la psicología debe estar bajo la autoridad de las Escrituras. McQuilkin define este concepto como sigue: «Estar 'bajo autoridad' significa que cuando las enseñanzas de las Escrituras entran en conflicto con cualquier otra idea, la enseñanza de las Escrituras debe considerarse como la verdad y rechazar como falsa la otra idea». Debe agregar que la otra idea debe ser considerada falsa a pesar de estar apoyada por la investigación empírica.

2. Debe insistir decididamente en que la Biblia es la revelación de Dios en forma inspirada, aseverativa, infalible, e inequívoca. Cualquiera que discuta esta doctrina, a mi parecer, no puede considerarse evangélico.

3 J. Robertson McQuilkin, «The Behavioral Sciences Under the Authority of Scripture» [Las ciencias de la conducta bajo la autoridad de las Escrituras]. Artículo leído en la *Evangelical Theology Society* [Sociedad Evangélica de Teología], diciembre 30, 1975, Jackson, Mississippi.

3. Debe estar de acuerdo con que la Escritura ha de tener «control funcional» sobre su pensamiento. Vuelvo a citar el sugestivo artículo de McQuilkin: «Por 'control funcional' quiero decir que el principio de prioridad bíblica sobre alguna opinión opuesta no bíblica no es simplemente una doctrina a la cual uno rinde homenaje sino que en realidad se debe practicar en forma completa y consecuente». El control funcional de las Escrituras será menos evidente en campos como la arquitectura y la ingeniería, sobre los cuales las Escrituras hablan poco, pero será mucho más evidente y fundamental en la disciplina de la psicología porque su objeto de estudio coincide ampliamente con el contenido bíblico.

4. Para lograr tal control funcional de las Escrituras sobre cualquier enfoque de la psicología, los integracionistas tienen que evidenciar un verdadero interés en el contenido de las Escrituras mediante:

   a) La dedicación de al menos igual tiempo al estudio de la Biblia que al estudio de la psicología.
   b) El estudio bíblico regular y sistemático que resulte en:
   c) una comprensión general de la estructura y el contenido total de las Escrituras y de
   d) un conocimiento operativo de la doctrina básica de la Biblia.
   e) La oportunidad de beneficiarse de los dones del Espíritu mediante un compañerismo regular en una iglesia local doctrinalmente bíblica.

Permítaseme ahora tratar el modelo que propongo. En un diagrama, *despojar a los egipcios* se vería de esta forma:

El círculo de puntos que rodea al círculo de la verdad revelada incluye todos los datos naturales o descubiertos que son verdaderos por la naturaleza de su coherencia con la revelación.[4] Téngase en cuenta que el círculo de la psicología apenas se superpone con el círculo no punteado de la verdad revelada. Al revisar las posiciones de numerosos teóricos seculares, se me ocurrió que cada teoría basada en un principio real de conducta humana aparece expuesto en las Escrituras.

Algún aspecto de la psicología ofrece ideas y conceptos (o, como lo describí anteriormente, «datos interpretados») que no contradicen la posición cristiana. En el diagrama esto está representado por la parte del círculo de la psicología que se corta con el círculo más grande punteado de la verdad descubierta. Eric Fromm ofrece un planteamiento útil sobre el amor en su libro *The Art of Loving* [El arte de amar]. El principio sobre el que basa su pensamiento es bíblico: la gente necesita amor. Algunas de sus ideas son provechosas, como la de que el amor no depende de su objeto sino más bien de una facultad que lo capacita a uno para amar. Pero está desacertado en su comprensión del amor de Dios. Para él Dios es una fuente de energía panteísta e impersonal, por

4 Estoy en deuda con Donald Tinder por sugerir los términos «verdad revelada» y «verdad descubierta».

lo que uno puede aprender a amar verdaderamente a los demás valiéndose de los recursos existentes en la naturaleza humana. Su énfasis en que la gente necesita amor es parte de la verdad revelada. Parte de su pensamiento podría caer dentro del área coincidente de la psicología con la verdad descubierta. Pero mucho de su pensamiento es incompatible con las Escrituras y debe ser puesto fuera del círculo de la verdad descubierta y en consecuencia considerado sin valor para una consideración cristiana.

Otra manera de exponer la cuestión es decir que los psicólogos han descubierto ideas útiles pero que a veces las usan de acuerdo con supuestos erróneos. Albert Ellis, psicólogo y ateo declarado, ha observado que las afirmaciones que una persona se hace a sí misma tienen mucho que ver con la forma en que piensa y siente. Esta idea es coherente con el énfasis de las Escrituras en cambiar la manera de pensar para cambiar la manera de actuar (ver Ro 12.1). En uno de sus artículos Ellis propone que el temor a la muerte (una emoción desagradable) se puede reducir convenciendo a la persona de que no hay vida después de la muerte. Por la repetición consciente de la frase: «No hay vida después de la muerte, en consecuencia no hay por qué temer a un futuro incierto y potencialmente penoso», ese temor puede disminuir. La manera en que él usa el principio bíblico de que la «mente influye en los sentimientos» evidentemente no se ajusta a la Biblia. A pesar de la manera equivocada en que utiliza esta idea, sus escritos discurren provechosamente sobre un principio bíblico.

Un cristiano que «ha despojado a los egipcios» de la psicología secular, separando cuidadosamente los elementos que se oponen a su compromiso con la revelación de la Escritura, estará mejor equipado para ofrecer consejo que el consejero ensalada mixta que mezcla los conceptos que le parecen convenientes, y que el consejero nadamasquista que se niega a sacar provecho de los aciertos de los estudios seculares.

PARTE II: CONCEPTOS BÁSICOS: ¿QUÉ DEBEMOS SABER SOBRE LAS PERSONAS PARA PODER ACONSEJAR CON EFECTIVIDAD?

CAPÍTULO 3

NECESIDADES PERSONALES: ¿QUÉ NECESITAN LAS PERSONAS PARA FUNCIONAR CON EFECTIVIDAD?

Una vez hablé con el señor A que acababa de adquirir una lujosa casa para su familia. Estaba comenzando a hacer una buena fortuna pero todavía no se había recuperado de algunas deudas grandes. Yo pensaba que habría sido más sensato de su parte comprar una casa menos costosa y pagar algunos de los préstamos atrasados. Este tipo de comportamiento era uno de muchos actos irresponsables. Buscando alguna explicación, le pregunté por qué había comprado esa casa tan costosa. Me dijo que le gustaba recibir invitados y escuchar los elogios que hacían de su casa. Eso lo hacía sentir bien interiormente. ¿Por qué se sentía bien? ¿Qué necesidad trataba de satisfacer el señor A con una casa lujosa?

La señora B había perdido interés en su esposo y se sentía muy atraída hacia otro hombre. Era cristiana y se sentía terriblemente culpable por sus sentimientos. Le pregunté en qué se diferenciaban ambos hombres. La señora no pudo realmente hacer una lista de diferencias significativas entre ambos, salvo una: sabía que estaba comprometida con su esposo, pero su relación con el amante no implicaba ningún compromiso. ¿Qué necesidad se veía amenazada por el compromiso?

El señor C me confesó que era un mentiroso patológico y yo sabía que era cierto. Aparentemente sus mentiras siempre lo situaban en posición favorable para el éxito en los negocios. Decía a su esposa que ese día había hecho un «negoción» y quería celebrarlo yendo a cenar a un restaurante lujoso. Lo cierto era que lo acababan de despedir. Si sus amigos querían compartir algo con él y su esposa que él no podía costear, pedía dinero prestado, decía a su esposa que se lo había ganado, y salía así a divertirse. ¿Por qué mentía el señor C? Decir que era un pecador es cierto. Pero eso no explica totalmente su actitud. ¿Qué necesidad trataba de resolver el señor C con sus mentiras?

Una mujer de mediana edad (la señora D) cayó en una profunda depresión después que sus hijos se fueron del hogar. Su esposo acababa de aceptar un trabajo que lo mantenía fuera de la casa mucho tiempo. Estaba más sola que nunca antes en toda su vida. Su depresión parecía remontarse a una decisión importante que había hecho por su propia cuenta y que le había salido mal. ¿Por qué estaba deprimida la señora D? ¿Qué necesidad trataba de ocultar la señora D con su depresión?

Muy adentro de estas personas vibraba una demanda persistente. Era tal que ni siquiera ellos mismos acertaban a describirla pero que los estaba llevando lamentablemente rumbo al desastre. De poder escuchar los murmullos imperceptibles pero poderosos de sus inconscientes, oiríamos algo así:

Necesito respetarme a mí mismo como una persona valiosa. A veces ni siquiera me siento persona. Necesito sentirme alguien. Debo quererme, aceptarme. Para aceptarme realmente, debo ser alguien. No me puedo aceptar si no valgo nada para nadie. Debo poder considerarme importante. Debo ser necesario en alguna parte, necesito verme como alguien que puede hacer algo que tenga sentido para alguien. Pero eso no es suficiente. Si quiero sentirme realmente como alguien valioso, alguien debe quererme en forma incondicional, aceptarme tal como soy, sin exigir nada, ni presionarme. Si me quisieran por actuar bien, estaría presionado a seguir siempre actuando bien. Y sé que tal vez no pueda. Entonces podría perder el amor. Necesito ser amado con una aceptación que no pueda perder haga lo que haga.

Registrando el fondo de esa «corriente de inconsciencia», emerge una simple explicación: las personas tienen una necesidad básica que requiere dos clases de fuentes de satisfacción. La suprema necesidad básica es el sentido de valor como persona, y la aceptación de uno mismo como persona integral y real. Las dos fuentes que se requieren son: significación (propósito, importancia, capacidad para hacer un trabajo, impacto) y seguridad (amor incondicional concretamente expresado, aceptación permanente).

Pienso que antes de la caída, Adán y Eva tenían significación y seguridad. Desde el momento de su creación tenían satisfechas completamente sus necesidades en una relación con Dios, libre de pecado. La significación y la seguridad eran atributos o cualidades que ya existían en sus personalidades; por eso nunca se ponían a pensar en ello. Cuando el pecado destruyó su inocencia y rompió su relación con Dios, los que antes eran atributos se convirtieron en necesidades. Después de la caída, Adán se escondió de Dios por temor a su rechazo. Adán y Eva se culparon uno al otro por su pecado, por temor a lo que Dios podría hacer. Ya se sentían inseguros. La tierra quedó con una maldición, y a Adán se le advirtió que trabajaría con el sudor de su frente. Comenzó una lucha entre el hombre y la naturaleza. ¿Tendría Adán fuerzas para enfrentar la tarea? Comenzó a luchar con una amenazadora falta de significación. La estructura de necesidad de una persona se puede esquematizar como sigue:

SEGURIDAD ➔ VALOR PERSONAL ◀ SIGNIFICACION

Mi experiencia me sugiere que aunque el hombre y la mujer necesitan ambas fuentes, para los hombres la ruta principal para percibir el valor personal es la significación, mientras que para las mujeres es la seguridad. Consideremos los ejemplos dados al comienzo del capítulo. El señor A quería tener dinero, y el reconocimiento que provee el dinero. Pero es fundamental para una adecuada comprensión de sí mismo que el señor A reconozca que su meta final no es ni el dinero ni el reconocimiento. Estos son simplemente medios para llegar a un fin. Su verdadera meta era la significación como la base para sentirse valioso. Necesitaba sentirse significativo. Y en este punto quiero insistir en que no debemos confundir el pecado del orgullo con la necesidad de significación. La significación es una necesidad normal, una parte intrínseca del hombre como ser personal, una necesidad que sólo Dios mismo puede llenar, y una necesidad que él quiere llenar. El problema del señor A no era la necesidad de sentirse significativo. Todos lo necesitamos. Su problema real era más bien una falsa idea acerca de aquello que podría darle significación. Había sido atrapado por el diabólico mito norteamericano de que sin dinero ni prestigio uno no es nadie, y había rechazado totalmente la enseñanza del Señor de que, para encontrarse a uno mismo (para ser verdaderamente significativo y en consecuencia llegar a ser valioso), uno tiene que perderse a sí mismo en total sumisión al propósito de Dios para la propia vida.

El problema de la señora B se debía en parte a que su significación se veía amenazada, pero básicamente estaba más relacionado con un profundo temor al rechazo. Estaba en juego su necesidad de seguridad. Una relación comprometida requería una madurez que ella nunca había alcanzado. En su juventud había sido mimada hasta el punto de llegar a creer que el amor era como una calle de una sola dirección. Todo cuanto había que hacer era manifestar dulcemente sus apetencias. Si no había respuesta, la cuestión era llorar, ponerse de mal humor, o sonreír encantadoramente hasta que un benefactor amoroso la tranquilizara accediendo a todas sus exigencias. El resultado de tal práctica era (en palabras de Adler) un interés social no desarrollado, un sentido de incapacidad para dar. El primer año de su matrimonio consistió en placer y diversión. Marido y mujer estaban embobados el uno por el otro, ambos eran atractivos, gozaban de buena salud, eran sexualmente vitales, tenían suficiente dinero, y carecían de problemas familiares. Pero pronto se encontraron con la realidad de dos seres humanos separados que viven juntos. Se hizo evidente que un matrimonio perdurable requería un compromiso maduro más allá de lo que exigía el primer año de luna de miel. La señora B se sintió desolada. «¿Podré? Nunca he tenido que dar. Tal vez no pueda satisfacerlo. Estoy acostumbrada a que se me quiera sin tener yo que hacer nada. Pero el amor matrimonial es una cuestión de dos direcciones y tengo que disponerme a ello.»

Al hablar se hizo evidente que las pocas veces que había recibido la desaprobación en su niñez fueron ocasiones en que no había alcanzado el nivel de conducta que las otras personas esperaban. Aunque de niña contaba con un amor indulgente a pedir de boca, tenía una débil conciencia de la posibilidad de ser rechazada por no dar la talla. Ahora se preguntaba cómo reaccionaría su esposo cuando la conociera tal como era, cuando mirara más allá de su rostro bonito y su personalidad divertida. Le preocupaba que aun cuando se comprometiera con su matrimonio y tratara responsablemente de ser una buena esposa, resultaría incapaz de llenar el cometido (necesidad de significación amenazada) y en consecuencia sería rechazada (necesidad de seguridad amenazada).

Un patrón humano típico es la tendencia a correr hacia la seguridad cuando las necesidades se hallan amenazadas. La señora B sabía que podía encontrar aceptación en una relación inmadura que no exigía nada de ella, fuera de ser atractiva y divertida. Una relación comprometida en la que tuviera que dar de sí misma como persona y tratar con madurez de satisfacer a otro ser humano le traía la posibilidad de ser rechazada. El riesgo de comprometerse le resultaba abrumador. Me dijo que incluso sus fantasías de adulterio nunca implicaban entrar en una relación seria con otro hombre. Lo más seguro para ella era revolotear de una relación sin compromiso a otra, sin enfrentarse nunca a la agonizante posibilidad de que en algún momento pudiera ser rechazada por alguien. Notemos que el problema de la señora B se entiende cuando uno considera su caso de seguridad amenazada.

El señor C, mentiroso empedernido, tenía un problema similar al del señor A. Creía que significación dependía de poder reflejar una determinada imagen. Le gustaba vivir bien, divertirse, y sentirse parte de la fiesta. Caía bien a todos los amigos pero no a su esposa. Ella sabía que era falso. ¿Cómo llegó a este estado? ¿Por qué mentía tanto? El señor C me contó del día en su adolescencia cuando quería ir con sus amigos del vecindario al carnaval que pasaba por el pueblo. Pero necesitaba dos dólares, que no tenía. Recordaba haber acudido de uno a otro de los miembros de la familia y luego a los vecinos buscando quien le pudiera dar el dinero que necesitaba. Pero no hubo quien se lo diera. Estaba sentado en mi consultorio, recordando vívidamente (como si fuera una experiencia actual) sus sentimientos de desesperación: hubiera sido una catástrofe tener que admitir ante sus amigos que no tenía dinero para ir. Aunque había sido criado en un hogar de moral rígida, su conciencia sucumbió ante el peso de la necesidad de ser alguien a los ojos de sus amigos. Robó el dinero de una tienda de la localidad. Otros aspectos del cuadro —incluyendo un padre que nunca proveyó adecuadamente y una madre que se quejaba constantemente por ello— le enseñaron una manera de solucionar las necesidades de significación que era fuente de muchos problemas.

En la mente del señor C su profunda necesidad de significación se podía satisfacer sólo si nunca tenía que reconocer ante sus amigos o su familia sus fracasos económicos. Enfrentar el rechazo esperado, el desprecio y la crítica, representaba un sufrimiento que debía evitar a toda costa. La mayoría de sus problemas personales giraban en torno a su idea falsa acerca de lo que necesitaba y de lo que debía evitar para llegar a ser algo. En su vida adulta siempre tenía que estar en el mejor nivel en cualquier negocio que emprendiera. Tenía que demostrar su éxito. El capital disponible nunca alcanzaba para cubrir los gastos exorbitantes y estrafalarios en que incurría en su búsqueda de significación. En consecuencia, sus sucesivos negocios, cada uno de los cuales probablemente podría haber sido lucrativo, fueron cayendo uno por uno en la bancarrota. Un psiquiatra denominó este cuadro como temor al éxito. Pero yo más bien pienso que se trata del temor de verse en una situación donde se espera que tenga éxito. La mayoría de las conductas neuróticas son intentos de presentar excusas por la falta de éxito. El señor C necesitaba desesperadamente el éxito financiero para reforzar su autoestima, pero tenía terror de verse en una posición donde tuviera la posibilidad de hacer dinero. En esa situación podría fracasar y el fracaso devastaría completamente su sentido de valía personal. En consecuencia, provocaba (inconscientemente) problemas en sus negocios a los que luego podía culpar por su falta de éxito. Si por el contrario hacía un buen negocio, podía hacer gala de haber logrado el éxito en medio de la adversidad. Si fracasaba, podía echar la culpa del fracaso a los problemas en lugar de a sí mismo, y con ello proteger su autoestima.

Como era de esperar, sus problemas, fabricados por él mismo, conducían a repetidos fracasos en los negocios. Aunque el achacar a las circunstancias la responsabilidad de sus fracasos en los negocios le ayudaba a proteger su frágil sentido de valía personal, la situación lo dejaba en la posición intolerable de no tener suficiente dinero para estar a la altura de sus amigos y proveer bien para su familia. Cualquier pregunta de su esposa acerca de cuestiones financieras, no importa lo inocente que fuera («¿Podemos comprar un nuevo par de zapatos para Johnny?»), la tomaba como una crítica y manifestaba una profunda amargura y ocasionales arranques de ira. Al no tener el dinero suficiente para impresionar a sus amigos y a su familia, la mentira se convirtió en el único medio posible de mantener algún sentido de autoestima. Cada vez que la gente indagaba más allá de sus mentiras y lo enfrentaba con la verdad, sencillamente recurría a culpar a los problemas externos por sus fracasos financieros. Admitir «no tengo dinero y es por culpa mía» era para él totalmente equivalente a afirmar que era un don nadie, un ser totalmente carente de cualquier valor o importancia personal.

Una actitud típica que se observa en una personalidad inmadura es: «no es culpa mía. No voy a admitir que he fracasado». Admitir el fracaso frustra el propósito al que la persona inmadura está ciegamente dedicada: proteger su autoestima como si fuera una mercadería frágil. Su orientación es evitar el compromiso con el objeto de nunca asumir realmente responsabilidad. Tener siempre una salida disponible: «Voy a hacer esto si... pero si pasa tal y tal cosa, ya no me hago responsable». Mientras pueda evitar la responsabilidad, puede evitar el propio fracaso personal. Para muchas personas la autoaceptación depende de su actuación. ¡Qué tragedia frente al hecho de que la muerte de Cristo proveyó a Dios de una base para aceptarnos a pesar de nuestra actuación!

Toda la fábrica de engaño del señor C operaba sobre una idea errada: «Para ser significativo debo evitar la falta de respeto y el desprecio manteniéndome financieramente al nivel que esperan de mí mis amigos y mi familia». La presión para actuar que provoca esta clase de idea trae como consecuencia muchas úlceras.

Consideremos el caso de la señora D. Había entrado en una tremenda depresión después de los siguientes acontecimientos: los hijos se fueron de la casa, el esposo aceptó un trabajo que suponía largos viajes, una decisión importante que se vio obligada a hacer en ausencia de su esposo salió mal. Este último suceso pareció precipitar la depresión.

La señora D había sido siempre una mujer hábil y competente. Había crecido en un hogar donde se reconocían y apreciaban sus capacidades. Como tantos otros, supuso que la competencia y el amor estaban relacionados de alguna manera. Se casó con un hombre extraordinariamente fuerte y autoritario pero amable. A lo largo de los años de matrimonio llegó a depender de la dirección de su esposo hasta el punto de que, sin darse cuenta, perdió la confianza en su propia capacidad de manejar las situaciones. Sin embargo, estos sentimientos nunca salían a la superficie porque se sentía capaz de actuar competentemente mientras su esposo estaba en casa y podía ayudarla, aconsejarla, y desenredar los líos en que se metiera.

Su papel de madre le proveyó verdadera satisfacción. Aunque cometió los errores propios de todos los padres, sus hijos la aceptaban como parte de un equipo eficiente. Pero permitió que la influencia sutil de su esposo socavara lentamente su confianza en sí misma a medida que se iba apoyando cada vez más en él. Cuando los hijos se fueron del hogar, perdió una fuente de aceptación. Luego su esposo aceptó el trabajo que lo mantenía semanas fuera del hogar. Una mañana en que él no estaba la señora D se despertó tensa. El nerviosismo aumentó hasta que se sintió visiblemente agitada. Aunque trató de restarles atención, esos sentimientos siguieron durante varios días. La gente comenzó a observar su temblor, y a preguntarle a qué se debía.

Aparentemente el problema se precipitó por una decisión que tuvo que hacer el día que comenzó su estado nervioso. Su base de seguridad había sido siempre mostrarse capaz y competente. Como nunca había tenido que ser competente por su cuenta en el matrimonio, su confianza en sus propias capacidades se había ido perdiendo lentamente. Ahora las circunstancias le exigían una decisión que no estaba segura de poder hacer con prudencia. Su seguridad, que dependía de su competencia y buen juicio, se vio amenazada. Tomó la decisión con ánimo vacilante y enseguida comenzó a sentirse sobrecogida por persistentes sentimientos de ansiedad, con el temor de que en cualquier momento se revelara su falta de competencia y que la gente quedara profundamente desilusionada de ella. Cuando llegó el momento inevitable, y fracasó en su responsabilidad, se vio cara a cara con sus peores temores. Como siempre había pensado que la aceptación dependía de la buena actuación, estaba segura de que ya nadie la aceptaría, especialmente su familia. Cuando regresó su esposo, su crítica, aunque leve, la derrumbó completamente. Se vino abajo no porque él la hubiera criticado sino porque ella se sentía totalmente inútil y despreciable. «Me aceptan si actúo bien. No he actuado bien, entonces no soy aceptable. No puedo hacerme querer, luego soy un ser humano inútil.»

Para protegerse de más asaltos a su seguridad, se recluyó en una depresión inmóvil en la que se negaba tenazmente a hacer nada. Su razonamiento parecía ser: si no hay decisiones, no hay fracasos; si no hay fracasos, no hay rechazos; si no hay rechazos, no hay sufrimiento. La depresión era una zona de seguridad. Persistentes sentimientos de culpa (no sirvo para nada; mis errores han perjudicado a otros) no solamente la inducían a huir de fracasos posibles sino también le servían como un medio sutil de expresar antagonismo hacia un mundo que la había lastimado. Su autodesprecio y su desvalorización se convirtieron en una verdadera carga para su familia, especialmente para su esposo, quien no lograba darle seguridad ni consolarla. Adler habla del «oponente» en las neurosis, sugiriendo que los síntomas neuróticos generalmente se dirigen contra alguien, tal vez para lograr atención o para expresar resentimiento.

La depresión de la señora D incluía, pues, dos elementos: (1) una excusa para evitar más errores y las críticas que lastimarían aun más su propia estimación, y (2) una expresión de hostilidad hacia un esposo que, con su estilo de vida firme y decidido, en forma inconsciente había socavado su confianza en sí misma. Observamos que su necesidad personal era sentirse útil en la seguridad de ser aceptada por los demás. Esta aceptación dependía de buena conducta. Como su meta de vivir por encima de los errores y la crítica era algo inalcanzable, eligió sencillamente no vivir. Se recluyó en un aislamiento total. La depresión fue tanto el resultado natural de terminar todo contacto con la vida como también —y más importante— una excusa para su falta de actividad. «¿Cómo voy a poder tomar una decisión estando tan deprimida como estoy? No puedo hacer nada. Si al menos pudiera librarme de esta depresión, podría volver a funcionar bien.»

La meta de este capítulo es ilustrar y clarificar dos necesidades básicas del ser humano. Todos tenemos necesidad de ser algo y de seguridad para funcionar con efectividad. Si podemos considerarnos de alguna significación y en seguridad, nos sentimos valiosos como personas. Proverbios 18.14 hace la siguiente pregunta: «¿Quién soportará al ánimo angustiado?» Cuando una persona se siente inútil, su motivación principal será protegerse a sí misma de cualquier aumento en esos sentimientos insoportables, además de tratar de aliviar los sentimientos que ya tiene.

Freud pensaba al principio que las necesidades libidinosas de poder y placer eran primarias y que los síntomas neuróticos se desarrollaban cuando estas necesidades no se satisfacían. Hoy en día muchos consejeros trabajan sobre el supuesto de que cuando las necesidades egoístas de ejercer poder y de experimentar placer no se satisfacen naturalmente, la persona debe encontrar alguna manera de satisfacerlas. A menudo el consejo en sí equivale a un esfuerzo por ayudar a la persona a liberarse, a hacer cualquier cosa que le parezca bien. «Sea usted mismo, afírmese usted mismo ... exprésese completamente...» son expresiones comunes en las sesiones de dar consejo. «Satisfaga sus necesidades de poder y placer en formas que no provoquen rechazo de la sociedad. Sea un egoísta socializado.»

Otros consejeros buscan conflictos ocultos que están frustrando la satisfacción de las necesidades. «¿Cuál es el trauma escondido en el inconsciente que está estorbando el desarrollo de una personalidad genital?» (es la expresión de Freud para designar una madurez que se caracteriza por la satisfacción de las necesidades). En ese caso la terapia se convierte en una exploración de problemas ocultos; cuando se descubren, la persona se libera de sus problemas. La enfermedad mental se define como el resultado de conflictos inconscientes no resueltos.

Muchos terapeutas tienden a pensar que si una persona simplemente obra en forma responsable, todo irá bien. El fin del consejo se convierte en poco más que la identificación de los patrones de conducta irresponsable y la exhortación a actuar en forma responsable.

Mi tesis es que los problemas se desarrollan cuando las necesidades básicas de seguridad y significación se ven amenazadas. La gente sigue modos de vida irresponsables como una manera de defenderse contra los sentimientos de insignificancia e inseguridad. En la mayoría de los casos estas personas han llegado a una idea errada de lo que envuelven la importancia y la seguridad. Y estas falsas creencias constituyen el centro de sus problemas. *Falsas filosofías de la vida dan lugar a falsos patrones de vida.* «Porque cual es su pensamiento en su corazón, tal es él [el hombre]» (Prv 23.7). Cuando se tuercen sus planes para alcanzar valía personal, la persona desarrolla síntomas como una medida de protección para no sentirse mal respecto de sí misma. Tratará de encontrar una manera de esconderse, de salirse, de huir. Sus patrones neuróticos le ocasionan verdadero sufrimiento emocional. Pero cree que es menos penoso que el sufrimiento que tendría que soportar si no tuviera esos síntomas protectores y tuviera que estar plenamente consciente de su propia inutilidad como persona. Mejor sufrir agudamente por otras razones y mantener cierto sentido de valía (con una base errada para sentirse valioso) que verse librado del sufrimiento que produce la neurosis y sentirse completamente inútil. Tal persona está entre la espada y la pared. El tratamiento debiera consistir en corregir su base falsa respecto a sentirse importante y segura y ayudarla a ver cuál es el verdadero camino hacia la valía personal. Mientras una persona crea que tiene que sacrificar, o al menos arriesgar, su sentido de valía por vivir en forma responsable, elegirá vivir en forma irresponsable. No se logrará corregir el problema exhortando a la persona a tener una conducta responsable. Se requiere un cambio en la manera de pensar.

Muchos púlpitos evangélicos complican el problema haciendo simplemente una lista de lo que se debe y no se debe hacer bajo la responsabilidad cristiana. A las personas que tienen temor de vivir en forma responsable por miedo al fracaso se les enseña a sentirse culpables por su conducta irresponsable. La enseñanza bíblica debe no sólo insistir en la conducta responsable, obediente, y agradable a Cristo, sino que también debe incluir explicaciones claras de la base cristiana de la importancia y la seguridad.

Sostengo que un cristiano puede mirarse a sí mismo adecuadamente como alguien valioso. En resumen, mi importancia depende de entender quién soy en Cristo. Llegaré a sentirme significativo al ejercer influencia de cosas eternas en la gente que me rodea por medio del servicio. Si fracaso en los negocios, si mi esposa me abandona, si mi iglesia se viene a pique, si tengo un trabajo humillante, si solamente puedo adquirir una casa chica y un automóvil usado, todavía puedo disfrutar de la significación conmovedora de pertenecer al Señor del universo. Él tiene una tarea para mí y me ha equipado para esa tarea. Al ir madurando mediante la adquisición del carácter de Cristo, entraré cada vez más de lleno al significado de pertenecer y servir al Señor.

Mi necesidad de seguridad exige que yo sea incondicionalmente amado, aceptado, tenido en cuenta, ahora y siempre. Dios me ha conocido en mis peores aspectos y aun así me amó hasta el punto de dar la vida de su Hijo por mí. Esa clase de amor nunca lo podré perder. Para Dios soy totalmente aceptable, a pesar de mi conducta. No estoy presionado ni a ganar ni a tratar de retener su amor. La aceptación que Dios tiene de mí depende únicamente de la aceptabilidad de Jesús, y del hecho de que la muerte de Jesús fue considerada como el pago total por mis pecados. Ahora que conozco este amor me puedo tranquilizar, seguro en el conocimiento de que el eterno Dios de la creación ha prometido usar su infinito poder y sabiduría para asegurar mi bienestar. Eso es seguridad. No puede ocurrirme nada sin que mi amante Dios lo permita. No voy a pasar por ninguna experiencia sin contar con la capacidad que él me dé para enfrentarla. Cuando surjan problemas y me sienta solo, inseguro y asustado, debo llenar mi mente con la verdad que sirve de base para la seguridad: que en este momento un Dios soberano, amante, personal, e infinito tiene absoluto control de todo. Sobre la base de este conocimiento puedo descansar seguro.

Debo mencionar de paso que mi aceptabilidad en Cristo no me autoriza a vivir negligentemente. Las Escrituras también enseñan que debo dar cuenta a Dios de la manera que vivo. Si entiendo la responsabilidad pero no la aceptabilidad, viviré presionado para obrar bien a fin de ser aceptado. Si entiendo la aceptabilidad pero no la responsabilidad, probablemente me vuelva tranquilamente indiferente a la vida de pecado. Cuando entienda primero mi aceptabilidad y luego mi responsabilidad, me voy a sentir impulsado a agradar a Aquel que murió por mí, temeroso de apenarlo, cosa que no quiero hacer porque lo amo.

La importancia y la seguridad verdaderas están disponibles solamente para el cristiano, aquel que confía en la vida perfecta de Cristo y en su muerte sustitutiva como su única base de aceptabilidad ante un Dios santo. Cuando los recursos de Dios no son accesibles a causa de la incredulidad, el individuo queda sin ninguna esperanza de genuina significación y seguridad. Fuera del Señor la vida carece de propósito y de amor incondicional. Por eso la gente traza diferentes estrategias para aprender a sentirse lo más valiosa posible. Como estas estrategias nunca pueden funcionar realmente y con frecuencia chocan con obstáculos, la gente no disfruta de significación y seguridad, dos elementos que todos necesitamos desesperadamente si queremos vivir en forma efectiva, productiva, creativa, y plena.

Me intriga la conclusión de Freud de que los dos impulsos básicos de la conducta humana son el poder y el placer, o, como él los llama, *tánatos* y *eros*. Freud usó el término *tánatos*, que significa «muerte», para referirse al impulso de muerte, la expresión final del poder sobre la naturaleza. Eros se refiere simplemente al placer hedonista. Me pregunto si estos dos impulsos no son en realidad formas degeneradas de las dos necesidades personales creadas por Dios, la significación y la seguridad. En una vida sin Dios, tal vez el poder y el placer es todo lo que se pueda desear en sentido realista.

En el mundo prevalecen dos grandes problemas: la violencia y la inmoralidad. ¿Será que el resultado inevitable de una sed de poder es la violencia? La destrucción es la expresión final del poder. Cuando el placer se convierte en la meta principal, ¿no son la inmoralidad y la perversión, ampliamente difundidas, el previsible resultado final? El juicio de Dios cayó sobre Sodoma y Gomorra cuando la violencia y la inmoralidad habían llegado a su punto más alto. Los israelitas fueron enviados a destruir a los cananeos justo cuando «la maldad del amorreo» llegó a su colmo. Dios dijo específicamente a los judíos que conquistarían Canaán no por su propia justicia sino por la impiedad de los cananeos (Dt 9.4,5). La tierra se caracterizaba por la violencia y la inmoralidad.

En Romanos 1.21 Pablo afirma que aunque la gente ha conocido a Dios no le ha glorificado como a Dios. Al no someterse a los propósitos y al señorío de Dios, perdieron toda esperanza de alcanzar verdadera significación. Pablo agrega que «ni le dieron gracias». En lugar de descansar en el amor de un Dios salvador y de vivir en una actitud de agradecimiento por su cuidado y protección, tomaron sus propios caminos, y con ello abandonaron toda seguridad. El resto del capítulo presenta la espiral descendente de la gente que trata de vivir sin Dios. El resultado final es la violencia (la murmuración, el asesinato, etc.) y la inmoralidad (homosexualidad, sexo prematrimonial). Es interesante observar el aumento creciente de la perversión sexual en nuestra sociedad moderna. El sadomasoquismo parece combinar el colmo de la degeneración de los valores de significación y seguridad: dominio violento total sobre otra persona (sadismo) y sumisión absoluta e incondicional a otra persona (masoquismo). Quizás se pueda clarificar este pensamiento con un esquema.

ESTADO A	ESTADO B	ESTADO C
las necesidades básicas humanas sólo pueden ser satisfechas por Dios	sin Dios las necesidades más altas que se pueden satisfacer son	consecuencias inevitables a largo plazo de una vida sin Dios
significado ⟶	poder ⟶	violencia
seguridad ⟶	placer ⟶	inmoralidad

El cristiano tiene a su disposición todos los recursos necesarios para vivir en el estado A. Cuando rechaza a Dios absorbiendo el sistema de valores del mundo (vivir por el dinero, la fama, el placer) pasa al estado B, donde lo mejor que puede hacer es obtener poder y placer. Pero el poder y el placer no satisfacen la necesidad básica del hombre de sentirse valioso. El cristiano puede arrepentirse y volverse al significado y la seguridad verdaderos. Fuera de una relación personal con Dios a través de la salvación en Cristo, nadie puede pasar del estado B al estado A. La corriente inevitable, a veces después de generaciones pero a menudo en la propia vida del individuo, es hacia el estado C. Cuando se alcanza el estado C, el olor del pecado llega a la nariz de Dios y provoca su juicio. Ya no hay esperanza. A modo de juicio, Dios «los entregó» (Ro 1.28) a sus propios deseos. El infierno será un lugar donde se sentirá en toda su agudeza la necesidad de significación y seguridad, pero nunca será satisfecha. Total horror. Y sin embargo, es la consecuencia natural de elegir vivir sin Dios, porque solamente en Dios se pueden satisfacer esas necesidades. El cielo será un lugar donde se perpetúe el estado A, donde la necesidad de ser valioso seguirá siendo real pero será satisfecha en forma perfecta, continua y eterna, por un sentido consciente del significado y la seguridad disponibles en la relación con Cristo. Disfrutaremos de lo que experimentó Adán antes de la caída, pero con una importante diferencia: no podremos perder esa relación. La base de nuestra perfecta relación con Dios ya no será nuestra inocencia sino la expiación eternamente suficiente de Cristo. Total esperanza. Gozo eterno. Valor eterno en la perfecta comunión con Aquel que es el único que puede satisfacer nuestras necesidades.

CAPÍTULO 4

MOTIVACIÓN: ¿POR QUÉ HACEMOS LO QUE HACEMOS?

Muchas personas están totalmente confundidas acerca de su propia conducta. ¿Por qué hacemos lo que hacemos? Pablo expresa una angustiosa perplejidad respecto a su propia conducta en Romanos 7. Nos dice que generalmente se encuentra a sí mismo haciendo precisamente lo opuesto a aquello que honestamente querría hacer. Al observar su patrón de conducta desconcertante, Pablo sólo podía llegar a la conclusión de que había alguna clase de ley que operaba en la estructura de su personalidad que era completamente opuesta a sus intenciones conscientes y sinceras. La mayoría de nosotros podemos identificarnos con Pablo en su problema.

—Un hombre colérico intenta honestamente no volver a perder el control. Después de unos minutos está gritando a su esposa. A veces llega a pegarle. (De paso, el pegar a la esposa está en aumento no sólo en hogares de escasos ingresos, minoritarios, sino también en hogares «respetables» de clase media y alta.)

—Una pareja joven se promete con profunda sinceridad amarse, honrarse, y cuidarse mutuamente hasta que la muerte los separe. Pocos años después, yacen en la cama, de espaldas, preguntándose por qué su matrimonio está muerto.

—Una esposa decide no permitir que la conducta de su esposo la saque de sus casillas, pero antes de que termine la tarde le ha expresado mordazmente su irritación.

—Después de gritar a sus hijos, una madre se promete no volver a levantarles la voz. El niño se niega tercamente a recoger los juguetes o el otro adolescente contesta con arrogancia; la madre rompe su promesa con un grito ensordecedor.

—Un hombre de mediana edad, obsesionado con fantasías sexuales pervertidas, se siente culpable cada vez que disfruta de su mundo privado de placer erótico. Ciertas películas y revistas ofrecen tentaciones tan grandes que sucumbe. Abatido por un profundo remordimiento, promete a Dios que nunca volverá a permitir que su mente caiga en fantasías sexuales. Esa noche en la cama repite con excitante detalle otra fantasía.

¿Por qué? ¿Por qué, a pesar de nuestras mejores intenciones, no logramos cumplir nuestras resoluciones sinceras? Al hacer esta pregunta, no es raro escuchar una serie de clichés evangélicos totalmente inútiles como: «No confía en el poder del Señor, está dependiendo de sus propias fuerzas» o «olvídese y déjelo en manos de Dios» o «ore con más fervor para ser liberado, luego repita frases como «la sangre de Cristo» y su problema desaparecerá.» Pero los problemas no desaparecen. Muchas personas que están tratando honestamente de cambiar experimentan serios problemas de culpabilidad que sólo aumentan sus dificultades en cuanto al propio control. ¿Cuál es la respuesta al problema? ¿Por qué hacemos lo que hacemos aun cuando conscientemente no queremos hacerlo? La respuesta no se expresa tan fácilmente en pocas palabras. Las personas que busquen una respuesta sencilla y apta o una serie de principios autoritarios y rígidos probablemente se sientan desilusionadas con mi opinión; pero no creo que nada que no sea una respuesta bien pensada pueda ser de alguna ayuda. En este capítulo y en el siguiente quiero describir lo que creo es una teoría de la motivación humana consecuente con la visión bíblica del hombre.

Como punto de partida quiero enumerar cinco proposiciones básicas acerca de la motivación. Léanse lentamente y con cuidado. Los conceptos posteriores dependerán del conocimiento de estos principios.

Proposición 1: La motivación depende típicamente de un estado de necesidad, o en términos más sencillos, nos vemos motivados a satisfacer nuestras necesidades.

Proposición 2: El término motivación se refiere a la energía o fuerza que da lugar a conductas específicas. Antes de ser conducta específica, la energía motivadora pasa por la mente, y es allí donde toma su dirección. Me siento motivado a satisfacer una necesidad haciendo ciertas cosas que creo en mi mente que cumplirán esa necesidad.

Proposición 3: La conducta motivada va siempre dirigida hacia una meta. Creo que algo satisfará mi necesidad. Ese algo se convierte en mi meta.

Proposición 4: Cuando no se puede alcanzar la meta (o cuando el individuo percibe que no podrá alcanzarla) se produce un estado de desequilibrio (que se siente subjetivamente como ansiedad). La necesidad a la que se le ha negado satisfacción se convierte en fuente de emociones negativas. En términos sencillos, cuando no logro tener lo que creo que necesito para sentirme seguro e importante, me siento inútil. Entonces me siento motivado a evitar que mi necesidad de sentirme valioso siga siendo lastimada mediante la reducción de los sentimientos de insignificancia e inseguridad.

Proposición 5: Toda conducta está motivada. No hay tal cosa como personas sin motivaciones. La pereza, la indecisión, la retracción están a menudo motivadas por el deseo de protegerse de mayores sentimientos de inutilidad. Al analizar una conducta nunca debiéramos decir: «No hay ningún motivo para eso. Carece totalmente de sentido.» Toda conducta tiene sentido. Podrá ser pecaminosa, ineficaz, o extraña, pero tiene sentido. Para poder entender cualquier tipo de conducta, debemos saber qué necesidad la ha motivado, qué ideas tiene la persona sobre qué es lo que satisfará esa necesidad, la meta que su pensamiento ha determinado como ansiada, y su éxito o fracaso en lograr esa meta.

Trataré de clarificar estas proposiciones con ejemplos de cómo pueden explicarse ciertas conductas. Necesito sentirme significativo y me veo motivado a satisfacer de alguna manera esa necesidad (Proposición 1). Un sistema de valores mundano errado me ha enseñado que para ser importante debo tener dinero, lo que me hace dar por sentado que el éxito financiero hace significativas a las personas (Proposición 2). De ahí que mi meta venga a ser hacer la mayor fortuna que pueda (Proposición 3). Oigo que el predicador dice que el amor al dinero es la raíz de todos los males; que no puedo servir a Dios y al dinero; que debo buscar primero el reino de Dios y poner la vista en acumular tesoros en el cielo; y que debo renunciar a mi meta de hacerme rico. Como soy cristiano y creo que la Biblia es la Palabra inspirada de Dios, estoy completamente de acuerdo con lo que me dice el predicador. Pero sigo sintiendo un impulso interior que me empuja a hacer dinero. Quiero librarme de ese impulso, pero no lo logro.

La oración, el arrepentimiento, la dedicación me hacen sentir mejor por un tiempo; pero el deseo de tener dinero sigue firme. Mi verdadero problema no es el amor al dinero, sino una idea equivocada, una suposición adquirida de que el significado personal depende de tener dinero. Hasta que no rechace deliberada y conscientemente esa idea, siempre querré tener dinero, no importa cuántas veces confiese a Dios mi pecado de querer tener dinero.

Si logro hacer una fortuna, probablemente me sienta culpable porque sé que mis deseos eran errados, pero es muy probable que en mi interior me sienta bastante bien. Porque he logrado una cierta medida de significación de acuerdo con mi suposición errada pero firme. Si no consigo hacer dinero (Proposición 4), me sentiré inútil. Tal vez renuncie a un puesto lucrativo para dedicarme totalmente al servicio cristiano, pero no experimentaré un sentido de verdadera satisfacción hasta que cambie mis ideas acerca de lo que hace significativa a una persona. Si continúo con mis esfuerzos de ganar dinero pero experimento dificultades financieras, tal vez duplique mis esfuerzos por librarme de ese deseo de dinero que me consume. Pero, una vez más, mientras siga creyendo en forma inconsciente que el dinero equivale a significación personal, nunca dejaré de ansiar dinero porque siempre estaré motivado a satisfacer mis necesidades (Proposición 1). Pablo dice que la transformación depende de la renovación de nuestra mente. En otras palabras, nuestra energía motivadora puede canalizarse en diferentes direcciones si cambiamos nuestras ideas acerca de lo que puede satisfacer nuestras necesidades. Mis esfuerzos por cambiar deberán enfocarse no en mi conducta sino más bien en mis ideas equivocadas.

Si no alcanzo mi meta de tener dinero y no cambio mis ideas, tal vez recurra a estrategias inmorales para lograr dinero. Sabré que estoy haciendo mal, y me odiaré a mí mismo por comportarme en forma pecaminosa, pero de todos modos lo seguiré haciendo. La motivación para satisfacer necesidades personales es tremendamente fuerte. Tal vez cultive una conciencia cauterizada para darme un cierto sentido de tranquilidad, o tal vez recurra a crear una serie de maniobras destinadas a proteger un sentido lastimado del valor (Proposición 4). Tal vez sufra fatigas psicosomáticas, mareos, o dolores de cabeza; o problemas psicológicos como depresión, ataques de ansiedad, o insomnio. Estos problemas tendrán una función útil en cuanto a amortiguar el sufrimiento de sentirme inútil. Puedo consolarme creyendo que si no fuera por este desgraciado problema tendría muchas posibilidades de lograr el éxito. De esa manera mi valor se ve salvaguardado frente al fracaso financiero. Aunque los síntomas que presente no sean tal vez fabricados conscientemente ni deliberadamente intencionados para cumplir una función psicológica útil, son sin embargo efectivos en cuanto a evitar el mayor sufrimiento posible: el tener que admitir conscientemente que carezco de valor (Proposición 5). Hasta que llegue a ese punto, cualquier idea suicida que tenga será básicamente una maniobra, destinada a proteger de alguna manera mi sentido de valía personal. Cuando ya no pueda evitar el admitir mi sentido de inutilidad, el suicidio se convierte en mi mente en una alternativa racional. (Debo mencionar que cualquiera de las dos dinámicas de suicidio pueden resultar en un suicidio efectivo.)

Reconsideremos estas ideas sobre motivación desde una perspectiva un tanto diferente. La clásica jerarquía de necesidades de Abraham Maslow sugiere que los seres humanos tienen cinco necesidades básicas. La más baja en la jerarquía tiene que ser satisfecha antes de que la persona se vea motivada a satisfacer la segunda necesidad, y así siguiendo con la jerarquía.

Las cinco necesidades en la lista de Maslow, comenzando con la más baja o básica, son:

1. *Físicas* (alimento, agua, etc., elementos necesarios para mantener la vida física) .
2. *Seguridad* (Maslow se refiere a seguridad física: cierta confianza razonable en que las necesidades físicas se podrán satisfacer más adelante).
3. *Amor* (lo que yo llamaría seguridad).
4. *Propósito* (lo que yo llamaría significación).
5. *Autorrealización* (la expresión de las más altas cualidades de humanidad: el desarrollo de mí mismo como una persona plena, creativa, auténtica).

La característica esencial de la teoría de Maslow es que las personas no se ven motivadas a satisfacer las necesidades «superiores» hasta que las «inferiores» o más básicas sean satisfechas. Si en este momento no tengo comida, estaré menos preocupado por el almuerzo de mañana que por el de hoy. Si estoy profundamente preocupado por la posibilidad de morir de hambre mañana, no tendré interés en asistir a una conferencia sobre «El sentido de la vida». La lista de Maslow también sugiere (y yo tiendo a estar de acuerdo) que la seguridad, o el amor, es una necesidad más básica que la de significación. Sin embargo, se requiere que ambas sean satisfechas antes de que me vea motivado a expresar verdaderamente quién soy, sencillamente porque hasta que no disfrute de seguridad y significación no me sentiré realmente alguien.

Como Dios es un ser infinito y personal, se desprende que el hombre hecho a su imagen es un ser finito y personal. Como ser finito, depende de recursos externos para satisfacer sus necesidades: es un ser contingente. Sus necesidades como criatura *física* finita corresponden a las dos primeras necesidades de Maslow: necesidades físicas de hoy y confianza en que las de mañana también serán satisfechas. La tercera y cuarta necesidad de Maslow (amor y propósito) corresponden a lo que yo llamo necesidades personales del hombre: seguridad y significación. La autorrealización, la necesidad última y superior en el sistema de Maslow, se aproxima al concepto bíblico de llegar a la madurez en Cristo, desarrollando nosotros mismos aquellos atributos que caracterizan al Señor, y luego expresando nuestra valía dada por Dios al adorarle libremente y al servir a otros mediante el ejercicio de nuestros dones espirituales.

Observemos que las cuatro primeras necesidades son esencialmente egoístas. Implican un tomar para sí, más bien que un dar hacia afuera. Necesito tomar de los recursos externos para satisfacer mis necesidades físicas y para experimentar amor y propósito. La motivación para satisfacer cualquiera de estas cuatro necesidades se podría llamar entonces «motivación por déficit», un deseo incitado por una sensación de carencia destinado a suplir esa necesidad. Sólo la última, la necesidad de autorrealización, permite una motivación desinteresada centrada en otros, en dar más que en recibir. Es interesante observar que Adler midió la salud mental en términos del grado de lo que él llamó «interés social», una preocupación activa por las necesidades de otros. En una vena similar, un presidente de la American Psychological Association (Asociación Psicológica Norteamericana) cuestionó un modelo de salud mental que proclama la autogratificación. Señaló que nuestro acento en el individualismo ha fomentado la suposición de que el estar libre de conflictos depende de conseguir todo lo que queramos en el momento que lo queramos. En su discurso en una importante convención psicológica sugirió que tal vez el elemento esencial en la adaptación humana no es lo que conseguimos sino más bien lo que damos: una preocupación por el bien social, que se observaría en una adherencia responsable y abnegada a las pautas morales. Esta idea parece consecuente con la enseñanza de Cristo de que el que quiera salvar su vida debe perderla.

Ahora bien, si es cierto que la salud mental se define mejor en términos del genuino interés de una persona por darse a sí misma por el bien de los demás, y si es imposible alcanzar este estado de autorrealización hasta que no hayamos satisfecho primero las cuatro necesidades egocéntricas, entonces hay algunas consecuencias bastante alarmantes para aquellos que tomamos en serio las Escrituras. En mi primer libro expliqué por qué las necesidades personales de significación y seguridad sólo pueden satisfacerse plenamente en una relación personal con Dios. De ahí que sólo un cristiano tiene los recursos necesarios para alcanzar verdaderamente la plenitud de sí mismo. Veamos el argumento en forma lógica:

1. Para ser bien adaptados, tenemos que alcanzar el estado de autorrealización.
2. Para alcanzar ese estado debemos pasar primero por los cuatro primeros estados, las necesidades físicas y personales deben ser satisfechas antes de que estemos en condiciones de llegar a la plenitud del ser.
3. Si las necesidades personales se pueden satisfacer sólo con relación a un Dios personal, entonces sólo el cristiano tiene los recursos para alcanzar el quinto nivel, la plenitud del ser, y entonces ser verdaderamente bien adaptado.

Por supuesto, los no cristianos pueden satisfacer sus necesidades físicas en determinado momento sin depender conscientemente de Dios. La necesidad de tener la seguridad de que las necesidades físicas del futuro también se verán satisfechas frente a la inseguridad de la vida física y económica, nunca puede ser verdaderamente satisfecha. Pero si se goza de buena salud y hay suficiente dinero en el banco, aparentemente las personas pueden continuar motivadas por las necesidades de seguridad y significación. Aquí es donde se ve limitado el no cristiano. Sin el Señor es posible lograr un aproximado de seguridad en el amor de cónyuge o de amigos y encontrar un sentido definitivo de significación en la dedicación a un propósito que muchos considerarán importante. Sobre la base de esas fuentes de significación y seguridad, falsas pero no obstante subjetivamente satisfactorias, muchas personas llegan al estado que muchos observadores juzgarían como un nivel saludable de autorrealización. Pero si es verdad que cualquier intento de satisfacer las necesidades personales fuera de una relación de compromiso con Cristo lógicamente no llega a cumplir su meta, entonces todo no cristiano se verá atrapado de alguna manera, en forma definitiva, en los estados tres y cuatro. Como no está satisfecho, y no puede llegar a estarlo en la mayoría de sus necesidades personales básicas, siempre habrá una tendencia oculta de motivación para encontrar significación y seguridad en toda conducta. Está condenado al egocentrismo hasta que pueda superar los estados tres y cuatro, lo cual no puede realmente hacer sin llegar a ser cristiano.

Muchos no cristianos manifiestan un loable interés humanitario por otras personas. ¿Acaso no es esto expresión de una personalidad completa? No, porque por debajo de cualquier motivación consciente y meritoria pueden sentirse las demandas de las necesidades insatisfechas de significación y seguridad. Si no hubiera tal rumor sordo, entonces tendría que ser posible el llegar a ser una persona verdaderamente integrada sin Dios. Si así fuera, el infierno sería un lugar más o menos agradable donde las personas que han encontrado amor y significación sin Dios pueden disfrutar unas de otras. Pero Dios es absolutamente indispensable en la satisfacción de nuestras necesidades personales. Por eso, no importa lo integrados, o desinteresados, o amantes que parezcan ser los no cristianos, siguen funcionando sobre un estado de déficit. El centro motivador de su conducta está seguramente teñido del deseo de satisfacer sus propias necesidades. Siguen siendo fundamentalmente egocéntricos, impulsados por la motivación de déficit para suplir en sí mismos aquello de que carecen. Dios, que ve hasta lo más profundo de nuestro corazón, no puede recomendar ni aceptar una conducta que de alguna manera esté motivada por el egoísmo.

Si mi razonamiento es correcto, los cristianos debieran ser las personas más autorrealizadas, las más solícitas y compasivas, las más libres de egocentrismo, intolerancia, contiendas, y mal humor, todo lo cual resulta de una preocupación egoísta por satisfacer las propias necesidades. Teóricamente los cristianos están en posición de ser libres de la motivación por déficit. Podríamos vivir constantemente más allá de los estados 1 a 4, en el estado 5, usando nuestras vidas como instrumentos de Dios en favor de los demás. Sin embargo, a menudo no nos diferenciamos ni siquiera mínimamente del egoísta mundano que está preocupado en satisfacer sus propias necesidades. Pablo reprendió a los cristianos por vivir como la gente común.

El motivo de tal conducta carnal no es difícil de descubrir. En una palabra, el problema es la incredulidad (o, como yo prefiero pensarlo, las creencias erradas). Siéntese con su Biblia y busque los versículos que afirman que Dios ha prometido suplir cada necesidad de las de la lista de Maslow. Lo que nos queda a nosotros por hacer es «poseer nuestras posesiones», creer en forma determinada y persistente que Dios cuida completamente de nuestras necesidades, y vivir en el estado 5. El cristiano debe volar a través de los estados 1 a 4 en las alas de la fe. Considere estos versículos bien conocidos como una base para su fe. Por supuesto hay muchos otros.

Dios ha satisfecho nuestras necesidades físicas.
«Mas buscad primeramente el reino de Dios y su justicia, y todas estas cosas [se refiere a la comida, el vestido, el techo] serán añadidas» (Mt 6.33).

Dios ha satisfecho nuestra necesidad de saber que nuestras necesidades de mañana también serán resueltas.
«Así que no os afanéis por el día de mañana» (Mt 6.34). «Por nada estéis afanosos, sino sean conocidas vuestras peticiones delante de Dios.... Mi Dios, pues, suplirá todo lo que os falta conforme a sus riquezas en gloria en Cristo Jesús» (Flp 4.6,19).

Dios ha satisfecho nuestra necesidad de seguridad (amor).
«¿Quién nos separará del amor de Cristo?... Estoy cierto de que ... ninguna cosa nos podrá separar del amor de Dios que es en Cristo Jesús» (Ro 8.35,39). «Mas Dios muestra su amor para con nosotros, en que siendo aún pecadores [en nuestras peores condiciones, expuestos como realmente somos, sin máscaras], Cristo murió por nosotros» (Ro 5.8).

Dios ha suplido nuestra necesidad de significado (propósito).
«Porque para mí el vivir es Cristo y el morir es ganancia» (Flp 1.21). «Porque somos hechura suya, creados en Cristo Jesús, para buenas obras, las cuales Dios preparó de antemano para que anduviéramos en ellas» (Ef 2.10). «[Dios] rescata del hoyo tu vida [es decir, de que sea inútil y desperdiciada]» (Sal 103.4).

Mientras el cristiano crea estos versículos, estará libre de una vida de preocupaciones egoístas respecto a si se satisfacen o no sus necesidades, y será capaz de llegar a la autorrealización, sabiendo confiadamente (no necesariamente siempre «sintiendo») que sus necesidades se verán satisfechas de acuerdo con los propósitos de Dios y que de ahora en adelante sus necesidades personales estarán resueltas perfectamente. Creer esto frente a la tremenda presión de estar de acuerdo con el sistema de valores falsos del mundo, de vivir para el dinero, el placer, o la fama, requiere un compromiso firme con la autoridad de las Escrituras. Me aflige escuchar a algunos de mis colegas en psicología cristiana considerar a la Biblia como útil pero no autoritativa. Algunos parecen mirar a las Escrituras como adecuada en sus enseñanzas sobre cuestiones espirituales pero posiblemente desacertada en el ámbito de los problemas científicos. Los evangélicos, si van a seguir siendo evangélicos de un modo que tenga sentido, deben insistir dogmáticamente en que siempre que las Escrituras hablan lo hacen con autoridad infalible. Si la Biblia dice que mis necesidades psicológicas están resueltas, entonces lo están. Aun cuando todo mi ser personal pueda rebelarse y patalear en mi interior —«no me siento ni seguro ni significativo, no valgo nada»— debo por la fuerza, por un acto de mi voluntad, someterme a la Palabra y admitir que en alguna parte no estoy percibiendo las cosas en forma adecuada. La psicoterapia, en su forma más avanzada, trabaja con esas percepciones inadecuadas y ayuda a la persona a cambiarlas para encuadrarse en las Escrituras.

Los cristianos nunca operan en condiciones de déficit sino de plenitud. Nuestras vidas debieran ser una expresión de esa plenitud en la adoración y el servicio. Por eso me refiero a la motivación de una persona verdaderamente integrada como «motivación por expresión». Sin embargo, la mayoría de nosotros nos sentimos en déficit y actuamos en formas destinadas a llenar el vacío. Una cosa es decir que podemos afirmar por la fe que nuestras necesidades ya están satisfechas en Dios y en consecuencia vivir en el estado 5 por motivación por expresión. Otra cosa muy distinta es conseguir zafarnos de la pegajosa telaraña de la motivación por déficit. En el capítulo siguiente consideremos el funcionamiento de la personalidad humana en un esfuerzo por llegar a una estrategia que permita pasar de la motivación por déficit a la motivación por expresión, y en consecuencia alcanzar la meta de la madurez cristiana.

Resumen

El motivo de responder a una necesidad conduce a la acción. Si una persona tiene hambre actúa en formas destinadas a obtener alimento. Si se siente insegura, trata de encontrar amor. Hasta que sus necesidades no son satisfechas, una persona opera desde un estado de déficit. Su motivación se puede caracterizar como egoísta. Está tratando de satisfacer sus propias necesidades.

· La motivación se puede entender mejor como una energía o impulso a hacer algo que la persona cree que la conducirá a la gratificación de la necesidad. De la interacción con el sistema falso del mundo, la gente se hace ideas acerca de lo que requiere para satisfacer sus necesidades personales de significación y seguridad. Sus creencias determinan entonces sus metas de vida. Nunca podrán renunciar a su meta (ya sea dinero o poder o hijos obedientes o un esposo amante) hasta que reconozcan que las necesidades personales sólo se resuelven en una relación con Cristo.

Para entender por qué hacemos lo que hacemos necesitamos darnos cuenta de que la mayoría de nosotros operamos con motivaciones producto de déficit, tratando de lograr algo que creemos resolverá nuestras necesidades personales. Cuando no alcanzamos las metas deseadas nos vemos obligados a protegernos de los sentimientos penosos de insignificancia e inseguridad que nos sobrecogen. El alcoholismo, el derroche compulsivo, el comer con exceso, el dar excusas, los padecimientos psicosomáticos, algunas formas de esquizofrenia, y otras formas de conducta a menudo responden al intento de apagar o compensar el sufrimiento emocional de sentirnos inútiles.

CAPÍTULO 5

ESTRUCTURA DE LA PERSONALIDAD: ¿CÓMO FUNCIONAMOS?

En el capítulo anterior dije que si queremos entender por qué hacemos las cosas que sinceramente no queremos hacer, tenemos que comprender que estamos motivados por el deseo de satisfacer nuestras necesidades de significación y seguridad en las formas que creemos inconscientemente que funcionarán. Una esposa me dice que no puede entregarse sexualmente a su esposo. Conscientemente quiere hacerlo, y trata de entregarle su cuerpo en obediencia a 1 Corintios 7.1-5, pero se pone tan tensa que se retrae. ¿Por qué? Tal vez piensa que necesita del amor de su esposo para estar segura. Como él la ha herido en el pasado, tal vez ahora teme hacerse vulnerable a más sufrimiento al acercarse a él. Por eso se pone rígida y se retrae del sexo, la expresión más íntima de proximidad. Tal vez también siente cierto resentimiento hacia él por haberla herido, además de no confiar lo suficientemente en él para acercarse; y se retrae para desquitarse.

Un consejero que llega a estas conclusiones todavía no ha ayudado a su paciente. Ahora tiene que ayudarla a pasar de la motivación por déficit (la conducta según sus propias necesidades en mente) a la motivación por expresión (conducta que expresa su integridad dada por Dios en concordancia con la dirección bíblica). Si el consejero quiere ayudarla a efectuar ese cambio y además manejar con efectividad una amplia variedad de casos, tendrá que comprender algunos de los principios básicos del funcionamiento de la persona.

En este capítulo quiero dibujar la figura de una *persona*. Los artistas pintan lo exterior de la persona, su aspecto físico externo. Los profesores de anatomía describen el aspecto físico interno de la persona, mostrando los huesos y los órganos que están debajo de la piel. Yo también quiero ir más allá de la cobertura exterior, pero en lugar de describir más de la parte física, quiero tratar de apresar en el papel lo intangible. Los médicos hablan de anatomía física. A mí me interesa la anatomía personal, las partes constitutivas que hacen que la persona sea más que una colección de partes físicas en función. Quiero dibujar una persona. En términos apropiados para un psicólogo, podría decir que espero describir la «psicoanatomía» de una persona. ¿Cuáles son las partes interiores de una persona? ¿Con qué pensamos? ¿Cómo interactúan nuestros pensamientos, sentimientos, y actitudes deliberadas?

Antes de comenzar a dibujar una persona, quiero hacer dos observaciones importantes: (1) No soy lo que los psicólogos denominan un «reduccionista fisicista», o sea, yo creo que hay «partes» intangibles en la persona que no se reducen al cuerpo físico. La emoción es más que un funcionamiento glandular. El pensamiento es más que una actividad neurológica del cerebro. Aunque hay conexiones intrincadas entre el funcionamiento físico y el personal, no creo que el cómo sentimos, actuamos, y pensamos como personas se pueda explicar completamente en términos de correlaciones fisiológicas. (2) Cuando hacemos la disección de un organismo para examinar sus partes constitutivas caemos en el peligro de perder de vista el funcionamiento total del organismo. Un cirujano tal vez aprenda a pensar en el «objeto» que yace en la camilla como un conjunto de partes que incluye el corazón, los pulmones, el hígado, el cerebro, y demás. Yo creo que una persona es una entidad operante que actúa como una unidad. Al considerar las diferentes partes que componen esta persona integral, tal vez dé la impresión de que pienso en la persona como nada más que un conjunto de partes. Permítanme aclarar que creo que una persona es un todo indivisible. Mi intento en este capítulo será entender mejor cómo funciona ese todo indivisible observando los elementos claves del funcionamiento dentro de la personalidad humana.

Al considerar las partes de la persona muchos cristianos comienzan hablando acerca de espíritu, alma, y cuerpo. En mi pensamiento, como ya he dado a entender, es más útil concebir a los seres humanos como compuestos de dos partes: la parte física y la parte personal, o parte material y parte inmaterial. El cuerpo pertenece al lado físico del hombre. El espíritu y el alma a la parte personal. Aunque los términos de espíritu y alma a veces se usan en forma intercambiable en la Biblia, muchos estudiosos han intentado diferenciarlos. Yo estoy de acuerdo con los dicotomistas que sienten que el espíritu y el alma sólo se pueden separar en sentido funcional. Sugiero que ambos términos se pueden entender con más sencillez no como entidades materializadas o partes literales de la personalidad sino más bien como términos descriptivos que expresan si la personalidad como un todo está orientada primariamente hacia Dios o hacia otras personas. Cuando oriento mi energía personal hacia Dios en adoración, oración, o meditación, se puede decir que mi espíritu está interactuando con Dios. Cuando dirijo mi personalidad hacia otra persona, funcionando en sentido lateral y no vertical, entonces puedo vincular mi alma con la suya.

Si el espíritu y el alma realmente son términos descriptivos que se refieren sólo a la dirección del funcionamiento personal, tenemos que tratar de definir exactamente lo que queremos significar con funcionamiento personal. La forma en que funciona una personalidad humana tal vez se entienda mejor estudiando sus partes funcionales.

La mente consciente

El primer elemento en el funcionamiento personal es la mente consciente. La persona tiene conciencia de sí misma; podemos hablarnos a nosotros mismos en discurso normal. Con esta capacidad de decirnos cosas a nosotros mismos en forma de oraciones (es decir, plasmamos impresiones en palabras), evaluamos nuestro mundo. Cuando ocurre un hecho externo que atrae mi atención, respondo a él primero hablándome a mí mismo sobre el caso. Tal vez no siempre caiga en cuenta de las frases que me estoy diciendo, pero de todos modos estoy respondiendo en forma verbal, y si prestara atención a mi mente, podría observar qué frases estoy usando para evaluar el suceso. Por ejemplo, si me despierto frente a una tormenta de lluvia una mañana que tenía destinada a jugar al golf, probablemente considere mentalmente la situación con oraciones como: «Mi compañero de golf es un cliente potencial que se va mañana de la ciudad y tal vez pierda una oportunidad de hacer un buen negocio. Esta tormenta es una calamidad.» Mi reacción emocional sería sumamente negativa. Si mi esposa me preguntara por qué estoy deprimido, probablemente le diga: «Porque está lloviendo». Pero esa no sería la respuesta correcta. Una tormenta de lluvia no tiene ningún poder para deprimirme, pero una fuerte evaluación mental negativa de la tormenta sí lo tiene. En otras palabras, no son los eventos los que controlan mis sentimientos. Es mi evaluación mental de esos eventos (las frases que me digo a mí mismo) lo que afecta mi ánimo. Supongamos que cambiara mi evaluación «esta tormenta es una calamidad» por «el dinero es importante, pero confío en Dios para resolver mis necesidades; en consecuencia, aunque preferiría jugar al golf hoy, no es terrible que no pueda hacerlo». Con esa cláusula en mente, mi reacción emocional incluiría la verdadera desilusión pero también una serena sensación de paz.

Para quienes han estudiado teoría de la personalidad será obvio que aquí estoy describiendo un punto de vista subjetivo y fenomenológico más bien que objetivo y positivista.[1] Freud y Skinner sostienen que lo que le ocurre a una persona es responsable de sus problemas. Con Adler, Ellis, Rogers, y otros, yo entiendo que la forma en que una persona percibe lo que le ocurre tiene mucho que ver con sus reacciones emocionales y de conducta. Si percibe lo que ocurre como una amenaza a sus necesidades personales, experimentará fuertes sentimientos negativos y actuará ante el evento en una forma defensiva de su personalidad. Tal vez lanzará un ataque emocional contra el suceso, tratando de cambiarlo. (Esposos y esposas son especialistas en el empeño de cambiarse uno al otro para que sus propias necesidades se vean mejor satisfechas.) O tal vez se retracte del suceso para evitar sufrir más. Sin embargo, si el evento se percibe como enaltecedor de la personalidad (para tener significación necesito reconocimiento; mi jefe acaba de alabarme por mis capacidades como administrador), el individuo se sentirá bien. Si percibe lo que ocurre como no importante a sus necesidades personales (huelga de mineros en Inglaterra), es muy probable que no tenga ninguna reacción emocional profunda. La forma en que una persona evalúa mentalmente un evento determina cómo se siente con respecto a ese evento y cómo actuará en respuesta al mismo.

La figura que he descrito hasta aquí puede esquematizarse como sigue:

1 Fenomenología: para entender a una persona debemos saber cómo percibe el mundo. Objetivismo: para entender a una persona tenemos que conocer en qué consiste su mundo.

La palabra griega para mente que más se acerca a lo que he denominado mente consciente es *nous*. El autor Vine define *nous* como «...el asiento de la conciencia reflexiva que abarca las facultades de percepción y comprensión, y las de sentir, juzgar, determinar».[2] Yo la definiría sencillamente como aquella parte de la persona que hace evaluaciones conscientes incluyendo juicios morales. Pablo usa la palabra con frecuencia, tal vez en forma más notable en Romanos 12.2, donde nos dice que la transformación a la imagen de Cristo depende de la renovación de nuestras mentes. Para mí esto significa que mi crecimiento espiritual depende directamente de cómo percibo y evalúo mi mundo, o, en otras palabras, con qué cláusulas lleno mi mente en respuesta a un suceso dado. Si es así, es importante saber qué determina la oración que me digo a mí mismo conscientemente en mi *nous*. Para entender por qué evalúo los sucesos como lo hago, tengo que agregar otro elemento a mi esquema de psicoanatomía.

La mente inconsciente

En las Escrituras la palabra griega *fronema* quiere decir a veces «mente», por ejemplo, en Romanos 8.6 («ocuparse»). De mi estudio de ese pasaje resulta que el concepto central expresado por esa palabra es una parte de la personalidad que se desarrolla y se aferra a suposiciones reflexivas profundas. Por ejemplo, «...los

2 W.E. Víne, *Diccionario expositivo de palabras del Nuevo Testamento* (Barcelona, España: CLIE, 1999).

que son de la carne piensan en las cosas de la carne» (v. 5) sugiere que las personas que no reconocen a Dios están totalmente saturadas por la idea de que las ocupaciones de la carne conducen a la felicidad personal. Permítanme apuntar tentativamente que este concepto corresponde aproximadamente a los que los psicólogos llaman la «mente inconsciente». Uniendo estos dos conceptos se esboza una definición de la parte inconsciente del funcionamiento mental como el asiento de suposiciones básicas que las personas alientan con firmeza y emoción acerca de cómo satisfacer sus necesidades de significación y seguridad.

Cada uno de nosotros ha sido programado en su mente inconsciente para creer que la felicidad, el valor, el gozo —todas las cosas buenas de la vida— dependen de alguna otra cosa que no es Dios. Nuestra carne (esa disposición innata a oponerse a Dios) ha respondido prestamente a la falsa enseñanza del mundo de que nos bastamos a nosotros mismos, que podemos encontrar una manera de lograr verdadera valía personal y armonía social sin antes arrodillarnos ante la cruz de Cristo. Satanás ha estimulado el desarrollo de la idea de que podemos satisfacer nuestras necesidades si solamente tuviéramos _____ (el espacio se llena de diferentes maneras según el temperamento particular de cada uno y su trasfondo familiar y cultural). Un sistema incrédulo y mundano, estimulado por Satanás y que apela a nuestra naturaleza carnal nos ha metido en el molde de suponer que hay algo que no es Dios que ofrece realidad y plenitud personal.

Si mi padre es un músico profesional, probablemente yo adquiera la idea de que la significación depende del desarrollo del talento, o tal vez del reconocimiento de otros por la expresión de una cierta habilidad. Todos nos formamos alguna suposición falsa acerca de cómo resolver nuestras necesidades. Adler llama adecuadamente a estas suposiciones básicas «ficción guiadora» de la persona, una creencia errada que determina mucho de nuestra conducta y de nuestros sentimientos. En la primera parte de este capítulo dije que las cosas que nos decimos a nosotros mismos conscientemente influyen marcadamente en cómo nos sentimos y qué hacemos. Ahora podemos ver dónde se originan estas palabras. Surgen de las falsas suposiciones que sustenta nuestra mente inconsciente. Rara vez nos damos cuenta de nuestra creencia básica errada acerca de cómo satisfacer nuestras necesidades. Sin embargo, esta creencia impía determina cómo evaluamos las cosas que nos ocurren en nuestro mundo y a su vez esa evaluación controla nuestros sentimientos y nuestra conducta. La batalla hoy es por la mente. Influya en lo que cree una persona e influirá en toda la persona.

Volviendo a mi ejemplo anterior, si creo profundamente que mi significación depende en gran medida del desarrollo de un talento, entonces, si después de estudiar el violín durante muchos años todavía lo hago chirriar como un principiante, es muy probable que evalúe mi pobre actuación (suceso) como algo muy malo, porque es una amenaza personal. Entonces me sentiré insignificante y, o bien (1) duplicaré mis esfuerzos por dominar el instrumento, o (2) buscaré una excusa para salvaguardarme (por ejemplo, me quiebro el puño «accidentalmente»), la que puedo usar para proteger mi valor personal de posterior daño, diciendo: «¡Qué mala suerte! Justo cuando estaba al borde del éxito...», o (3) me retiraré a una inactividad depresiva, ocasionada por un profundo sentido de inutilidad y sostenido por la seguridad que esto provee ante posibles fracasos futuros.

La figura ahora es la siguiente:

Aunque la forma exacta de la programación falsa puede variar con cada persona, probablemente hay algunas ideas comunes que se nos enseñan a creer, como por ejemplo:

—Debo tener éxito en los negocios para tener importancia. Valor financiero equivale a valía personal.

—Si quiero sentirme seguro, no debo permitir que me critiquen. Todo el mundo debe aprobarme en todo lo que haga.

—Otros tienen que reconocer mis habilidades si quiero sentirme significativo.

—Mi seguridad depende de mi madurez espiritual.

—Mi significación depende del éxito que tenga en mi ministerio.

—No debo fallar (dejar de alcanzar un nivel de éxito arbitrariamente establecido, el que generalmente bordea la perfección) si quiero considerarme honestamente como una persona valiosa.

Si nuestra evaluación de los hechos que nos ocurren depende de conceptos como esos, no es de sorprender que muchas personas se sientan ansiosas, culpables, o resentidas. Una mujer cuya seguridad depende de la ausencia de crítica no reaccionará amablemente frente a los comentarios negativos de su esposo acerca de su habilidad como ama de casa. Su resentimiento en este momento no es una respuesta directa a la crítica sino más bien una respuesta a su necesidad de seguridad amenazada. Si aprendiera a separar su valor como persona de la aprobación de su esposo, la misma crítica le provocaría una reacción mucho más tranquila. Si el pastor *necesita* que su congregación reconozca su capacidad para predicar como un medio de encontrar significación, entonces cualquier indicación de la iglesia de que no están disfrutando su sermón será percibida como una amenaza a su valía personal. Su reacción podrá ser de *ansiedad* («¿Soy realmente capaz de predicar en forma aceptable? Si no, ¿qué me queda? Ya no valgo para nada»), *culpa* («Mi trabajo es inferior siempre. Tal vez Dios me está castigando. Sencillamente no soy capaz»), o *resentimiento* («¿Cómo se atreven a criticar mi predicación? Me están privando de mi significación y eso me molesta»).

Para entender por qué el pastor comienza a manifestar actitudes nerviosas en el púlpito, o por qué pierde interés en su trabajo y se le ve sombrío, o por qué desoye fríamente las críticas, debemos estudiar su respuesta retórica a la crítica, es decir, qué frases pasan por su mente consciente mientras considera el hecho de la crítica. Luego habrá que buscar la fuente de esas frases en alguna suposición inconsciente acerca de la significación. El pastor ha permitido que su valía como persona quede atrapada en su aceptabilidad como predicador. Tiene una idea errónea acerca de cómo ser significativo.

Explorar el «sistema de supuestos» de una persona envuelve echar luz sobre una forma de pensar que hasta este momento ha estado sumergida en la oscuridad. Los consejeros deben comprender que pocas personas reciben bien las revelaciones desagradables acerca de sí mismas. Es difícil que un hombre admita que sus metas financieras representan una ambición totalmente egoísta para conseguir valía personal. Las esposas que han estado tratando de agradar a sus esposos por años y han creído honestamente que su conducta era generosa no se dan cuenta fácilmente de que en realidad han estado manipulando a sus esposos para que sean afectuosos con ellas porque creen que la seguridad personal depende del amor de sus esposos.

La resistencia a confesar la propia ficción guiadora egoísta adquiere muchas formas que van desde una negación directa hasta una vaga confusión. Resulta difícil no sentirse frustrado con un paciente que responde a todo lo que uno le dice con «podría ser, pero no lo sé.... Estoy confundido». No hay nada más fácil que el autoengaño. El descubrirse a uno mismo es muy penoso: hiere nuestro orgullo y empaña la buena opinión de nosotros mismos que tanto acariciamos. La Biblia dice que somos maestros en el autoengaño y que necesitamos ayuda sobrenatural para vernos como realmente somos (Jer 17.9,10). La exploración profunda y honesta de las cámaras interiores de la personalidad es privilegio especial de Dios. El consejo guiador cristiano depende fundamentalmente en este aspecto de la obra esclarecedora del Espíritu Santo. Sin su asistencia, nadie percibe ni acepta la verdad acerca de su enfoque egocéntrico y errado de la vida.

Los psicólogos han luchado por mucho tiempo con el problema de la resistencia, que se podría definir como el esfuerzo del sujeto por evitar que aflore a la conciencia plena el material inconsciente doloroso. Desde un punto de vista psicológico, me parece que la resistencia se podría explicar de dos maneras. Primero, una idea que se ha arraigado y reforzado y ha guiado la conducta a través de los años, de mala gana se prestará a un cambio. La idea ha sido parte de la persona durante tanto tiempo que ya le resulta cómoda, como un par de zapatos que se ha usado mucho tiempo. Cualquier cambio de una posición que se ha hecho familiar, aunque pueda ser dolorosa, resulta amenazador.

Segundo, es importante comprender que los supuestos básicos son algo más que meras ideas mantenidas en forma lógica. Si con la mente consciente abrigamos proposiciones evaluativas, con nuestra mente inconsciente formamos actitudes. Las actitudes tienen componentes afectivos (emocionales) además de cognoscitivos. Se desarrollan en la atmósfera emocionalmente cargada del deseo fervoroso y consumidor que tienen las personas de satisfacer sus necesidades. «Tengo que llegar a ser valioso. ¿Cómo haré?» Entonces el mundo le enseña a la persona emocionalmente hambrienta qué es lo que necesita. Cuando la persona acepta cierta idea y adopta una estrategia para lograr sentirse valiosa, se aferrará a su idea equivocada con una tenacidad feroz. Socavar su creencia es cortar su cuerda salvavidas. El consejo que intenta enseñar nuevas verdades en forma lógica, pero sin tomar en cuenta la amenaza emocional que implica el cambiar el enfoque del sujeto para satisfacer necesidades personales, chocará de frente con la resistencia. Vuelvo a subrayar la importancia vital de la relación personal al aconsejar. Sólo dentro de una atmósfera de seguridad podrá una persona mirarse a sí misma abiertamente y plantearse el cambio de ideas que por muchos años han determinado su camino hacia la valía personal. El consultorio cristiano debiera ser un lugar seguro, donde el sujeto se sepa aceptado como persona a pesar de sus problemas. Los cristianos harían bien en leer a Carl Rogers sobre la necesidad profunda de aceptar al sujeto como ser humano valioso. En cierta oportunidad Rogers dijo: «Me sumerjo en la relación terapéutica con la hipótesis, o la fe, de que mi aceptación, mi confianza, y mi comprensión del mundo interior de la otra persona la conducirán a un proceso significativo de llegar a ser.... Entro en esa relación como una persona.»

En este tipo de relación, la persona tiene más posibilidades de enfrentarse a sí misma y cambiar.

Pensemos por un momento. ¿Dónde nos sentimos seguros? ¿Con quién podríamos abrirnos totalmente sin temor a la crítica o al rechazo, con la confianza de ser aceptados y de que la otra persona hará un genuino esfuerzo por comprendernos? Ese es el tipo de relación que la operación de aconsejar debe idealmente proveer para facilitar la sustitución de ideas erradas que se han sustentado en forma profunda y emocional.

Dirección básica (el corazón)

Un tercer elemento en la personalidad humana implica la dirección básica que una persona elige para sí. Las Escrituras hablan con frecuencia del corazón del hombre. La palabra griega *kardia* se usa de tantas formas diferentes que es difícil asignarle un sentido único. Por supuesto, literalmente se refiere al órgano principal de la vida física. La Biblia enseña que «...la vida de la carne en la sangre está» (Lv 17.11) y el corazón cumple la función de mantener al cuerpo provisto de la sangre que produce vida. Vine afirma que «por medio de una fácil transición la palabra llegó a significar toda la actividad moral y mental de la persona, tanto el elemento racional como el emocional. En otras palabras, el corazón se usa figuradamente para designar las fuentes ocultas de la vida personal». (Ver también Prv 4.23.)

Subyacente con relación al pensar erróneo de la mente inconsciente está el hecho de que la personalidad humana como un todo va en dirección equivocada. Separada de la obra soberana de Dios, la persona está definitivamente a merced de sí misma. Todas sus capacidades (racionalidad, juicio moral, emociones, voluntad) se dirigen en conjunto hacia la meta pecaminosa de la autoexaltación: «Quiero servirme a mí mismo; quiero lo que quiero y cuando lo quiero; quiero que las cosas sean como a mí me gustan.» Si el corazón es un término amplio que incluye toda nuestra naturaleza personal y si realmente se refiere a «...las fuentes ocultas de nuestra vida personal», entonces tal vez, como está usado en la Biblia, sea esa parte esencial de la persona que elige su dirección básica para la vida. Dicho de otro modo, sugiero que el corazón representa las intenciones fundamentales de la persona: ¿para qué o para quién elijo vivir?

Alguien ha dicho que cuando se ha revisado cuidadosamente toda la gama de posibles respuestas a una pregunta, esta gama se hace bastante angosta. Desde una perspectiva bíblica, en realidad hay sólo dos posibles direcciones básicas que se pueden elegir: vivir para uno mismo o vivir para Dios. Si con el corazón elijo vivir para mí mismo (cosa que todos hacemos naturalmente), entonces nunca tendré plenamente satisfechas mis necesidades personales. Al quitar a Dios de en medio (qué concepto más inseguro de la libertad: que simples seres humanos puedan quitar a Dios de en medio de sus vidas), perdemos la única fuente de significación y seguridad verdaderas. Quedamos abandonados a nosotros mismos y hacemos lo mejor que podemos para resolver nuestras necesidades personales. Tal vez estudiemos las opciones disponibles en el mundo, y tal vez, con la ayuda de un terapeuta, evitemos algunas de las más obviamente neuróticas (por ejemplo, estaré seguro sólo si todo el mundo me aprueba continuamente). Pero no encontraremos una opción que satisfaga enteramente nuestras necesidades. Si no ponemos a Dios en el cuadro, quedamos abandonados para elegir entre las diferentes alternativas que ofrece el diablo a través del falso sistema secular. La persona que sirve a su yo con el corazón tiene el siguiente aspecto:

Sin embargo, si nuestra intención básica es, por la gracia de Dios, tener a Cristo en primer lugar y servirle a él, entonces podemos rechazar las ideas del mundo sobre cómo llegar a ser valiosos (y de buena nos libramos, porque ninguna de ellas funciona) y comenzar a llenar nuestra mente consciente con las verdades de la Biblia. Recientemente, enseñando este concepto a un grupo, sin pensarlo grité que debemos «llenar nuestra *nous* con verdades bíblicas». El cristiano cuyo corazón está verdaderamente entregado a Cristo tendría el siguiente aspecto:

En lugar de eliminar el yo, esta persona ha entendido que uno debe perder el yo en Cristo. «No mi voluntad sino la tuya», «con Cristo estoy juntamente crucificado, y ya no vivo yo, mas vive Cristo en mí», «el que pierde su vida por causa de mí, la hallará», «para que en todo tenga la preeminencia». Ahora hay dos fuentes de entrada a la mente consciente: lo que dice Satanás a través del mundo a nuestra mente inconsciente, y lo que Dios dice a través de la Biblia a nuestra mente consciente. Si la respuesta en palabras del individuo a los hechos sigue proviniendo de sus falsas suposiciones inconscientes, él funcionará con no más efectividad que un incrédulo. Pero si renueva su mente evaluando los hechos desde la perspectiva bíblica, se convertirá en una persona transformada. Cuando se le presente la desaprobación, se hará decir a sí mismo con base en la autoridad de la Biblia: Mi seguridad y significación como persona dependen sólo de mi relación con Cristo. Aunque este rechazo no me hace feliz, mi valor como persona sigue intacto. Por eso este hecho es doloroso pero no devastador. Sé que Dios puede hacer surgir el bien por medio de este hecho difícil y puedo seguir andando y confiar en él, responder bíblicamente y no derrumbarme.

Pablo miraba los sucesos de su vida desde la perspectiva de Dios. Cuando se veía confinado injustamente a la prisión podía tal vez evaluar el hecho como lamentable y ciertamente como muy incómodo, pero siempre como algo a través de lo cual Dios podía obrar (Flp 1.12-18). Su significación no dependía de realizar su propio interés. Más bien dependía únicamente de saber que podía ser usado por Dios. Como la dirección básica de su corazón era correcta («Para mí el vivir es Cristo»), Pablo podía evaluar los hechos en la perspectiva de Dios y experimentar el profundo gozo que está a disposición únicamente de quienes disfrutan de significación y seguridad. Pablo era significante como siervo del Dios viviente y estaba seguro en el conocimiento de que el Dios omnipotente era su Pastor, quien en todo momento tenía el control total de cuanto ocurría y proveía todos los recursos que Pablo necesitara para responder bíblicamente a sus circunstancias difíciles.

La voluntad

Además de la mente consciente, la mente inconsciente, y el corazón, las personas tienen la facultad de elegir su conducta. Cualquier idea sobre el funcionamiento personal que dejare de lado la voluntad sería incompleta. El Nuevo Testamento tiene por lo menos dos palabras fundamentales (*boule* y *thelema*) que dan la idea de elección. Generalmente las personas deciden hacer aquello que les parece que tiene sentido. En otras palabras, las percepciones y la evaluaciones de la vida (lo que uno se dice a sí mismo en la mente consciente) determinan el sesgo de conducta que uno se propone seguir. La libertad de elección de una persona está restringida por los límites de su comprensión racional. El espinoso asunto de la libertad ha de discutirse sabiendo del hecho de que las personas eligen hacer aquello que piensan que es razonable. Por ejemplo, el problema de una persona no salvada no es su incapacidad para elegir a Dios. Su voluntad es perfectamente capaz de elegir confiar en Cristo, pero su nublada comprensión no permitirá que su voluntad haga esa elección. No necesita reforzar su voluntad, necesita esclarecer su mente; y esa es la obra del Espíritu Santo.

Los predicadores y los consejeros pueden gastar sus energías exhortando a las personas a cambiar de conducta. Pero la voluntad humana no es una entidad libre. Está ligada al entendimiento de la persona. Las personas actúan según creen. En lugar de hacer un esfuerzo concentrado para influir sobre las decisiones, los predicadores deberían tratar de influir primero sobre las mentes. Cuando una persona entiende quién es Cristo, en qué radica su valor, y de qué se trata en realidad la vida, tiene toda la información necesaria para cualquier cambio permanente en su estilo de vida. Los cristianos que tratan de «vivir correctamente» sin corregir sus ideas equivocadas acerca de cómo encarar las necesidades personales vivirán en agonía continua con su fe, llevando a cabo mecánicamente su deber y su responsabilidad en forma forzada y sin alegría. Cristo enseñó que cuando conocemos la verdad podemos ser verdaderamente libres. Somos libres para elegir la vida de obediencia porque entendemos que en Cristo ya somos personas valiosas. Somos libres para expresar nuestra gratitud en la adoración y el servicio hacia Aquel que ha satisfecho nuestras necesidades.

Debo recalcar que la obediencia no sigue automáticamente a una adecuada comprensión. Dije que nuestras percepciones determinan el campo de opciones de entre las cuales elegiremos. La voluntad es una parte real de la personalidad humana que tiene la función de elegir responsablemente el conducirse según la forma en que la Biblia enseña que debemos evaluar nuestro mundo. Tales elecciones rara vez son fáciles. Actuar como corresponde envuelve a menudo un esfuerzo grande y penoso. Es importante elegir hacer lo que está bien momento a momento. Sin un definido ejercicio de la voluntad, no habrá obediencia continua. A medida que el cristiano sigue eligiendo el camino de la rectitud, aumenta su capacidad de hacer decisiones correctas frente a la adversidad y a las tentaciones. Se hace un cristiano más fuerte, a quien Dios puede confiar responsabilidades mayores.

Nuestro esquema de psicoanatomía debe incluir este elemento importante que es la voluntad:

Las emociones

Un elemento más de la personalidad humana completará nuestra figura: es nuestra capacidad de sentir, o sea, nuestras emociones. El haber dejado las emociones para el final no significa que se les reste importancia. El énfasis en lo tocante al pensamiento puede dar la falsa impresión de que mientras una persona piense correctamente, el consejero puede darse por satisfecho. Pero el pensar correctamente es una base necesaria para sentirse bien. La finalidad del consejo se podría concebir como un esfuerzo por aprender a «pensar correctamente» a fin de poder elegir «conductas correctas» y entonces experimentar «sentimientos correctos».

La Biblia habla mucho de los sentimientos. Vemos que el Señor fue movido a compasión muchas veces cuando veía la necesidad humana. Mostraba profundos sentimientos de solicitud por los demás. La palabra griega que se traduce por compasión en los evangelios (*splagchon*) en las epístolas aparece como «entrañas» abiertas, o afectos. Juan habla de cerrar las entrañas de la compasión cuando no respondemos en forma solícita a un hermano o hermana en necesidad. Una persona así podría llamarse un cristiano constipado.

Sobre esta cuestión de los sentimientos suele haber confusión entre los cristianos. Algunos dan la impresión de que si andamos con el Señor, y confesamos todo pecado conocido, nos sentiremos bien siempre. Otros piensan que es posible que los cristianos tengan emociones negativas, pero que se deben mantener ocultas y bajo llave, sin jamás expresarlas. Para estas personas, las emociones penosas son una mancha vergonzosa para el testimonio cristiano y por eso no debiéramos dejar que se vean. Pero esas enseñanzas producen caricaturas espirituales. Todos nos sentimos mal a veces. Y no todos los sentimientos «malos» son moralmente malos. Algunos sentimientos negativos, aunque puedan ser atroces, son perfectamente aceptables y constituyen experiencias normales en la vida cristiana, y pueden coexistir con un profundo sentimiento de paz y alegría. Otros sentimientos negativos provienen de formas de pensar y de vivir pecaminosas. Pero incluso estos no debieran ser encubiertos sino que más bien se los debe encarar, examinando sus causas y haciendo algo constructivo para remediar el problema.

Si algunos sentimientos negativos son aceptables y otros emanan del pecado, ¿cómo distinguirlos? El criterio para distinguir entre emociones negativas no relacionadas con el pecado y sí relacionadas con el pecado es este: cualquier sentimiento que resulta mutuamente excluyente de la compasión, ensuelve pecado. El principal sentimiento en una vida espiritual centrada en Cristo es una compasión profunda, preocupada por el bien de los demás. Pablo les recordó a los gálatas que después que habían

COLUMNA A	COLUMNA B
1. Depresión: autopreocupación, autocompasión, derrotismo. No hay preocupación por los otros; en consecuencia, ninguna acción a favor de otros.	1. Angustia: profundo sufrimiento frente a circunstancias difíciles, dolor emocional por una pérdida, búsqueda del alma cuando surgen problemas. Lucas 22.44.
2. Culpa paralizante: sentimientos de inutilidad y autocastigo que no conducen a pasos positivos para corregir el problema. Muchas veces sirven de excusa para no trabajar responsablemente en las áreas problemáticas.	2. Pesar constructivo: en su excelente libro *Guilt and Freedom* [Culpa y libertad] Bruce Narramore y Bill Counts describen una actitud de contrición y pesar frente a los errores cometidos que conduce a un cambio de conducta. 2 Corintios 7.8-10.

3. Resentimiento: guardar rencor, permitir que el sol se ponga muchas veces sobre nuestra cólera, conducta motivada por venganza.

3. Ira: reacción frente al mal moral que implica una afirmación de la santidad de Dios y reprende el pecado con la mira puesta en vindicar la santidad de Dios y restaurar al ofensor a un buen camino. Mateo 21.12,13.

4. Frustración: un «tirarse al abandono», «no vale la pena intentar», esfuerzo frenético por cambiar, furia latente frente a los problemas insolubles.

4. Disconformidad razonable: preocupación por circunstancias difíciles que conduce ya sea a planear la manera de cambiarlas o, si eso aparece imposible, a una actitud de aceptación de lo desagradable con el conocimiento de que Dios puede obrar en cualquiera situación. Filipenses 1.12.

5. Ansiedad: temor frente a un evento que se anticipa como desagradable —ya sea en forma específica o vaga—, tan fuerte que controla la conducta; por ejemplo, temor angustioso respecto a la forma en que alguien me responderá.

5. Preocupación: prevención de un posible evento futuro; no causa desobediencia a Dios sino que más bien produce una anticipación inteligente. Proverbios 6.6-11.

conocido al Señor eran tan solícitos con él que hubieran estado dispuestos de todo corazón a darle sus propios ojos. Aparentemente Pablo sufría de una enfermedad de los ojos que impulsaba a los gálatas a una compasión de sacrificio. Realmente se preocupaban por los problemas de su hermano. ¡Qué ejemplo para mí!

Yo hubiera estado muy dispuesto a pagarle la consulta del oculista, pero ¿donarle mis ojos? Es pedir demasiado. Y sin embargo, ese era el nivel de preocupación que caracterizaba a aquellos primeros cristianos llenos del amor de Cristo. El asunto es este: cualquier emoción que estorba el desarrollo o impide la expresión de ese tipo de compasión envuelve pecado. Los sentimientos negativos que no interfieran en ninguna forma con los sentimientos de compasión son perfectamente aceptables. A propósito, una buena manera de medir el compañerismo de uno con el Señor es el grado de compasión que se tiene por el mundo perdido y por una iglesia que sufre.

La fe cristiana no promete una vida de perenne risa y alegría. La vida abundante que muchos cristianos se pasan buscando de iglesia en iglesia no es la existencia cómoda, libre de problemas que muchos esperan alcanzar. Más bien es una vida de batalla, una batalla por Dios contra Satanás, una vida llena de desilusiones, penas, y sufrimientos. ¿En qué consiste entonces la vida abundante? Sencillamente en esto: el conocimiento de que pertenecemos al Dios de la realidad, que estamos viviendo una vida que tiene sentido bajo la guía y control de un Salvador solícito que algún día nos llevará a su eterno descanso. Los cristianos que no entienden esto a veces se sienten culpables y cuestionan su profesión cristiana si no se sienten conscientemente felices todo el tiempo. Yo he llegado a sentir disgusto por los cantos livianos y frívolos que prometen «eterna felicidad» y prefiero los himnos sólidos que presentan los atributos de Dios, sus planes eternos, y su amante provisión por sus hijos. Ciertamente Pablo no estaba de ánimo chispeante todo el tiempo. Cristo mismo supo lo que era sentir ira y soledad y angustia. Si nuestro Señor experimentó emociones dolorosas, y si un gigante espiritual como Pablo también las sintió, entonces no debiera sorprendernos si nosotros también pasamos por tiempos tremendamente dolorosos.

Tal vez algunos ejemplos nos ayuden a comprender esto. En la columna A he enumerado algunas emociones negativas que obstruyen la compasión y en consecuencia envuelven pecado. La contrapartida no pecaminosa de cada una aparece en la columna B con una cita bíblica donde se ilustra esa emoción particular.

En cada caso las emociones negativas se pueden atribuir a una suposición errónea respecto a cómo satisfacer las necesidades personales. Ese punto quedará más claro en el Capítulo 6. Valga aquí decir solamente que si uno comprende correctamente la base para considerarse valioso, evaluará cualquier cosa que le ocurra de tal manera que no sentirá depresión, culpa paralizante, resentimiento, frustración, ni ansiedad. Cada una de esas emociones surge de la motivación por déficit, la que a su vez es causada por pensamientos equivocados. La ansiedad, el resentimiento, y la culpa son los problemas básicos que están detrás de todas las otras dificultades personales. Si creo que todo lo que necesito es a Dios y lo que Él elige proveerme, no experimentaré ninguna de esas emociones. La culpa viene por creer que lo que Dios provee no es suficiente y entonces dejar la voluntad de Dios para buscar aquello que Él no ha provisto. El resentimiento viene de creer que mis necesidades están amenazadas por alguna cosa que Dios ha permitido que me ocurra. La ansiedad es el temor de que no se me provea de algo que necesito.

La forma en que pensamos no sólo determina el muestrario de conductas de entre las cuales elegiremos sino que también influye enormemente en la manera en que nos sentimos. Si nuestro pensamiento se basa en el sistema de valores errado del mundo experimentaremos emociones negativas que impedirán la compasión. En cambio, si nuestra manera de pensar se basa en la Biblia evaluaremos los hechos de tal manera que, aunque experimentemos emociones dolorosas, continuaremos expresando una compasión y un cuidado reales y profundos por los demás. Solamente un cristiano cuyas necesidades están satisfechas en Cristo es capaz de tener compasión sostenida, continua, no importa cuáles sean sus circunstancias. Por eso nuestro Señor nos enseñó que la marca distintiva del cristiano debe ser el amor, como se ve en una comunidad de creyentes que sinceramente velan y se preocupan unos por otros.

Ahora podemos completar nuestro esquema de psicoanatomía. Primero observemos el interior personal de un no creyente:

El no creyente vive para sí mismo; evalúa su vida en términos del sistema de valores del mundo; actúa de manera orientada a satisfacer sus necesidades; no tiene ninguna preocupación por otros... todo porque ha creído la mentira del diablo acerca de cómo llegar a ser persona. Es un verdadero hijo de Satanás. Pero ahora observemos al creyente consagrado:

Nótese que las creencias erróneas que el creyente ha asimilado todavía entran en su mente consciente, pero él decide deliberadamente evaluar el mundo desde el punto de vista bíblico. También obsérvese que la flecha entre conducta y compasión señala en ambas direcciones: cuanto más compasión siento, con más compasión actúo; y cuanto más decido actuar con compasión, más compasión experimento. El propósito del cristiano es vivir por Cristo. Evalúa su vida desde la perspectiva de Dios; elige actuar como Dios le indica; siente compasión por los demás, y obra en consonancia. Este hombre experimenta un profundo sentido de valía personal y conoce por propia experiencia el fruto del Espíritu. Un cristiano que vive como un hombre carnal todavía vive para sí mismo, todavía evalúa el mundo desde una perspectiva falsa, y en consecuencia obra en forma egoísta, desobediente, y sin compasión. Piensa, actúa, y siente igual que un no creyente.

Conclusión

El Espíritu Santo provee los recursos para la transformación a través de los mecanismos normales de la personalidad humana. El Espíritu trae a la mente receptiva la verdad de las Escrituras especialmente adecuada a las circunstancias inmediatas. Entonces el individuo reconoce que ningún suceso puede quitarle su valía personal, que es una persona integrada con significación y seguridad pese a cuanto pueda sucederle. Entonces puede evaluar los hechos de su vida de tal manera que no obrará ni sentirá en forma egoísta (ENTRAR). A media que sigue evaluando los hechos en forma bíblica, el Espíritu profundiza su apreciación de la verdad de Dios. Sus creencias cristianas penetran más en su sistema de supuestos básicos y van reemplazando lentamente las ideas equivocadas que tenía desde su niñez. Está madurando. Su hombre interior está cambiando (SUBIR). Llega a mirarse a sí mismo como una persona integrada, no se siente amenazado, y puede expresar su valor personal en la adoración y el servicio. La transformación depende de la renovación de la mente.

PARTE III: ESTRATEGIA BÁSICA: CÓMO COMPRENDER Y TRATAR LOS PROBLEMAS PERSONALES

Capítulo 6

CÓMO SE PRODUCEN LOS PROBLEMAS I

Sin una clara comprensión de cómo se producen los problemas, el buen consejo se puede convertir en poco más que una conversación amistosa, cálida, llena de buenas intenciones. En el fondo de la mente de muchos consejeros, escondida detrás de una apariencia tranquila y confiada, yace una insistente pregunta: ¿Qué puedo decirle que le sea de ayuda? Si el consejero ha leído recientemente algún libro sobre el arte de aconsejar es muy probable que diga amablemente: Comprendo..., con la esperanza de que el sujeto le crea. O puede ser que busque una oportunidad para afirmar enérgicamente que: Es pecado hacer eso. Debe arrepentirse y cambiar. Estos son los pasajes de la Escritura que puede leer y le serán de ayuda. Tanto los consejeros profesionales como pastorales tienden a apoyarse en unas cuantas técnicas y en dos o tres principios básicos, tal vez sin haber estudiado a fondo y con claridad por qué habrían de tener resultado sus esfuerzos como consejeros.

En este capítulo quiero juntar en un modelo de conducta humana muchos de los pensamientos hasta aquí presentados. Si un consejero tiene una amplia visión de la manera en que las personas caen en problemas, tendrá más probabilidades de comprender al que acude a él y tratará racionalmente de resolver el problema de acuerdo con una estrategia inteligente y sistemática. Hasta cierto punto el hombre seguirá siendo siempre un misterio. ¿Quién puede comprender en todos sus aspectos la obra de un Dios infinito? Sin embargo, un buen modelo, que explique con claridad detalles básicos del funcionamiento humano, nos puede librar de un enfoque ligero y por salir del paso y proveernos de al menos una cierta medida de precisión en nuestros esfuerzos como consejeros. Será un modelo que se pueda esquematizar fácilmente, a fin de tenerlo en mente en la ocasión de aconsejar.

El primer concepto en este modelo es la necesidad. Como las personas son seres personales y físicos, tienen necesidades físicas y necesidades personales. Las necesidades físicas consisten en todo aquello que es necesario para mantener el cuerpo con vida: comida, ropa, techo, etc. Las necesidades personales consisten en todo aquello que se requiere para la supervivencia personal, para darle a la persona significación y seguridad, que son la base del valor personal. Necesitamos propósito y amor si queremos mantenernos vivos como personas. Muchas personas están muriendo como personas, y no se dan cuenta de su condición. Mientras mantienen la esperanza de más dinero, fama, prestigio, sexo, viaje, o cualquier otra cosa que les pueda proveer de significación y seguridad, siguen andando. Pero no bien se enfrentan con la terrible oscuridad de la insignificancia y la falta de esperanza de lograr ser alguien, los invade una desesperación profunda y aplastante. En ese momento se suicidan, o tienen una crisis nerviosa, o se vuelven psicóticamente introvertidos o extraños, o se lanzan a esfuerzos irracionales para mitigar el dolor (alcohol, drogas, pornografía, etc.). Cuando una persona capta la verdad de que en Cristo tiene significación y seguridad comienza a practicar esa verdad viviendo en forma racional, responsable, obediente, y dedicada, y se vuelve íntegra, vital, vibrante, plena. La vida, no importa lo difíciles que puedan ser las circunstancias, vale la pena vivirse. Tiene sentido. Hay razón para seguir andando. Comienzan a surgir todas las características de una personalidad madura, completa en sí misma.

Los psicólogos hacen una importante distinción entre necesidades primarias y secundarias. Las necesidades personales primarias son significación y seguridad. Las necesidades secundarias (a las que a veces se suele llamar necesidades adquiridas) son sencillamente aquellas cosas de nuestra vida que han sido los medios para satisfacer nuestras necesidades primarias. El psicólogo B.F. Skinner ha definido técnicamente un refuerzo (o necesidad) secundario como un evento-estímulo que ha adquirido su propiedad reforzadora a través de una función previa como estímulo discriminador.

Permítanme poner esto en forma más sencilla. Una luz verde dice que ahora es el momento en que puedo cruzar la calle con bastante probabilidad de llegar a salvo al otro lado. Esa luz verde es un estímulo discriminador, algo que discrimina o señala el momento en que puedo satisfacer mi necesidad primaria (en este caso la seguridad física al cruzar una calle). Mientras espero en la esquina observo un botón que, si lo presiono hace que la luz se ponga verde. Me veo motivado a presionar el botón porque quiero producir el evento de la luz verde. Pero, ¿por qué valoro la luz verde, aparte de una posible preferencia estética? No tiene ningún valor independiente ni primario en sí misma. Una luz verde no satisface ninguna necesidad mía. Pero sí me indica la oportunidad de satisfacer la necesidad primaria de supervivencia física cuando cruzo la calle. La luz verde, entonces, tiene un valor secundario o adquirido. Necesito la luz verde, no porque satisfaga directamente la necesidad sino porque me indica que puedo satisfacerla. El dinero es otro ejemplo obvio de un estímulo discriminador que se ha convertido en una necesidad adquirida. Un trozo de papel no es comestible, no puede satisfacer mi necesidad de comer. En consecuencia, *aprendo* a «necesitar» dinero.

He abundado en el punto porque los consejeros necesitan entender claramente la diferencia entre necesidades personales primarias y necesidades adquiridas (aprendidas culturalmente). Los sujetos a menudo afirmarán que *necesitan* la aprobación de los demás. Pero no es así. Lo que necesitan en realidad es seguridad. Puede ser que toda su vida la sensación de seguridad haya dependido de la aprobación de otras personas. Un padre estricto puede oprimir tanto a un niño que este pase toda su vida tratando de agradar a la gente para disfrutar de la buena relación asociada con la aprobación del padre. Pero si esa persona pudiera ver que lo que realmente necesita no es aprobación sino seguridad, tal vez pudiera considerar otras formas posibles de satisfacer esa necesidad. La clave es el reconocimiento de que no necesita aprobación sino seguridad. La aprobación es una necesidad adquirida; la seguridad es una necesidad primaria. Las personas nunca podrán dejar de necesitar significación y seguridad. Pero podemos dejar de necesitar ciertos medios adquiridos para satisfacer nuestras necesidades primarias de significado y seguridad si (1) estos medios producen problemas, y (2) si hay un medio libre de problemas que pueda satisfacer esas mismas necesidades primarias.

Los consejeros tienen que diferenciar entre necesidades y deseos. Necesitamos significación y seguridad para perseverar en una vida de fidelidad. Tal vez deseemos aprobación, dinero, fama, reconocimiento, ascenso, una casa nueva, un buen matrimonio, una apariencia mejor, una nariz más corta, una personalidad más agradable, una figura más esbelta, éxito en los negocios, un automóvil, hijos bien criados, amigos, un ministerio efectivo, etc. Y tal vez los deseemos con tanta pasión que su ausencia nos provoque sufrimiento, legítimo y no pecaminoso pero de proporciones atroces. Pero no necesito nada de eso para ser una persona integrada que puede vivir bíblicamente. Puedo vivir una vida personalmente plena y de profunda significación sin satisfacer mis deseos, aunque mi vida pueda estar acribillada de angustias. Pablo es un ejemplo. Pero ni Pablo ni yo podemos seguir funcionando en forma efectiva para Cristo si no satisfacemos nuestras necesidades.

El primer concepto, pues, es el de las necesidades: no los deseos, no las necesidades adquiridas, no los refuerzos secundarios, sino las necesidades. En un modelo de cómo funcionan las personas comenzamos con las necesidades personales de significación y seguridad.

El segundo concepto del modelo es el de las motivaciones. Dicho en forma sencilla, la motivación es el impulso de satisfacer mis necesidades. Es esa sensación que me impele a hacer algo para poder ser significativo y sentirme seguro. Como personas caídas experimentamos un agudo y penetrante deseo de tener significación y seguridad. Estamos dispuestos a gastar mucha energía personal en el esfuerzo de satisfacer esas necesidades. A esta profunda y compulsiva voluntad de satisfacer necesidades la llamamos motivación. Hasta ahora el modelo tiene el siguiente aspecto:

COMIENZO:

La motivación, en sí misma, es una energía indefinida, al azar. Quiero hacer algo, moverme, esforzarme mucho para llegar a ser una persona valiosa. Pero, ¿qué es lo que hago? ¿En qué dirección escojo moverme? ¿Qué me siento motivado a hacer? ¿Qué se vuelve importante para mí? ¿Con qué objetivos despliego mi energía motivadora? La respuesta a estas preguntas es tan importante como sencilla: *la dirección que me veo motivado a seguir en el esfuerzo por satisfacer mis necesidades no depende de las necesidades ni de la energía motivadora sino más bien de lo que yo pienso que puede satisfacer esas necesidades.* Las necesidades están allí, y me veo motivado a hacer cualquier cosa que creo que me dará significación y seguridad. Los niños pasan por una serie de etapas de desarrollo. Millard Sall, en su libro *Faith, Psychology and Christian Maturity* [Fe, psicología, y madurez cristiana] hace un resumen excelente e interesante de la visión psicoanalítica de las etapas del crecimiento personal. En cada una de esas etapas el niño está motivado a buscar alguna manera de satisfacer sus necesidades personales. En algún momento da con una estrategia que parece funcionar. Tal vez observa lo que las otras personas consideran importante. Si papá habla continuamente de sus logros atléticos, el adolescente tal vez decida que la perfección en algún área específica es la ruta hacia la significación. Si mamá vive quejándose de papá pero sigue trabajando como una esclava preparándole las comidas, limpiando la casa, lavándole la ropa, tal vez la hija adquiera la noción de que la seguridad debe encontrarse en el matrimonio pero que rara vez así ocurre. Como adulta tal vez decida escapar a la inevitable disolución quedándose soltera. O si se casa, tal vez asuma rápidamente una actitud agresiva para protegerse de los sufrimientos que anticipa. En cuanto vea algo negativo en su esposo (una mirada, una llegada tarde a casa, un comentario sobre el desorden de la casa), en forma automática e inconsciente lo interpretará como el esperado rechazo, y responderá con un ataque: ¿Qué quieres decir con que la casa está hecha un desastre? Si hicieras algo para ayudarme tal vez yo podría mantenerla en orden. Tengo que cuidar de los niños, hacer la comida, lavar pañales, y hago lo mejor que puedo, y encima te quejas. En ese momento tal vez rompa a llorar o mantenga una rígida frialdad. De cualquier manera está tratando desesperadamente de evitar la angustia de la inseguridad. El problema básico es un conjunto de supuestos falsos acerca de la seguridad que aprendió de niña. Aunque como mujer es responsable y se le puede pedir cuentas de su actitud reprobable, el que pueda llegar a ser una mujer cristiana confiada y segura dependerá de que adquiera una nueva serie de supuestos.

Aunque es difícil determinar cómo un niño escoge su estrategia para obtener valía personal, parece razonable suponer que está influido en primer lugar por cualquier modelo de vida continuado que observe en sus padres. Proverbios 22.6 nos insta a instruir al niño en su camino. La palabra hebrea para «instruir» (según Howard Hendricks en su magnífico escrito sobre la crianza del niño) se usaba al principio para referirse a una partera hebrea que introducía el dedo en la boca del recién nacido para estimular el reflejo de succión. La idea general contenida en el término es la de hacer algo que active reflejos básicos, aptos para impulsar una actividad natural y, en un sentido más amplio, para crear un deseo. Los niños están naturalmente motivados para satisfacer sus necesidades personales. La tarea de los padres es dirigir ese reflejo básico a través de su manera de vivir. Debemos crear en nuestros hijos el deseo de buscar al Señor para satisfacer sus necesidades personales (y también las físicas). No nos equivoquemos; los niños imitarán de alguna manera nuestros esfuerzos por lograr significación y seguridad. Si realmente creemos que el dinero o los logros traen significación, o que las alabanzas o la ropa atractiva dan seguridad, podremos hablar interminablemente del gozo de conocer a Jesús, pero nuestros niños aprenderán a depender de aquello en que nosotros dependemos realmente para nuestra satisfacción en la vida. Ninguna clase de enseñanza, devocionales familiares, o reuniones de la iglesia podrá contraponerse con eficacia al mensaje que les demos con nuestra vida. Los niños aprenderán que podrán satisfacer sus necesidades si logran la misma meta que observan en sus padres.

En nuestros días los jóvenes están reconociendo cada vez más que las metas a las que sus padres han dedicado sus vidas (dinero, prestigio, buenos empleos, etc.) no les satisfacen. El trabajo duro como valor en sí mismo les resulta vacío. Y lo es. Las metas que generalmente nos atraen son en realidad artificiales e insatisfactorias. No proveen lo que las personas necesitan con tanta desesperación: verdadera significación (un propósito para vivir) y verdadera seguridad (una sensación positiva de saberse querido). Los cristianos aceptan implícitamente las ideas de sus padres hasta alcanzar cierta edad. Pero nuestra generación ha estimulado a los jóvenes a hacer preguntas. Y ello está bien. Cuando entran en la adolescencia, muchos se apartan de las ambiciones de sus padres porque ven acertadamente que los objetivos de estos no valen la pena.

La tragedia es que muchas veces cambian un error por otro cuando se dejan llevar tranquilamente hacia posiciones místicas, irracionales, o experimentales para encontrar algo de satisfacción: drogas, sexo libre, ocultismo, aventuras, cualquier cosa. El asunto es encontrar algo que parezca bueno. Reprender a estos adolescentes para que encaminen sus vidas y se pongan a hacer algo responsable es peor que nada. No llega al fondo del problema. La iglesia de Jesucristo tiene que manifestar la realidad de la verdadera significación y seguridad a través de una firme e intransigente consagración a los absolutos de la Biblia y de la práctica (no simplemente la expresión) de amor incondicional. A menos que esas personas encuentren la respuesta legítima y racional a sus necesidades más profundas, que sólo el cristianismo puede dar, se volverán como títeres que se adecuan mecánicamente a las expectativas de la sociedad (en el fondo, ¿es eso lo que realmente queremos? Tal vez lo sea) o se hunden en la terrible oscuridad de la desesperación total: sin sentido, sin amor, sin nada, moviéndose sin dirección como cadáveres. O, si tienen suficiente coraje, el suicidio.

Me pregunto si los pecados de los padres pasan a los hijos (Éx 34.7) cuando los niños por el ejemplo de sus padres absorben ideas falsas acerca de dónde encontrar significación y seguridad.

Doy gracias a Dios por padres que nos enseñaron a mi hermano y a mí, tanto por sus vidas como por sus palabras, que el confiar en el Señor y el vivir por él es el fundamento de una vida significativa. Para los padres constituye un reto vivir de tal manera que se vea que dependen del Señor para tener significación y seguridad.

Los niños adquirirán una estrategia para satisfacer sus necesidades. El mundo (principalmente sus padres), la carne (su propia resistencia innata a buscar a Dios —Ro 3.10-13), y el diablo (que se complace en ofrecer cualquier bien que no incluya la sumisión a Cristo) se combinan para inculcar en el niño un falso supuesto básico acerca de cómo pueden satisfacerse las necesidades personales. Por lo común la gente se guía por una serie de ideas generales. Los ejemplos que observo comúnmente en mi práctica son:

Tendré significación si...
—tengo dinero.
—me distingo.
—jamás cometo un error.
—trabajo duro.
—mis hijos se crían bien.
—tengo el aprecio de mi círculo social.
—me incluyen entre elementos importantes.

Tendré seguridad si...
—tengo un buen esposo.
—nunca me critican (un supuesto de naturaleza perfeccionista).
—todo el mundo me acepta.
—nadie me pone mala cara, ni me grita, ni me rechaza.

Cuando los niños adoptan un supuesto básico, su motivación adquiere una dirección. Se establece una meta. Ahora se encauzarán por formas de conducta destinadas a alcanzar la meta que ha determinado su supuesto básico. Nuestro esquema puede ampliarse así:

El diagrama, tal como aparece ahora, sugiere de qué manera se producen los problemas. Una conducta orientada hacia una meta puede ser inteligente, práctica, sensata; o puede ser ignorante, ilusoria, y del todo inefectiva. Puede ser entonces que no se alcance la meta; la persona se sentirá amenazada cuando sus necesidades sigan insatisfechas y se volverá ansiosa o resentida. Por ejemplo, si una esposa cree que su seguridad fundamental depende de que su esposo la ame, probablemente trate de alcanzar la meta de ganar el amor de su esposo. Pero tal vez ella desconozca lo que excita a un hombre. Tal vez ella lo ayude con su trabajo, o tal vez maneje con eficiencia el presupuesto familiar, pero se descuida en cuanto a mantenerse arreglada, o a recibirlo cariñosamente cuando vuelve a casa. En ese matrimonio surgen problemas. Su esposo se muestra frío con ella, y ella no alcanza la meta. Herida o amargada, acude a su consejero y se queja de su esposo poco afectuoso y distante; pero tal vez llegue a comprender en qué estaba actuando mal. Su conducta orientada hacia la meta era ignorante e ineficaz. Entonces corre a la librería y compra un libro sobre cómo llegar a ser una mujer completa, una compañera sexual fulminante, una mujer atractiva, agradable. En el intento de ganar el amor de su esposo aprende a preparar comidas especiales, admira su cuerpo, usa ropa interior provocativa y vestidos elegantes, etc.

Me apresuro a aclarar que no tengo la más mínima objeción a que mi esposa haga todo eso. A la verdad, me gusta. Más de una mujer debiera ensayarlo. Pero hay dos verdaderos problemas en el concepto del consejo que sólo busca sustituir la conducta irracional por otra más inteligente y efectiva para lograr la misma meta:

1. La meta de alcanzar el amor de su esposo tal vez sea absolutamente inalcanzable, no importa lo desesperadamente que trate de lograrlo. Si es así, ¿qué pasa entonces? ¿Está condenada a la inseguridad hasta que su esposo cambie o hasta que pueda encontrar otro hombre que la ame?
2. La motivación básica de la esposa es egocéntrica. Todos los consejos sobre cómo ser una mujer eficiente sencillamente le han enseñado cómo manipular con más efectividad a su esposo para satisfacer sus propias necesidades.

Una esposa con una necesidad insatisfecha actúa bajo una motivación por déficit. Está en el centro de su mundo tratando de llenar su vacío.

En el diagrama anterior la flecha que señala al esposo representa la conducta de su esposa hacia él. La flecha que va del esposo a la mujer indica el resultado que buscan sus esfuerzos, es decir, obtener el amor de su esposo. La mujer da para recibir. En realidad, no está haciendo otra cosa que usar a su esposo para satisfacer sus necesidades.

El matrimonio cristiano es diferente. Tal vez podríamos diagramarlo de la siguiente manera:

En este diagrama de un matrimonio ideal, el Señor satisface las necesidades básicas de cada miembro de la pareja. Ambos están satisfechos y entonces operan con una motivación por expresión. La conducta del uno para con el otro es dar, con el objeto de ayudar al otro a estar más cerca de Cristo. Probablemente la esposa cumpla con muchas de las cosas que dicen los libros, pero su motivación es diferente. Desea ver a su esposo más cerca de Cristo. Si él le corresponde ese amor, tanto mejor; pero esto no es lo fundamental, no es el elemento básico. Si él no la ama, ella sigue estando segura y procura servirle según Dios la guíe, y por eso continúa sometiéndose de buena gana, y orando para que Dios use su conducta para acercar a su esposo más al Señor.

Los problemas pueden producirse en una conducta orientada hacia una meta. El sujeto puede avanzar hacia su meta en forma efectiva o no efectiva. El consejo que ayuda a una persona a alcanzar una meta determinada por un falso supuesto en realidad equivale a enseñarle a la pulga cómo picar mejor al perro. Si se logra ayudar a un sujeto a alcanzar una meta por medios más eficaces, el mismo obtendrá una cierta medida de satisfacción. Pero si es cierto que sólo Cristo puede verdaderamente satisfacer nuestras necesidades, y si la meta del sujeto se estableció sobre supuestos erróneos acerca de qué es lo que provee significación y seguridad, el sujeto que alcance su meta no se sentirá completamente satisfecho, seguirá teniendo necesidades no resueltas, y se verá motivado a volver a recorrer el ciclo en procura de nuevas metas. Toda su vida irá tras cosas que no le darán satisfacción. Dijo Dios a Jeremías, refiriéndose a su pueblo: «...me dejaron a mí, fuente de agua viva, y cavaron para sí cisternas, cisternas rotas que no tienen agua» Jer 2.13).

Nuestro Señor le dijo a la mujer samaritana que aquellos que se sustentan de cualquier fuente de alimento que no sea el mismo Cristo jamás se sentirán satisfechos. La rutina de sacar agua del pozo se vuelve una labor tediosa y perpetua, un esfuerzo continuo para obtener algo que nunca satisface. Qué trágico es ver hombres atrapados en la estructura de compañías y corporaciones, que sacrifican sus familias para «tener éxito» en sus negocios. Una residencia lujosa, un Mercedes Benz en el garaje, y una gruesa cuenta en el banco equivalen a nada más que una cisterna rota. Pablo sabía cómo vivir en la abundancia y en la escasez. Podía disfrutar del lujo si se le presentaba en el camino, pero también podía vivir bien sin él. Comprendía que depender de las posesiones materiales para la felicidad era como meter el balde en un pozo seco para calmar la sed. Las posesiones materiales no tienen agua que pueda alimentar el alma con genuina significación y seguridad, pero a menudo la gente busca una cuerda más larga para llegar con el balde al fondo del pozo, con la esperanza de que alguna vez encontrarán lo que buscan. Otros renuncian a la vida opulenta, venden todo lo que tienen, y se mudan a una villa pesquera o a una granja en el campo, todo parte de un empeño de silenciar la molesta sensación de un vacío sombrío y doloroso. Muchos no pueden comprar más cosas, ni mudarse de la ciudad, pero imaginan anhelantes que si pudieran hacerlo, lograrían satisfacer sus necesidades. Sin embargo, ninguna cosa fuera de la relación con Cristo podrá jamás satisfacerlos.

Agreguemos al diagrama:

El diagrama ahora representa cómo vive la mayoría de la gente «bien adaptada». Se han establecido metas para sí mismos de acuerdo con supuestos no bíblicos acerca de cómo satisfacer las necesidades. A fuerza de trabajar duro, de un plan cuidadoso, o de «buena suerte» (muchos lo llamarían así) consiguen sus metas. Tienen dinero, hijos agradables, buena salud, prestigio en los negocios, cualquier cosa que valoran, y disfrutan de una buena proporción de prosperidad y felicidad personal. Estas personas no necesitan consultar a los psicólogos. Muchas de ellas no sienten necesidad de Dios. Lo pasan bien sin él. Insistir en que sus necesidades más profundas siguen insatisfechas y en búsqueda de satisfacción cae en oídos sordos. El problema es que cuando todo sale según los planes, la gente se siente realmente bien. Han logrado lo que parece bueno y eso les da satisfacción temporaria. Es difícil convencer a estas personas de que el final de su camino es la muerte personal, una eternidad sin sentido y sin amor.

Hay personas que, cuando consiguen todas sus metas, se ven cara a cara con el hecho horrible de que «los sueños hechos realidad» no les dan real satisfacción. Así ocurre de vez en cuando con personalidades del cine o la televisión, que parecen haber alcanzado todo lo humanamente deseable: riquezas, fama, la adoración pública, y que en lo personal viven vidas vacías e insatisfechas que en ocasiones terminan en el suicidio. Para estos la muerte o las drogas son el único alivio posible. Si agregamos ese tipo de experiencia a nuestro diagrama, se presenta así:

Hasta ahora he hecho un esquema de un modelo sencillo de conducta humana, y he sugerido algunas maneras en que surgen problemas. En el capítulo siguiente agregaré un elemento clave más al modelo, el elemento que es directamente responsable de la mayoría de los problemas que se presentan en un consultorio de consejero.

CAPÍTULO 7

CÓMO SE PRODUCEN LOS PROBLEMAS II

Una persona viene a su consultorio y le dice: Tengo fuertes dolores de cabeza. El doctor dice que no tengo nada físico, pero los dolores de cabeza no se me pasan. Sé que estoy tenso. Si estos dolores de cabeza son de tensión, no sé qué hacer. ¿Podría ayudarme?

¿Qué diría a su consultante? Tal vez usted es pastor, o anciano, o miembro de la iglesia en quien esta persona confía. Muchos estarían tentados a decir: Mire, esto suena a un problema psicosomático que francamente está más allá de mis capacidades. ¿Ha pensado en la posibilidad de ver a un psicólogo?

Otros recomendarían pasos destinados a lograr relajamiento (¿Tiene un hobby? ¿Cómo no hace algo por relajarse y olvidarse del mundo?). Algunos sugerirán imprudentemente la meditación trascendental, sin darse cuenta de que arrastra en forma perniciosa a una visión impía de la vida. Tal vez el consejero tratará de identificar la fuente de tensión y ayudar a la persona a encararla bíblicamente.

Como señalé al comienzo del Capítulo 6, la orientación inteligente requiere una buena comprensión de cómo se producen los problemas. A los médicos se les enseña una máxima: primero el diagnóstico, después el tratamiento. ¿Cómo diagnostica usted este problema? Para mí, diagnosticar significa sencillamente entender qué fue lo que causó el problema y qué es lo que lo mantiene.

En el capítulo anterior puse en el diagrama la idea de que la gente lleva en sí la motivación de alcanzar cualquier meta que consideren satisfará sus necesidades personales más profundas. Ahora quiero ampliar el modelo para explicar cómo surgen muchos problemas psicológicos. El elemento clave detrás de la mayoría de los síntomas es algún obstáculo que estorbe el logro de la meta que ha elegido el individuo. Si se pudiera superar el obstáculo mediante cambios en la conducta orientada hacia la meta, se evitaría el tratamiento de la neurosis. Pero, como hemos señalado en el último capítulo, si la meta está basada en supuestos no bíblicos, el resultado es bien una satisfacción parcial —y la rutina de perseguir la satisfacción continuará— o bien la desesperación. A veces no se puede superar el obstáculo. (No puedo conseguir que mi esposo me quiera. Por más que me esfuerzo, sigo cometiendo errores). La mayoría de las veces estos obstáculos obstinados, que se mantienen a pesar de los mejores esfuerzos de personas frustradas, caen dentro de una de estas tres categorías:

1. Metas inalcanzables
2. Circunstancias externas
3. Temor al fracaso

Cada vez que alguien encuentra en el camino un obstáculo para una meta desesperadamente ansiada experimenta frustración. La forma emocional que asume la frustración depende de la naturaleza del obstáculo. Si la meta que el individuo se ha fijado es inalcanzable (Categoría 1), la respuesta emocional primaria más frecuente es el sentimiento de culpa o de rebajamiento. Si la persona cree que su meta es alcanzable (lo sea o no) pero que alguna circunstancia externa bloquea el camino hacia la meta (Categoría 2), el resultado típico es el resentimiento. Si el impedimento no es ni una meta inalcanzable ni una circunstancia que estorba sino un temor al fracaso paralizador (Categoría 3), la persona generalmente experimenta ansiedad.

Los tres problemas emocionales en el fondo de la mayoría de nuestras dificultades son culpa, ansiedad, y resentimiento. Para poder comprender mejor cómo de una forma específica de experiencia de frustración se produce cada uno de esos sentimientos, consideremos brevemente los tres tipos de obstáculos que conducen a cada una de esas emociones.

Categoría 1: Metas inalcanzables

Algunas de las metas que las personas se fijan para sí mismas sencillamente no se pueden alcanzar por más esfuerzo que pongan en ello. Algunos piensan (supuestos básicos) que la única manera de sentirse bien consigo mismo es evitar toda crítica. Una mujer de mediana edad con la que trabajé había sido humillada conscientemente por su madre. Ambos padres solían compararla desfavorablemente con su hermana, y vivía bajo la crítica constante de todos a su alrededor. Una «dieta» de crítica constante produce un caso serio de indigestión emocional en un niño. Esta mujer llegó a creer que los buenos sentimientos acerca de sí misma (seguridad) dependían de nunca ser criticada. Para evitar toda crítica tenía que vivir a la perfección. Su objetivo se convirtió en la meta inalcanzable de la perfección. Se casó con un excelente hombre que la amaba y aceptaba verdaderamente. Pero ella cometía errores. Cocinaba de más los huevos pasados por agua, se olvidaba a veces de hacer el lavado, y su esposo se veía sin ropa interior limpia, superaba el presupuesto para la comida, etc. En algunas ocasiones su esposo la criticaba, aunque en forma paciente, amable, constructiva. Ella se sentía destrozada. No podía culparlo a él porque era evidentemente amable y comprensivo. La culpa era completamente suya. Como consecuencia se odiaba a sí misma y se atacaba despiadadamente con improperios hirientes, y sufría de un desesperante remordimiento. Ninguna j medida de apoyo y estímulo la ayudaba. En efecto, la solicitud amorosa parecía «empeorar las cosas: cuanto más amable era su mundo, más comprendía que la culpa era suya, que era ella la imperfecta.

Los psicólogos que lean esto sospecharán que además de su sentimiento de culpa (que en este caso equivalía a un consciente temor al rechazo), probablemente había una medida sustancial de enojo contra su mundo (en primer lugar su esposo) por esperar de ella la perfección. Aunque el resentimiento pueda ser primario, me siento inclinado a pensar que la culpa es el problema principal toda vez que hay un patrón inalcanzable, autoimpuesto, con el que la persona se mide a sí misma. Si el sujeto asume la responsabilidad por no alcanzar su meta inalcanzable, se siente inútil. A menudo estos sentimientos se expresan en afirmaciones de autodesprecio, actitudes de desesperante disgusto consigo mismo, y pérdida de motivación por volver a probar.

Categoría 2: Circunstancias externas

Una situación diferente se plantea cuando el sujeto percibe que la meta sería alcanzable si no fuera por impedimentos fuera de sí mismo. En ese caso la emoción primaria problemática es el resentimiento. A mi juicio, el problema más común tras la variedad de casos que trato en mi consultorio es el resentimiento.

El pueblo de Israel presenta ejemplos instructivos de este problema emocional. Cada vez que surgían circunstancias difíciles, se quejaban repetidamente contra Moisés, murmuraban de lo mal que estaban saliendo las cosas. Su resentimiento contra los hechos desagradables llegaba al punto de que estaban dispuestos a apedrear a Moisés, el hombre a quien culpaban de todos sus problemas. Los psicólogos han hablado mucho de la«hipótesis de la agresión por frustración». De acuerdo con esa teoría, la agresión es la respuesta inevitable frente a un agente frustrante. Si estoy tratando de alcanzar una meta pero usted frustra mis esfuerzos metiéndose en mi camino sentiré enojo contra usted. La conducta de los israelitas parece ilustrar esto. Sin embargo, a mí me parece que la teoría se podría entender con mejor precisión de la siguiente manera: cuando alguien percibe que podría haber alcanzado su meta si no hubiera sido por algún tipo de impedimento (por el que no se siente responsable), sentirá un resentimiento agresivo contra ese impedimento. Pero si el obstáculo frustrante no es una circunstancia externa sino más bien una meta inalcanzable o el temor al fracaso, la frustración no producirá el enojo agresivo sino que se convertirá en culpa o ansiedad respectivamente.

Una mujer de mediana edad me consultó con relación a unos severos dolores de cabeza que habían requerido hospitalización intermitente durante un período de tres años. Su siquiatra había indicado posibles trastornos orgánicos del cerebro y la estaba tratando con suficiente medicamento como para establecer una cuenta corriente con la farmacia. En las primeras dos o tres entrevistas se puso en evidencia que estaba llena de resentimiento contra su madre por haber interferido en su vida y contra su esposo porque no la había satisfecho emocionalmente durante años. Su supuesto básico era que, para sentirse segura, necesitaba que su familia la aceptara y la apoyara firmemente en todo cuanto emprendía. Cuando se convirtieron en un obstáculo para su meta, se produjo en ella una intensa amargura contra ellos pero no podía expresarla por temor a mayor rechazo. Trataba continuamente de cambiar tanto a su madre como a su esposo para que se adaptaran mejor a sus necesidades, y, como ocurre generalmente cuando una persona trata de cambiar a otra, fracasaba completamente. Su conducta orientada hacia la meta era totalmente ineficaz. La base de su enfermedad psicosomática era un resentimiento reprimido. Había violado el principio bíblico de «no se ponga el sol sobre vuestro enojo» (Ef 4.26). Sin embargo, el tratamiento no era principalmente una serie de exhortaciones para que actuara bíblicamente sino que más bien implicaba una exploración y alteración radical de sus supuestos básicos. Al comprender que el amor de Dios era suficiente para satisfacer sus necesidades y luego poner esa «creencia no sentida» en práctica compartiendo sus sentimientos con su esposo y renunciando a la necesidad de cambiarlo, sus dolores de cabeza desaparecieron sustancialmente.

Categoría 3: Temor al fracaso

Un tercer tipo de obstáculo es el temor al fracaso. Hay hombres que se ven atrapados por este problema en sus papeles de esposo y padre y, como resultado, reniegan de sus responsabilidades. La meta puede ser razonable y alcanzable. El camino hacia la meta puede estar libre de interferencias. Pero si alguien teme que no alcanzará la meta, a menudo caerá en ansiosa indecisión. Un esposo desea tener una buena relación matrimonial. Cree que es posible. Su esposa se muestra dispuesta y cooperadora. Pero él sigue dudando, suspendido en una indecisión paralizante. ¿Por qué? Teme hacer un desastre, que sus mejores esfuerzos seguirán siendo insuficientes, entonces no hace nada. La premisa sobre la que actúa es sencilla: si pruebo, y fracaso, tendré que admitir que soy un fracasado, y no podría soportarlo. Si nunca pruebo, puedo evitar el fracaso. Por supuesto, la verdad es que el nunca probar garantiza el fracaso y entonces es, a largo plazo, la peor opción. Pero es esto lo que hace de todos modos, porque a corto plazo no tendrá que enfrentarse cara a cara con el fracaso.

Miller y Dollard, dos psicólogos que han estudiado los conflictos, han compuesto un diagrama ya clásico que representa la indecisión ansiosa.

CHEVRON 1447
151 DEXTER AVE EAST HISMORE TN
M# 00209236

Cash Receipt

Pmpl Prepay $ 20.00

ens. 1   Subtotal   20.00
x   0.00

utal   25.00

sh $26.00
   CHANGE DUE   0.00

[1088e605126811] 02/05/12 20:36:56

La línea vertical representa la meta (obtener una cita, ir a una entrevista de trabajo, aceptar la responsabilidad de enseñar en la escuela dominical, iniciar una conversación con su cónyuge). En el punto de partida, el individuo cree que la meta es deseable y se dispone a alcanzarla. La línea continua que se eleva gradualmente se llama gradiente de aproximación. A medida que escala la línea hacia la meta (ir al teléfono para llamar a la muchacha para la cita), se siente más y más deseoso de alcanzarla. Su motivación de aproximación se intensifica. Pero a medida que sigue avanzando hacia la meta, comienza a sentir cierta intranquilidad (al extender la mano para tomar el auricular, siente un leve nudo en el estómago, pero aun así lo toma). La línea de puntos representa el gradiente de evitación, el temor a no alcanzar la meta (la muchacha tal vez se niegue). Seguirá moviéndose hacia la meta hasta que alcance el punto en que se crucen ambas gradientes. Ir más allá produciría un temor más intenso que su deseo de alcanzar la meta. Retroceder resultaría en un deseo de llegar a la meta más fuerte que su temor de fracasar. Mientras las gradientes sigan en la misma posición, el individuo probablemente pierda toda su vida dentro del círculo elíptico alrededor del punto de intersección (en nuestro ejemplo, el joven tal vez marque las tres primeras cifras en el dial, y luego corte, cientos de veces. Este ejemplo me trae algunos recuerdos propios). La experiencia emocional básica es la ansiedad cuando el obstáculo para alcanzar una meta es el temor al fracaso.

Hagamos el esquema de nuestro modelo básico hasta aquí:

COMIENZO:

Necesidades personales ⟶ Motivación

Supuesto básico

Obstáculo ⟵ Conducta orientada hacia la meta

Frustración

CATEGORIA DEL OBSTACULO	FORMA DE FRUSTRACION
1. Meta inalcanzable ⟶	Culpa
2. Circunstancias externas ⟶	Resentimiento
3. Temor al fracaso ⟶	Ansiedad

Vamos a ver cómo estas tres clases de frustración pueden resultar en problemas personales más complicados.

Yo considero la culpa, el resentimiento, y la ansiedad como experiencias preneuróticas. La neurosis hecha y derecha ocurre cuando una persona desarrolla un síntoma o patrón sintomático destinado a evitar un mayor insulto a su autoestima. La meta del preneurótico es superar el obstáculo y alcanzar su meta desesperadamente deseada (cambiar de esposa, vivir a la perfección, ganar dinero, etc.). Voluntariamente evaluará la efectividad de su conducta orientada hacia la meta y adoptará nuevas estrategias que prometan cruzar la barrera del obstáculo y alcanzarla. Aunque esa respuesta a la frustración indica una saludable flexibilidad y puede evitar la neurosis, como vimos en el capítulo anterior, el éxito en alcanzar metas no bíblicas nunca puede satisfacer completamente. La clave de la madurez radica en elegir la única meta adecuada para el cristiano: conocer a Dios. (Como una guía de especial ayuda para alcanzar esa meta, lea el libro de J. I. Packer, *Hacia el conocimiento de Dios*, Miami: Unilit-Logoi, 1997.)

La experiencia neurótica es diferente de la preneurótica. Los neuróticos ya no tratan de superar el obstáculo. La meta del preneurótico es ponerse a salvo. Ha tratado una y otra vez de alcanzar la meta que considera esencial para su significación y seguridad. Si ha habido una larga historia de fracasos sucesivos, o si no ve ninguna posibilidad de superar el obstáculo, la persona frustrada muy probablemente dejará su estrategia por un camino que conduce directamente a la neurosis. En lugar de perseguir metas que considera que le darían un sentido de valor personal, ahora comienza a dirigir sus esfuerzos hacia la protección de la poca autoestima que pueda quedarle. Renuncia a la lucha por sentirse valioso y se ubica en un patrón estacionario: aferrarse a la poca autoestima que le pueda quedar. No seguirá probando; eso acarrearía más frustraciones. En los casos extremos en que no queda absolutamente nada de sentido de autoestima, el individuo se retrae en la psicosis; ruptura total con un mundo de dolor. En esencia el psicópata dice: Ya he sufrido demasiado. No quiero más. Me voy a retirar totalmente al único lugar seguro que tengo: la no realidad. La diferencia entre la neurosis y la psicosis no orgánica se puede explicar en forma simple en términos de grados de retraimiento.

Muchas personas están, según mi criterio, viviendo en el estado preneurótico. Se sienten enojados con el mundo (resentimiento), o se sienten humillados (culpa). Siguen probando, avanzando penosamente en una rutina diaria poco compensadora. El cristianismo para estas personas es una experiencia de «ir tirando», en la que soportan valerosamente una vida desgraciada, obligándose ocasionalmente a decir «alabado sea el Señor de todos modos», pero preguntándose en qué consiste realmente el gozo del Señor.

Por debajo de esta vida horriblemente escasa se esconden algunas falsas suposiciones que han terminado en alguno de los tres problemas emocionales. La personalidad humana no fue destinada para operar con culpa, ansiedad, o resentimiento. Los obstáculos darán lugar a renovados esfuerzos de conducta, o a su tiempo ocurrirá algún tipo de crisis. El camino a la neurosis, o en lenguaje más común, a una crisis nerviosa, se puede seguir con facilidad. En algún punto después que la frustración es lo suficientemente grande, o ha durado el tiempo suficiente, el individuo dejará de tratar de superar el obstáculo. Buscará una existencia más segura, lejos de la penosa frustración de nunca sentirse bien o, según yo lo veo, de nunca experimentar un verdadero sentido de valía personal.

Con frecuencia hay algún estímulo que precipita los síntomas neuróticos. Pueden parecer cosas insignificantes: un niño que no obedece una orden, la noticia de un cheque incobrable, algún desaire aparentemente trivial. La frustración subyacente irrumpe en un desesperado y urgente deseo de encontrarse a salvo, de huir de más sufrimiento por rechazo o fracaso. Una experiencia diaria que es una analogía normal de la neurosis es la de meterse en una bañera de agua caliente para aliviar la tensión. La diferencia entre esta conducta normal y la neurosis es que el bañista tiene la intención de salir de la bañera para volver al mundo real de la responsabilidad. El neurótico ansía quedarse sumergido para siempre.

La huida hacia la seguridad puede llevar cualquiera de las muchas formas clásicas de desorden: fobias, disfunciones sexuales, neurosis obsesiva compulsiva, tics nerviosos, etc. Tal vez sea de ayuda una breve ilustración. Una persona ha contraído el temor a cruzar puentes. El material de las entrevistas indica que para llegar a su trabajo tenía que cruzar un gran puente. Sabiendo que los síntomas generalmente están destinados a alcanzar la meta de sentirse a salvo, el consejero se hizo fácilmente la hipótesis de que de alguna manera su temor estaba relacionado con una amenaza a su sentido de valía personal en el trabajo, amenaza que deseaba evitar. Las preguntas formuladas con esta idea en mente revelaron que el temor había comenzado cuando se le había ofrecido un ascenso en el que se sentía incapaz de manejarse. La meta que había asumido como la que le daría su significación personal era el éxito en el trabajo. El obstáculo era el temor al fracaso. Entonces la frustración tomó la forma de ansiedad. En este punto el sujeto era preneurótico. Podría haber superado su problema admitiendo sus temores y, con el apoyo de sus amigos, haciéndole frente al ascenso. Idealmente debiera haber cambiado su supuesto acerca de la significación, comprendiendo que el éxito o el fracaso en el trabajo, desde el punto de vista de Dios, no determinaban su valor como persona. Con la fuerza de esa idea podría haber elegido aceptar la responsabilidad. Pero pasó de la preneurosis a la neurosis cuando, en el esfuerzo de hallar seguridad frente a la posible pérdida de significación en el trabajo, inconscientemente, pero con un propósito, vinculó su temor con los puentes. Como resultado de ese temor paralizante, «tuvo» que renunciar a su trabajo y asumir una posición más baja pero más segura en una firma del otro lado del puente. Se quejaba de que ese «absurdo temor» le había costado el trabajo. Pero, y esta es la cuestión, *eso era precisamente lo que pretendía con ese temor*. Su temor no era absurdo, era útil para su autoprotección, una protección totalmente innecesaria para cualquiera que comprenda la base bíblica de la significación y la seguridad.

No todos los síntomas tienen el propósito de buscar la seguridad. Los síntomas psicosomáticos pueden ser el resultado físico directo de estados emocionales enfermizos. Los problemas emocionales de ansiedad, resentimiento, y culpa tienen sus paralelos fisiológicos que pueden resultar con el tiempo en verdaderos problemas físicos, como úlceras, dolores de cabeza, o problemas de la piel. También es verdad que estas emociones negativas pueden tener efectos directos sobre varios aspectos de la conducta como en el funcionamiento sexual. La disfunción orgásmica y la impotencia, por ejemplo, tal vez no siempre representen un esfuerzo por alcanzar la seguridad, pero en efecto pueden ser el resultado fisiológico inevitable de la ira, la culpa, o los trastornos nerviosos. Sin embargo, en muchos casos, es mi opinión que los síntomas tienen un significado funcional. Es decir, están destinados por el sujeto mismo ya sea a superar el obstáculo (preneurosis) o más a menudo a ayudarlo a evitar posibles frustraciones futuras, ponerlo a salvo de chocar nuevamente con el obstáculo (neurosis). Ahora estamos en condiciones de completar el esquema de cómo se producen los problemas:

DESARROLLO "NORMAL" QUE CONDUCE AL VACIO

140

DESARROLLO "ANORMAL" QUE CONDUCE
A DESORDENES PSICOLOGICOS

COMIENZO:

Necesidades personales ⟶ Motivación

⟶ Supuesto básico

Obstáculo ⟵ Conducta orientada hacia la meta

(Preneurosis)

Frustración ⟶ Ponerse a salvo
(neurosis)

CATEGORIA DEL OBSTACULO   FORMA DE FRUSTRACION

1. Meta inalcanzable ⟶ Culpa

2. Circunstancias externas ⟶ Resentimiento

3. Temor al fracaso ⟶ Ansiedad

CAPÍTULO 8

¿QUÉ ES LO QUE PROCURAMOS CAMBIAR?

Para formular una estrategia de aconsejar tenemos que decidir con exactitud que es lo que queremos cambiar. ¿Queremos cambiar la forma en que se siente el sujeto? ¿Simplemente queremos eliminar los síntomas? Los terapeutas de la conducta estilo Eysenck afirman que el síntoma es la totalidad del problema. Que al eliminar los síntomas, desaparece el problema. La mayoría de las técnicas de terapia de la conducta están destinadas a lograr precisamente eso, modificar la conducta sintomática. ¿Es que tendríamos que ayudar a la persona a actuar con más responsabilidad? El suministrar el consejo ¿es cuestión de plantear un conjunto de normas bíblicas e insistir en que el sujeto se ajuste a ellas? ¿Qué es lo que queremos cambiar?

La respuesta a esa pregunta depende de la respuesta a otra pregunta: ¿Qué esperamos que resulte del cambio que producimos? En otras palabras, ¿cuál es nuestra meta final? En este punto quizás el lector quiera releer el primer capítulo. La meta de un consejero cristiano será radicalmente diferente de la meta de un consejero secular.

Los consejeros seculares, basados en una filosofía humanista, consideran el bienestar individual del hombre como lo fundamental. Sin patrones ni guías objetivos para definir lo que es realmente el bienestar, el consejero debe permitir que el sujeto determine su propia definición de lo que lo hará feliz. La meta final del consejero secular es ayudar a su aconsejado a sentirse bien. Algunos teorizantes emplean un lenguaje complicado para describir sus metas, pero todas se reducen a lo mismo. Cualquier cosa que haga que el sujeto se sienta bien es deseable, a menos que —agregaría la mayoría de los humanistas— interfiera con el bienestar de otra persona. El consejero secular está diciendo en realidad que el aconsejar es un esfuerzo por ayudar al sujeto a lograr cualquier cosa que él crea que lo hará feliz. Otra vez viene a la mente la Biblia: «Hay camino que al hombre le parece derecho; pero su fin es camino de muerte» (Prv 14.12).

También los consejeros cristianos desean el bienestar de sus pacientes pero creen que el bienestar de una persona depende de su relación con Cristo. Hay valores absolutos. Un cristiano no está dispuesto a ayudar a una persona a sentirse bien en alguna forma que contradiga esos valores absolutos. El divorciarse de un cónyuge desagradable tal vez haga sentirse bien al sujeto, pero el cristiano cree que el camino que parece estar totalmente bien en el momento, y que en realidad reduce la tensión e incrementa los sentimientos positivos, conducirá a la muerte personal (ausencia de significación y seguridad) si contradice los mandamientos de Dios.

El consejero cristiano está en una posición única para aconsejar a las personas a que vivan en una forma que tal vez aumente la carga de la vida. Recientemente una paciente mía me dijo: «Antes de venir aquí estaba involucrada en una vida de placer sexual y diversiones y me sentía bien. Era emocionante. Desde que he decidido entregarme verdaderamente a Cristo he descubierto que la vida se ha convertido en una lucha. La vida mundana era más fácil y más alegre que la vida cristiana.» Y luego agregó: «Pero por nada del mundo me echaría atrás. No hay vuelta. He saboreado la realidad. Penosa como es a veces, quiero más de ella. De eso se trata la vida. Por primera vez en mi vida me siento verdaderamente viva, a tono, integrada. Duele a más no poder, pero vale la pena, porque ahora soy una persona.»

Si estamos claros en que queremos introducir cambios que llevarán a la persona más cerca de Dios, ya sea que los sentimientos inmediatos sean positivos o negativos, podemos evaluar aquello que tenemos que cambiar.

Volvamos al esquema definitivo al final del Capítulo 7. Considere cada punto del esquema para ver si (1) puede ser cambiado, y (2) si al cambiarlo estaremos más cerca de la meta de adaptarnos a la imagen de Cristo. Comencemos con las necesidades personales. La necesidad de sentirse valioso al experimentar significado y seguridad es una parte inalterable de la personalidad humana. Ahí no hay nada que podamos cambiar.

La motivación, como impulso general para alcanzar las necesidades personales, también es una parte normal y necesaria de la personalidad. Todos queremos satisfacer nuestras necesidades y dedicamos considerable energía para lograrlo.

Espero resulte obvio que mi idea es que la parte crítica que hay que cambiar para ayudar a una persona a vivir con efectividad implica alterar su *supuesto básico*, el tercer elemento del esquema. Todos los problemas del esquema se pueden evitar completamente si el supuesto básico está en armonía con la verdad revelada. La persona verdaderamente bien adaptada es aquella que depende solamente de Dios (y de lo que él decide proveer, lo que incluye la comunidad cristiana) para tener significación y seguridad. Se puede seguir el rastro de la desesperación, la frustración, el resentimiento, la ansiedad, la culpa, la sensación de vacío, los síntomas neuróticos, directamente hasta un falso supuesto acerca de cómo satisfacer las necesidades personales. El principal problema de las personas hoy en día es una dependencia mal ubicada. Dependemos de todo menos de Dios para satisfacer nuestras necesidades fundamentales. ¿Qué es lo que procuramos cambiar entonces?: cómo piensa la persona, de qué depende, qué es lo que cree que debe tener para sentirse verdaderamente valiosa. Tenemos que cambiar su mente. La transformación no depende de renovar nuestros sentimientos, ni nuestra conducta, ni nuestras circunstancias, sino nuestra mente. Unos psicólogos cambian los sentimientos, otros la conducta, otros las circunstancias. Cristo cambia la mente.

Muchos consejeros descuidan esta clave de la transformación cristiana y tratan de cambiar alguna otra cosa. Algunos tratan de cambiar la conducta orientada hacia la meta para que pase de irracional y pecaminosa a racional y bíblica. Los cristianos, por supuesto, están interesados en conductas racionales y razonables, pero sólo sobre la base de un pensamiento correcto. Una conducta correcta sin un pensamiento correcto produce un modelo de obediencia cristiana forzado, trabajoso, a presión. Una conducta correcta que surge de pensar correctamente produce una obediencia gozosa, natural, y deseada al Dios que nos ha hecho como personas completas, con significación y seguridad. Aun cuando una conducta correcta alcance la meta, si la meta no es bíblica, ¿se ha fomentado la madurez cristiana? Si una mujer cree que toda su razón para vivir depende del amor de su esposo, una conducta más efectiva como esposa podrá ayudar a alcanzar la meta de más atención de parte de su esposo, pero todavía no habrá agregado ni un milímetro a su estatura espiritual. El consejo bíblico debiera enseñarle primero que Cristo es su razón para vivir (pensamiento correcto), luego debiera ayudarla a convertirse en una mejor esposa (conducta correcta), no principalmente para ganar a su esposo sino para agradar al Señor y servir a su esposo (meta correcta). Si él le retribuye ese amor, alabado sea el Señor. Ella debe disfrutar completamente su amor. Si su esposo no la ama, ella sigue siendo una mujer completa, segura y capaz de seguir adelante con Dios.

Algunos consejeros tratan de cambiar la meta. Sin embargo, cambiar significativamente la meta requiere que una persona cambie su manera de pensar. Recientemente le dije a una paciente que se estaba poniendo metas tal vez inalcanzables. Por ejemplo, al disciplinar a sus hijos se había puesto la meta de lograr que respondieran adecuadamente. Pero esa meta incluye un elemento que no está totalmente dentro del control del sujeto, a saber, otra vida humana. Le dije que su meta no debiera ser la respuesta adecuada de parte de los niños sino más bien tratar de actuar en forma responsable de acuerdo con los principios bíblicos. Sin embargo, antes de que pudiera cambiar su meta ella tenía que cambiar su manera de pensar, de «necesito que mis hijos se críen bien si quiero ser valiosa» a «soy valiosa como una hija de Dios responsable. Por supuesto, quiero que mis hijos se críen bien, de manera que los voy a disciplinar en lo que creo es una forma bíblica. Si mis hijos responden mal, me voy a sentir apenada y voy a reevaluar mis procedimientos disciplinarios para asegurarme de que son bíblicos, pero no me voy a sentir personalmente amenazada porque mis necesidades no estén en juego. No dependen de la respuesta de mis hijos».

A medida que cambia la manera de pensar, de hecho cambiarán las metas, porque las metas dependen de los supuestos básicos acerca de cómo satisfacer las necesidades personales. Cuando uno piensa correctamente y sabe que satisfacer las necesidades depende únicamente de la relación con Cristo, está en condiciones de proponerse metas que siempre sean alcanzables. En cada situación la meta general es la obediencia a Cristo. Tal vez eso signifique preparar bien la comida de la familia. Su seguridad no depende de que su familia disfrute esa comida. Por supuesto, aprecia los cumplidos, pero no le son necesarios. Las quejas no le resultan agradables y provocan un legítimo sufrimiento, pero tampoco son una amenaza personal. Sin embargo, muchas mujeres se amargan cuando sus esposos se quejan de la comida. ¿Por qué? Porque en ese momento dependen de la respuesta de su esposo para su propia seguridad. La meta de preparar la comida en realidad era propiciar la respuesta de su esposo. Como mencioné anteriormente los esfuerzos para preparar la mejor comida con el objeto de conseguir una aprobación proveedora de seguridad es sólo una manipulación. También implica aceptar una meta que la esposa no puede controlar totalmente, en este caso la respuesta de su esposo. Cada vez que una persona se dispone a lograr una meta que no está garantizada por el esfuerzo responsable, experimenta lo que yo llamo *ansiedad básica*. Representemos con un círculo los límites de lo que uno puede lograr si elige responsablemente trabajar duro dentro de las propias posibilidades. Si las metas están dentro del círculo, no se experimenta la ansiedad básica. No hay temor de que la meta no se alcance. Depende del esfuerzo que se esté dispuesto a hacer. Pero si la meta cae fuera del círculo, los mejores y más arduos esfuerzos no la garantizan. Tal vez se alcance. Tal vez su esposo sonría cálidamente frente a una comida deliciosa y le exprese su amor, pero muy adentro, por debajo de la seguridad que su esposo le ha dado, está la ansiedad básica: Necesito algo que no estoy segura de conseguir.

No hay ansiedad básica   Ansiedad básica

Dentro del círculo A es posible ser irresponsable y no alcanzar metas apropiadas y posibles de lograr. El resultado no es la ansiedad sino verdadera culpa, no neurótica. El tratamiento en este caso es la exhortación: Póngase derecho y viva con responsabilidad. Tiene metas que están de acuerdo con una manera correcta de pensar. Tiene seguridad y significado en Cristo. Y Él quiere que sea cariñoso con su esposa, que dedique tiempo a sus hijos, dé testimonio a sus amigos, vaya al trabajo todos los días. Estas son metas alcanzables y adecuadas para un cristiano. Hágalo. Tome el carril de la obediencia. Haga lo que Dios espera de usted porque Él ya le ha dado todo lo necesario para que viva con responsabilidad.

Recientemente tuve en mi consultorio un ejemplo dramático de esta situación. Era un homosexual que venía para recibir terapia. Era cristiano y tenía un sincero deseo de llegar a ser heterosexual, pero carecía completamente de interés por las mujeres. Tenía muchos años de matrimonio pero nunca había tenido relaciones sexuales con su esposa. Después de pasar varias sesiones examinando sus supuestos básicos respecto a sus necesidades personales y aprendiendo las bases bíblicas de la integridad, le dije: «Hemos llegado al momento. Usted ya está pensando correctamente. Ahora su meta debiera ser obedecer a Dios. 1 Corintios 7 dice que no debiera privar a su esposa del sexo. Dios no manda nada sin dar la posibilidad de cumplirlo. Si se acerca sexualmente a su esposa en forma responsable, no con la meta de disfrutar de ello, ni siquiera de actuar adecuadamente, estará obrando lo más responsablemente posible. Así pues, su tarea para la semana es acercarse sexualmente a su esposa.»

En nuestra próxima entrevista me informó con lágrimas en los ojos que había dado un paso de fe (una idea que tiene relevancia no solamente para la obra misionera sino también para el dormitorio) y que Dios lo había cumplido. Por primera vez en su vida había actuado en forma heterosexual y se había sentido como un hombre nuevo. Si hubiera intentado el acto sexual antes de cambiar su manera de pensar, lo habría hecho en un esfuerzo por sentirse significativo. El temor al fracaso lo hubiera llevado a evitarlo, o a no funcionar apropiadamente. Pero con el pensamiento cambiado, se acercó a la cama matrimonial no para sentirse significativo sino porque ya era significativo, lo cual es un mundo de diferencia psicológica.

A veces la experiencia de culpa es el punto central en los esfuerzos de un consejero por cambiar las cosas. Bruce Narramore y Bill Counts han escrito un excelente libro sobre la culpa desde una perspectiva cristiana. Señalan que la culpa es una emoción compleja que no siempre se alivia por simples referencias al perdón de Cristo. En mi modelo, la culpa falsa es el resultado de no alcanzar una meta inalcanzable. Una vez más, la cura debe llevar un cambio de metas, lo que requiere antes un cambio en la manera de pensar.

Otras veces los consejeros tienen que tratar con el resentimiento. «Déjelo aflorar. Exprese su enojo.» O tal vez ayuden al sujeto a identificar la circunstancia adversa responsable de su enojo y lo lleven a cambiar o a aceptar el obstáculo. Ninguno de esos enfoques resuelve el problema. Una vez más, el verdadero problema lo constituyen los pensamientos falsos que conducen a una meta errada. Si un esposo piensa que necesita un ascenso en el trabajo para ser significativo, pero no se lo dan, es muy probable que se sienta resentido con la compañía. Acaso se golpee la cabeza contra la pared, pero muchas veces la emoción del resentimiento queda latente por debajo del autocastigo. Su resentimiento es el resultado de una dependencia equivocada.

El enojo es pecaminoso cuando es una reacción de resentimiento contra alguien que amenaza nuestras necesidades personales. Si es una reacción al mal moral de otra persona, el enojo es justo, y es producido por el Espíritu Santo. Adams, en su

Handbook of Christian Counseling [Manual de consejo cristiano], tiene una sección muy provechosa sobre cómo encarar el enojo. Señala que hay dos reacciones frente al enojo: (1) enterrarlo y mantener un resentimiento silencioso, a veces inconsciente. Efesios 4.26 nos dice que no dejemos que se ponga el sol sobre nuestro enojo. (2) Expresarlo de una manera furiosa, descontrolada, y agresiva. «El necio da rienda suelta a toda su ira» —Proverbios 29.11. Dejarse arrastrar por un estallido violento es un desperdicio de la valiosa emoción del enojo. Más bien hay que llenarse del Espíritu Santo; usar el enojo como motivador para hacer lo que se pueda bajo la dirección de Dios a fin de corregir la situación provocadora del enojo. Esposa, si su esposo la trata realmente mal, enójese. Exprese honestamente lo que siente pero luche para convertirse en un vehículo que Dios pueda usar para cambiarlo. Sin embargo, su meta personal no debe ser cambiar a su esposo. Si esa es su meta, añadirá ansiedad a sus problemas. Su meta es la sumisión, una meta completamente accesible. Su reacción debe ser que Dios gane a su esposo.

Otras veces es la ansiedad lo que los terapeutas tratan de cambiar en nuestro modelo. La terapia de drogas tranquilizantes y la terapia de la conducta (en particular la desensibilización sistemática) son dos formas directas de tratar con la ansiedad. No me opongo al uso de ninguna de las dos. En mi práctica a veces desensibilizo, especialmente al tratar reacciones fóbicas específicas o problemas sexuales relacionados con la ansiedad. También en ocasiones recomiendo medicamentos. Pero un consejero cristiano que quiera fomentar la madurez cristiana no se quedará jamás con eso. Buscará el origen de la ansiedad en el obstáculo que pueda haber en el camino a una meta que ha sido determinada por pensamientos erróneos: la suposición de que algo que no es Dios ni provisto por Él puede satisfacer las necesidades personales.

Los síntomas neuróticos se pueden tratar directamente con técnicas de terapia de la conducta; pero un consejero cristiano siempre procurará descubrir si en realidad está ayudando al paciente simplemente a ponerse a salvo. Si es así, buscará la razón de esa meta de seguridad y a su tiempo volverá al nivel de los supuestos básicos.

La desesperación y la vaga sensación de vacío (los elementos que quedan en el modelo) pueden requerir apoyo, compañerismo, y comprensión. Pero, una vez más, una cura cristiana conllevará un cambio en la manera errada de pensar acerca de cómo satisfacer las necesidades personales.

Supongo que a fuerza de repetición debe ser obvio que alcanzar la meta del consejo (ENTRAR Y SUBIR) conllevará un cambio en la manera de pensar del sujeto. ¿Qué estamos tratando de cambiar?: la idea de que necesitamos otra cosa que Dios y lo que él decida proveer para satisfacer nuestras necesidades de significación y seguridad. Cuando se cambia esa idea y el sujeto actúa de acuerdo con su nueva creencia bíblica, está en camino hacia la meta de obediencia y madurez.

CAPÍTULO 9

UN MODELO SENCILLO DE CÓMO ACONSEJAR

En los Capítulos 6 y 7 expuse un modelo que explicaba cómo surgen y se desarrollan los problemas. En el Capítulo 8 identifiqué los diversos elementos del modelo que podrían ser cambiados y sugerí que el elemento central que debiera cambiar en cualquier forma de consejo verdaderamente eficaz son las ideas de la persona acerca de lo que necesita para tener significación y seguridad. Usando el concepto que hemos desarrollado hasta aquí como una especie de esquema mental, un marco a través del cual miramos a las personas, quiero ahora considerar muy simplificadamente lo que un consejero hace durante una serie de sesiones de consulta. Hay cosas importantes que aquí no se discuten en detalle, tales como la manera de iniciar una entrevista, cómo hacer que la conversación continúe por un curso beneficioso, si llamar por su nombre al paciente, cómo manejar una crisis específica como suicidio o ataques psicopáticos, qué hacer con un paciente muy reacio, cuándo evangelizar, cómo manejar la transferencia, etc. Estos puntos son importantes y pueden ayudar o impedir el éxito del acto de aconsejar. Se llega mejor a su comprensión a través de la supervisión directa y del ejemplo. Pero antes de poder manejarlos, los consejeros debieran dominar la estrategia general del proceso completo de aconsejar. Este capítulo intenta proporcionar esa estrategia.

Antes de hacer el esquema del modelo de siete pasos que he compuesto, quiero considerar primero el enfoque general de cómo aconsejar que para mí es el más acertado. Jay Adams ha llegado a ser ampliamente conocido por su enfoque de confrontación. Al insistir en que su modelo es el único con base bíblica, afirma que la palabra griega *noutheteo* [amonestar], que incluye la idea de confrontación verbal, orientadora e instructiva, nos da el concepto central del consejo cristiano. En el Capítulo 1 hice referencia a Colosenses 1.28 donde Pablo afirma que amonesta «a todo hombre» en su esfuerzo por fomentar la madurez. Aunque estoy de acuerdo con Adams en que la madurez cristiana es el centro del consejo bíblico, no creo que la estrategia de la confrontación agote todas las formas posibles de llegar a la misma meta. Claro que hay oportunidades en que una confrontación firme y justa es lo necesario. Pero hay otras en que es más necesario un apoyo amable, la reflexión, la clarificación, y la aceptación de los sentimientos.

Un modelo de amonestación no es lo suficientemente amplio como para abarcar todos los ingredientes del intento efectivo de aconsejar bíblicamente. Pablo les dijo a los tesalonicenses que amonestaran a aquellos que actuaban desordenadamente, que se resistían tercamente a cumplir con sus obligaciones. Pero también les enseñó a consolar a los que estaban abatidos o atemorizados. Una palabra para consolar es *paramutheo*, que literalmente significa «hablar de cerca». Se usaba para describir una expresión emocional de apoyo y amor sin el menor indicio de represión. Amonestar duramente a una persona atemorizada no sólo sería cruel sino completamente dañino. Pablo también aconsejó que se sostuviera firmemente a los débiles. La idea parece ser que algunas personas necesitan ocasionalmente tomar de la fuerza de otras. Otras exhortaciones a llevar los unos las cargas de los otros apoyan la idea de que el cuerpo local de creyentes debe ser una comunidad interdependiente que incluya la amonestación, el estímulo, la ayuda firme, y probablemente varias otras formas de conducta. El consejo bíblico implica, pues, mucho más que una amonestación, y a veces quizás no incluya en absoluto la amonestación.

John Carter sugiere que la palabra *parakaleo* y su afín *paraklesis* ofrecen «un modelo mucho más adecuado de aconsejar (que la palabra *noutheteo*) desde una perspectiva bíblica». Señala que, mientras *noutheteo* y su afín aparecen sólo once veces en el Nuevo Testamento, *parakaleo* o algunas de sus formas se traduce (en la versión Reina-Valera) dieciocho veces como «consolar», veinticinco veces como «exhortar», veintiuna veces como «consolación», cincuenta y siete veces como «rogar», además aparecen «consuelo», «ruegos», «amonestar», «exhortación», y «llamar». También señala el hecho importante de que *paraklesis* se considera específicamente como un don de la iglesia (Ro 12:8). Vine dice que *parakaleo* denota «pedir la cercanía de uno, en consecuencia, pedir la ayuda de uno». Se usa para toda clase de acercamiento a una persona con el fin de producir un esfuerzo particular, y por lo tanto tiene distintos significados, como consolar, exhortar, anhelar, exigir, ... [y] rogar.

El concepto de ayudar a una persona en una variedad de formas de acuerdo con el problema me parece que proporciona un modelo más amplio y adecuado de aconsejar que el modelo más limitado de la amonestación. Es cierto que mis pasos en el arte de aconsejar envuelven muchas oportunidades para la amonestación, pero quiero pensar que me acerco a mis pacientes primeramente con el intento de estar a su lado para ayudarlos, más que para amonestarlos. En mi esfuerzo por ayudarlos me envuelvo en una serie de actividades que incluyen la amonestación.

Como pienso que el aconsejar incluye una amplia variedad de enfoques y no es una estrategia única como la amonestación, no quiero hacer pensar en este capítulo que mi modelo de siete pasos para aconsejar es un enfoque preparado de antemano y mecánico. Lejos de ello: aconsejar es relacionar. Las interacciones de la relación varían según los temperamentos, problemas, y personalidades de las personas involucradas. Con algunos se adopta un aire profesional, con otros una actitud relajada y amistosa. Con algunos se enseña pedagógicamente, con otros se divaga en forma exploratoria. Con algunos se prescriben tareas específicas de conducta para la vida diaria, con otros se estimula sutilmente algún cambio afectivo o referente a las actitudes. Aunque el aconsejar incluye un conjunto variado de operaciones, yo estimo posible abstraer un plan básico de acción que un consejero pueda seguir a través de toda su variedad de actitudes frente al sujeto. El resto del capítulo se dedica a tal plan de acción.

La mayoría de las personas comienzan la sesión planteando ya sea un sentimiento («me siento deprimido»), una circunstancia externa («mi matrimonio se está derrumbando»), o un problema de conducta («comienzo a temblar cada vez que me enfrento con una persona desconocida»). La meta inicial del consejero es identificar qué problema emocional existe. Si el paciente comienza compartiendo un sentimiento, reflexione, profundice, trate de comprender, clarifique. Trate de identificar si el sentimiento es de ansiedad, resentimiento, culpa, desesperación, o una sensación de vacío. Vuelva a considerar el modelo del Capítulo 7 y verá que estas cinco emociones incluyen los tres problemas emocionales primarios y otros dos sentimientos problemáticos que la gente experimenta. Siempre sospecho que cualquier otra emoción negativa es una deformación o un derivado de estos sentimientos básicos.

Si el sujeto comienza por plantear sus circunstancias problemáticas, pregúntele qué siente respecto a ellas. Nuevamente la meta es identificar cuál sentimiento problemático es el primario. Por ejemplo, una vez que sabe que su sujeto hierve de resentimiento, puede buscar el obstáculo a su meta, luego definir la meta, examinar su conducta orientada hacia la meta, y a su tiempo estudiar los supuestos básicos que iniciaron la secuencia del problema.

Si el problema que se plantea es un síntoma o un conjunto de formas problemáticas de conducta, una vez más trate de identificar qué sentimientos preceden o acompañan a esos síntomas. Es importante recorrer las principales áreas de la vida con su paciente en busca de problemas emocionales. Una sencilla petición como «hábleme de su matrimonio» puede conducir a una clara expresión de resentimiento. Las áreas que han de cubrirse en una entrevista inicial incluyen la ocupación, la familia (matrimonio, hijos, padres, hermanos y hermanas), actividad sexual, religión y asuntos relacionados con la iglesia, educación, dinero. En cada caso busque cuál es el problema emocional. El primer paso del proceso de aconsejar es, pues: IDENTIFICAR LOS SENTIMIENTOS PROBLEMÁTICOS.

Algunos psicólogos creen que el proceso de aconsejar se ocupa principalmente del campo afectivo, del que en realidad nunca tienen que salirse. Una vez que el sujeto expresa, comprende, y acepta sus experiencias emocionales más profundas, se sentirá integrado y desaparecerán los síntomas. Mi opinión es que los sentimientos son un foco inicial necesario para ayudar al consejero a rastrear las raíces del problema.

Sin embargo, una vez que se han identificado los sentimientos problemáticos, el consejero debe pasar a considerar formas de conducta determinadas por una meta. La pregunta es: ¿Qué estaba haciendo el sujeto cuando chocó con el obstáculo que le creó estos sentimientos negativos? Adams subraya acertadamente que los consejeros debieran preguntar siempre: ¿Qué está haciendo usted ahora? en lugar de ¿por qué se siente así?

Un hombre de edad mediana se quejaba de agudos ataques de ansiedad. Dijo que el primero le había sobrevenido cuando estaba llenando una solicitud para un trabajo más remunerado. (De paso, a menudo es útil preguntar cuándo sintió el paciente por primera vez el sentimiento problemático que uno ha identificado en el Paso 1. Generalmente se obtiene información rápida y provechosa de la conducta orientada hacia una meta que ha sido bloqueada.) Las preguntas posteriores corroboraron la hipótesis de que los ataques de ansiedad ocurrían siempre que había alguna posibilidad de ascenso en el trabajo. Fue sencillo identificar la meta como el éxito financiero y el supuesto de que «significación equivale a dinero». Muchas veces el análisis no es tan obvio. Pero una búsqueda concienzuda de las inclinaciones hacia una meta que al ser obstaculizadas condujeron a los sentimientos problemáticos generalmente redundará en la identificación de importantes patrones de conducta.

Una mujer confesó resentimiento contra su esposo (sentimiento negativo). Su resentimiento brotaba cuando él la bromeaba por su apariencia. Ella había tratado de mantenerse atractiva durante años (conducta racional orientada hacia una meta) para ganar su aceptación (meta). Su esposo se divertía estúpidamente haciéndole chistes acerca de un pequeño defecto en su apariencia. Ella comenzó a sentirse dominada por un intento irracional de lograr que él le dijera: Te quiero, tengas o no bonita presencia (conducta irracional dirigida hacia una meta). Como era de esperarse, las reacciones negativas de él aumentaron. Como también era de esperar, ella sintió que su resentimiento se ahondaba porque el obstáculo que frustraba el alcance de su meta era una circunstancia externa: su esposo. Como resultado, el descuido en su arreglo se convirtió en la expresión de su resentimiento hacia su esposo, pero también en una huida neurótica para ponerse a salvo. «Si me vuelvo gorda y desaliñada, cuando él me rechace, podré creer que si hubiera seguido cuidando de mi apariencia, él por fin me hubiera aceptado.»

Todo este análisis comenzó identificando el resentimiento, luego buscando la conducta orientada hacia la meta que estaba bloqueada. El Paso 2 es, pues: IDENTIFICAR LA CONDUCTA (PROBLEMÁTICA) ORIENTADA HACIA LA META.

Glasser, Mowrer, y Szasz, en el campo secular, y Adams en el campo cristiano, parecen enfocar sus esfuerzos hacia un cambio en la conducta. Adams en particular compara el patrón de conducta (lo que yo llamo la conducta orientada hacia la meta) con su idea de los patrones de conducta bíblicos y luego dispone cambio. Como él parece creer que la conducta correcta (el hacer obedientemente lo que Dios manda) es la única clave hacia el crecimiento espiritual y el antídoto para todo problema personal no orgánico, su enfoque es confrontar al paciente con su conducta errada y exigir el cambio basado en la autoridad de las Escrituras. Yo creo que la obediencia es absolutamente necesaria para una vida cristiana eficaz. La meta de ENTRAR, en el Capítulo 1, no es otra cosa que obediencia. Y los consejeros *nouthéticos* [admonitorios] ofrecen materiales excelentes sobre cómo alcanzar esa meta. Sin embargo, dejan de lado el «interior» de la persona que actúa. Para mí, la parte importante del «interior» es el sistema de supuestos de la persona y su evaluación de las situaciones basada en tales supuestos. En consecuencia creo que después del Paso 2, el consejo debiera pasar a la exploración de las actitudes y creencias de la persona.

La simple identificación del supuesto básico que es causa de los problemas generalmente no es asunto difícil. Una vez que se han identificado los sentimientos negativos, la meta errada que la persona ha estado persiguiendo generalmente se hace bien evidente. Luego de conocida la meta, uno puede especificar una escala limitada de posibles supuestos básicos. Si el sujeto lo ha estado sacrificando todo (tiempo, salud, familia) para alcanzar un ascenso en el trabajo, entonces es probable que piense que su significación depende del prestigio, o del reconocimiento, o tal vez del dinero. Cuando el consejero sugiere los diversos supuestos posibles como responsables de su selección de metas, el paciente a veces indicará por sí mismo cuál es la más probable, al decir cosas como: Sí, eso es lo que yo pienso. Generalmente es importante que el consejero ahonde con la mejor precisión posible en cuál es realmente el supuesto. Comentarios como: «Realmente es así como me siento», «tal vez esa sea la cuestión; no estoy seguro, pero podría ser», o «a la verdad es posible», son a veces el apoyo más fuerte que ofrece un paciente a una hipótesis.

Una técnica desarrollada por Alfred Adler llamada la «Técnica de los primeros recuerdos» suele ser de ayuda para identificar el supuesto básico. En este sencillo procedimiento se pide al sujeto: Hábleme de las primeras cosas que recuerda, un incidente en que estuvo involucrado: un día yo... termine usted la frase. Como el cerebro almacena todos los eventos en un enorme banco de recuerdos, hay literalmente miles de sucesos entre los cuales el sujeto seleccionará alguno. Esta técnica se basa en la idea de que las personas recordarán un hecho que tenga especial significado en su conformación psicológica. Un hecho es significativo en la medida que toca a las necesidades personales. En consecuencia, el evento que la persona recuerde deberá afectar de alguna manera a lo que él cree que es necesario para su sentido de valía personal. Los detalles del recuerdo a menudo sugieren la estrategia básica que ha adoptado esa persona para alcanzar la meta de la valía personal.

He aquí un caso. Un hombre de mediana edad, cuando se le pidió que hablara de sus primeros recuerdos, respondió como sigue:

> Sujeto: Recuerdo cuando era un niño de unos cuatro o cinco años que mi padre llegó a casa borracho (lo que no era raro) porque era un bebedor de primera. Nos dijo que lo habían despedido ese día, y mamá comenzó a gritar diciendo: «No sirves para nada y jamás servirás.»
>
> Consejero: ¿Qué sintió usted entonces?

Sujeto: Sentí enojo, miedo, todo tipo de cosas. Pero recuerdo que le dije a mamá que papá era bueno,
que conseguiría un trabajo y pagaría las cuentas,
pero nunca lo hizo.

Como adulto esta persona estableció un patrón de ir de un
trabajo a otro. Al primer indicio de que las cosas no estaban
andando muy bien, experimentaba reacciones de ansiedad aguda
que le proveían de una razón para evitar posibles fracasos. Su
primer recuerdo dio una clave para explicar su conducta. De las
palabras de su madre captó que la significación o el mérito personal dependían completamente del éxito en el trabajo. El ejemplo
de su padre lo indujo a temer las terribles consecuencias del fracaso. Su conducta orientada hacia una meta estaba bloqueada
por el temor al fracaso. La emoción resultante (como vimos en el
Capítulo 7) era la ansiedad. Como su ansiedad era un instrumento
para protegerlo de aquello que temía (la pérdida de significación),
sus síntomas de ansiedad le eran útiles y esto incrementaba su
intensidad. Los esfuerzos directos para reducir la ansiedad
(desensibilización sistemática, medicamentos, exhortaciones para
que confiara en el Señor) hubieran dejado de lado el centro del
problema: un supuesto básico errado con respecto a su significación. La técnica de los primeros recuerdos fue provechosa para
determinar cuál era el supuesto problemático. El Paso 3, por lo
tanto, se podría llamar simplemente: IDENTIFICAR EL PENSA-
MIENTO PROBLEMÁTICO.

Una vez que se ha identificado el supuesto comienza la verdadera labor. El paso siguiente es convencer de algún modo al sujeto de que su manera de pensar es errada, y presentarle
persuasivamente el camino bíblico que ha de satisfacer sus necesidades personales. Cuando me formulé por primera vez el concepto sencillo (y algo obvio) de que mis necesidades personales

están completamente satisfechas en el Señor y lo que él decide proveerme, comencé a compartir mi gran descubrimiento con mis pacientes con ingenuo entusiasmo. Cuando una esposa se quejaba de que su esposo era frío e insensible, y que probablemente tenía algún asunto amoroso, yo le afirmaba categóricamente: ¿No sabe usted que no necesita que su esposo la ame? Su necesidad de seguridad puede satisfacerse completamente en Cristo.

Me sentía disgustado frente a la manifestación de apatía con que recibían mi gran anuncio: «Sí, está muy lindo eso. Pero yo quiero que mi esposo me ame.» Miradas de escepticismo incrédulo, bostezos de aburrimiento, o aceptación pasiva acompañada de la insistencia de pasar a «asuntos más importantes» exigían un cambio en mi enfoque vergonzosamente ingenuo. El caso es que los supuestos profundamente arraigados no se someten fácilmente a las nuevas formas de pensar que se sugieren.

Los psicólogos sociales han escrito decenas de libros sobre el tema de las actitudes: ¿Qué es una actitud? ¿Cómo se desarrollan las actitudes? ¿Son principalmente afectivas o cognoscitivas? Por lo que toca a este capítulo, quiero resumir la opinión de muchos psicólogos definiendo una actitud como una suposición o creencia que se sustenta con firmeza, generalmente adquirida en un clima emocional y en consecuencia cargada de fuertes elementos afectivos. En otras palabras, el supuesto básico de una persona de que necesita tener éxito en los negocios para ser significativa es más que una mera opinión académica que se podría modificar por evidencia contraria o por instrucción autoritativa. Como diríamos en lenguaje común, una actitud es algo que la persona «realmente cree». Como los supuestos se creen emocionalmente, una operación consejera profunda requiere mucho más que la simple identificación de los supuestos falsos y la afirmación de las soluciones bíblicas.

Permítanme señalar brevemente algunas sugerencias con relación al cambio del pensar erróneo por pensar correcto:

1. *Identificar dónde se adquirió el supuesto errado.*
Cuando el sujeto ve que un conjunto particular de circunstancias fue responsable de inculcarle su presente creencia, la misma se vuelve menos rígida. Puede ver que su fuente tal vez no sea infalible. Es más fácil discutir si la creencia es correcta o no cuando el consejero puede señalar dónde fue adquirida.

2. *Procurar la expresión de las emociones que rodean la creencia.*
En lugar de discutir los supuestos tocante a valía personal en forma impersonal y clínica, el consejero debe investigar todos los sentimientos que estén asociados con el supuesto. Cuando una paciente afirma: «Necesito que él me trate mejor si he de sentirme querida alguna vez», la emoción adyacente probablemente sea el resentimiento («Nunca lo hará») o la culpa («¿Qué tengo de malo que nadie me quiere?»). El consejero alerta tendrá en cuenta todas las emociones que observe a medida que se discutan los supuestos del paciente. Al ir sintiéndose comprendido, el sujeto se relajará y podrá considerar la validez de su modo de pensar en una actitud menos defensiva.

3. *Apoyar al paciente en su intención de cambiar sus supuestos.*
Renunciar a un supuesto que se ha mantenido por mucho tiempo es un proceso que amenaza la seguridad. Los pacientes saben que si aceptan un razonamiento correcto, el paso siguiente será volver a situaciones que le resultan muy penosas. La resistencia a este paso muchas veces se debe al com-

prensible temor de perder la seguridad. Los consejeros tienen que ofrecer estímulo y apoyo. Algunos terapeutas hablan de «prestar el ego». En 1 Tesalonicenses 5.14 Pablo habla de sostener a los débiles.

4. *Enseñe al paciente con qué llenar su mente: la técnica de la «grabadora».*
Con frecuencia sugiero a los pacientes que piensen de sus mentes como si fueran grabadoras. Entonces los hago escribir en una tarjeta sus falsos supuestos y en otra el supuesto bíblico contrario. Tienen que llevar continuamente esas tarjetas consigo. Cada vez que se sienten alterados (culpables, resentidos, ansiosos), les digo que lean ambas tarjetas y que toquen en la grabadora a todo volumen la cita bíblica. Admito que la técnica es mecánica pero parece fomentar la obediencia al mandato de Pablo de «pensar en todo lo que es verdadero» (Flp 4.8). Las sesiones de aconsejar a menudo incluyen la discusión de la cinta que ha estado pasando el sujeto.

Una vez que el sujeto ha captado la nueva manera de pensar y al menos puede reconocer el error de su antiguo supuesto, se ha completado el Paso 4. Para darle un nombre, el Paso 4 podría llamarse sencillamente CAMBIO DE SUPUESTOS, o tal vez CLARIFICACIÓN DEL PENSAMIENTO BÍBLICO.

El Paso 5 envuelve asegurar un compromiso a actuar sobre la base del nuevo supuesto. No basta tocar la cinta en la grabadora. El sujeto debe determinarse a actuar consecuentemente con su contenido. Este paso es crítico. Como el pensar correctamente es algo frágil en el mejor de los casos, el cambio en conducta no surgirá automáticamente del cambio de pensamiento. Tiene que haber un compromiso firme, inquebrantable (aunque sea un tormento para los nervios): «Estoy de acuerdo en que esta nueva manera de pensar es bíblica. Aunque no lo sienta, decido creerla y me comprometo a actuar de acuerdo con ella aunque no sienta deseos de llevar a cabo las formas de conducta necesarias.»

Muchos se quedan estancados allí. Cuando les digo que *deben hacer* lo que demanda un pensamiento correcto, sea que sientan ganas o no, suelen decir: «Pero eso sería hipocresía. Sería falso. Estaría simulando algo.» La afirmación carece totalmente de valor. Claro que su conducta contradice sus sentimientos, pero, ¿es que los sentimientos subjetivos debieran ser la guía principal para la conducta cristiana? Vivimos en una era subjetiva. «Ser consecuente con uno mismo». «Hacer lo que viene en ganas». «Tengo que ser yo mismo». Pero esa manera de pensar, ¿es realmente bíblica?

Mucho de nuestro cristianismo evangélico tiene de centro al hombre. Tenemos que volver a una posición cristiana con centro en Dios, que enseñe que se haga lo que Dios dice que se haga ya sea que sintamos deseos de hacerlo o no. A veces *siento* deseos de faltar al trabajo. Pero cuando *pienso* en ello, sé que debo ir. Qué es lo que debe controlar mi conducta, ¿lo que *pienso* o lo que *siento*? No siempre *siento* deseos de obedecer a Dios. Muchas veces *siento* deseos de pecar. Sin embargo, *sé* lo que es verdad: que Dios me ha comprado, que le pertenezco a él, que él es mi Señor. Qué debe controlarme ¿lo que *siento* o lo que *sé que es verdad*?

El tratamiento de consejo no puede ir más allá de este paso hasta que el sujeto se haya comprometido (de la forma más completa que pueda) a actuar de acuerdo con lo que ha aprendido que es la verdad a pesar de sus sentimientos. Es en este punto donde la confesión de pecados parece muy apropiada. No sólo se debieran confesar los fallos de conducta (tratar mal a la esposa, pecados sexuales, arranques de ira, comprometer la moral para ganar dinero) sino también las malas emociones (guardar rencor contra alguien que no ha actuado con uno como uno esperaba) y los malos pensamientos (creer que Dios no respondió adecuadamente a las necesidades personales).

Recientemente le sugerí a una mujer hacer una lista de todo lo que resentía de su esposo. Su falso supuesto era sencillamente que ella necesitaba que él la amara para sentirse segura. Incontables manifestaciones de insensibilidad, frialdad, y debilidad a lo largo de los años habían llegado a producir su resentimiento. Le sugerí que repasara la lista, eligiendo delante del Señor aceptar cada punto, dejando de tenerle resentimiento a su esposo por lo que era y no debía ser, y por lo que debía ser y no era. También le indiqué que considerara y confesara como pecado su resentimiento contra él. Cuando lo hizo, estaba en condiciones de comprometerse con la idea de que su esposo no tenía que ser diferente para que ella estuviera verdadera y completamente segura. Cuando se comprometió a actuar sobre esa premisa, el Paso 5 estaba completo. Tal vez podríamos llamar al Paso 5: ASEGURAR EL COMPROMISO.

El Paso 6 es la continuación obvia del Paso 5: planear lo que hará el sujeto ahora que ha cambiado su manera de pensar. El hombre que cambiaba continuamente de trabajo al primer indicio de algún fracaso inminente estaba pensando dejar su trabajo actual cuando vino a mi consultorio. Armado con su nueva idea de que la significación no dependía del éxito en el trabajo sino de seguir responsablemente la guía de Dios, se comprometió (con un gran aumento de ansiedad) a mantenerse en el mismo trabajo. Pensaba en forma diferente. Se comprometió a practicar la verdad, y entonces literalmente tuvo que actuar en forma diferente.

El entendimiento alcanzado en los Pasos 3 y 4 no se convierte realmente en parte de la persona hasta que no comienza a actuar sobre esa base. El crecimiento cristiano se podría definir técnicamente (tal vez en forma un poco mecánica) como el proceso por el cual las ideas que se comprenden con la mente consciente penetran en la mente inconsciente donde están hondamente arraigados los supuestos básicos. El progreso de simplemente acatar la verdad a estar de acuerdo con ella depende de actuar de acuerdo con la verdad. Pablo insinúa esta idea de dos pasos progresivos en la comprensión de la verdad cuando exhorta a Timoteo a continuar en las cosas que «...has aprendido» (Paso 1) «y te persuadiste» (Paso 2). Aprendemos muchas verdades, pero, ¿cómo nos volvemos profunda, inquebrantable, y experimentalmente convencidos de ellas? Jesús prometió que se daría a conocer en una forma rica, plena, y personal a aquellos que conozcan y obedezcan sus enseñanzas. «El que tiene mis mandamientos, y los guarda, ese es el que me ama; y el que me ama, será amado por mi Padre, y yo le amaré, y me manifestaré a él» (Jn 14.21). Su idea parece ser que podemos entender la verdad en nuestra mente consciente e insistir obstinadamente en su realidad, pero es cuando actuamos en armonía con la verdad (cosa que haremos si amamos al Señor) que llegaremos a conocerla como una realidad vital y palpitante. Cristo Jesús, que es la Verdad, se dará a conocer personalmente a nosotros en una plenitud cada vez mayor a medida que continuemos actuando de acuerdo con la verdad que creemos. La práctica de una verdad trae a ese verdad desde el reino de las afirmaciones abstractas y mecánicas al reino de la profunda convicción y seguridad.

He aquí un caso al punto. Una mujer había adquirido la costumbre de responder acremente a quienes la criticaban. Ambos determinamos que su supuesto falso llevaba la idea de que su seguridad dependía de ser siempre apreciada por su trabajo. Como su temperamento era naturalmente agresivo, se había habituado a expresar por medio de la ira, la inseguridad y el dolor que la crítica le ocasionaba. Acordamos en la entrevista que la próxima vez que la criticasen, comenzaría a pasar inmediatamente la cinta bíblica Jesús me ama, de manera que estoy segura ya sea que me critiquen o no. Sobre la base de un compromiso a actuar de acuerdo con esa declaración, aceptó responder no irritada sino en forma amable y cariñosa. Como ya he mencionado, una objeción típica a este punto es: Sería hipocresía de mi parte actuar con amor cuando en realidad siento deseos de sacarle los dientes de un sopapo. La respuesta es sencilla: Sí, es totalmente hipócrita frente a los *sentimientos controlados por la carne*, pero está en total acuerdo con sus *creencias puestas por el Espíritu*. Si actúa de acuerdo con sus sentimientos, sería hipócrita con sus creencias.

Luego me informó que cuando seguía las indicaciones, se sentía mecánica y falsa, como si estuviera jugando un juego. Pero que después había comenzado a sentirse un poco mejor respecto a sí misma. Las cosas del día no le salían tan mal como de costumbre. Hasta había llegado a sonreír ante la idea de que tal vez el amor de Jesús pudiera volverse una realidad. Su experiencia fue una imagen viva de Juan 14.21: obedecer la verdad, y Cristo se hará cada vez más real. El orden es invariable: primero los hechos (mente renovada), luego la fe (hacer lo que sugieren los hechos), y luego los sentimientos (los hechos se vuelven experimental y subjetivamente reales).

Es interesante ver que los psicólogos seculares han desarrollado una versión desespiritualizada de este principio. Leon Festinger ha escrito extensamente sobre la teoría de la disonancia de ideas. Sugiere que cuando dos ideas (creencias, eventos mentales) están en disonancia o en oposición la una con la otra, la que esté reforzada por la conducta consecuente se hará mas fuerte. En otras palabras, con el tiempo tenderé a creer con más profundidad aquellos supuestos que se expresen por la manera en que actúo. Mateo 6.33 enseña que Dios suplirá nuestras necesidades materiales si buscamos primero su justicia. Dos cristianos afirman que creen en este versículo inspirado. Cinco años después el que ha venido actuando en armonía con el mismo, dando generosa y regularmente a la obra del Señor, está profundamente convencido de su exactitud, mientras que el otro, que ha venido dando en forma irregular, todavía afirma creerlo, pero no está del todo convencido. La cura para la duda es la obediencia. El Paso 6 envuelve el poner en práctica aquellas líneas específicas de conducta que estén de acuerdo con la verdad aprendida en los Pasos 3 y 4. Si necesita que su esposo deje de tomar para sentirse segura, no puede aceptarlo genuinamente cuando toma. Si no necesita que deje de tomar, si todo lo que necesita para su seguridad es al Señor y lo que él decida darle, entonces sí puede aceptarlo sinceramente cuando bebe aunque pueda expresar su desagrado y su profundo deseo de que cambie. Esta semana, ya sea que huela el alcohol en su aliento o no (pero especialmente si lo hace), exprese su preocupación acerca de su hábito de tomar pero siga actuando de una manera amable y acogedora. Mientras obra así, irá comprendiendo más en lo íntimo que puede ser una mujer segura y cabal ya sea que su esposo beba o no, porque tiene todo lo que necesita en Dios y lo que él desee proporcionarle. Podemos llamar descriptivamente al Paso 6: PLANEAR Y CUMPLIR CONDUCTAS BÍBLICAS.

El Paso 7 es sencillamente la identificación de la ausencia de sentimientos pecaminosos y la presencia de sentimientos espirituales (que como hemos visto anteriormente pueden incluir muchas emociones dolorosas). El desarrollo de un sentido de paz, integridad, y quietud es una experiencia satisfactoria y tranquilizadora. El consejero debiera procurar esta evidencia de la obra del Espíritu en la vida de su paciente y asegurarse de que la observe y disfrute. Muchos cristianos han tenido la experiencia de sentirse realmente bien cuando se mantienen conscientemente unidos a Cristo y la de sentir que «algo anda mal» cuando están fuera de la relación con él. El Paso 7 se basa en esa maravillosa sensación de cambio y mejoría que sigue a una mente renovada (Paso 4), al compromiso (Paso 5), y a la obediencia (Paso 6). Podemos llamar a este Paso final: IDENTIFICAR LOS SENTIMIENTOS CONTROLADOS POR EL ESPÍRITU.

En forma de diagrama, el modelo de aconsejar que he expuesto en este capítulo es el siguiente:

Paso 1: Identificar los sentimientos problemáticos
↓
Paso 2: Identificar la conducta problemática
↓
Paso 3: Identificar el pensamiento problemático
↓
ENSEÑAR
↓
Paso 4: Clarificar el pensamiento bíblico
↓
Paso 5: Afirmar la dedicación
↓
Paso 6: Planear y llevar a cabo una conducta bíblica
↓
Paso 7: Identificar los sentimientos controlados por el Espíritu

PARTE IV: HACIA UN PROGRAMA DE CONSEJO DENTRO DE LA IGLESIA LOCAL

10. El consejo en la comunidad cristiana

CAPÍTULO 10

EL CONSEJO EN LA COMUNIDAD CRISTIANA

En años recientes la creciente demanda de servicios de consejería ha llevado a considerar seriamente la capacitación de consejeros semiprofesionales. El concepto de consejeros no profesionales ha despertado el interés de muchísimas personas para quienes la idea de «aconsejar» posee cierta fascinación y atractivo pero que retroceden ante el obstáculo de tener que completar una instrucción formal. Particularmente en las iglesias, el trabajo en grupo y el consejo entre iguales se han extendido como epidemia en forma de encuentros matrimoniales, orientación de la sensibilidad interpersonal, análisis transaccional, y otras. Lamentablemente, muchos de los que son llevados al papel de consejeros son personas inseguras, fascinadas por la oportunidad de una intimidad inmediata. Algunas se ven atraídas por la aparente posición de autoridad; otras piensan que el título de «consejeros» les resulta personalmente adecuado. Muchos, inconscientemente, tienen la esperanza de resolver sus propios complejos sin exponerse a sí mismos en la posición de aconsejados.

Con un entusiasmo moderado al darme cuenta de los naturales problemas contemplo la oportunidad de un beneficioso programa de consejo dentro de la iglesia local llevado a cabo por los miembros de la iglesia. Cuando funciona bíblicamente, el cuerpo de Cristo proporciona a los individuos todos los recursos necesarios para alcanzar significación y seguridad en Cristo. Pero no debemos pensar que las oportunidades de servicio (que satisface la necesidad de significación) y de compañerismo (que satisface la necesidad de seguridad) serán automáticamente asumidas con entusiasmo por cada creyente y claramente entendidas como pertinentes a sus necesidades básicas. Patrones sutiles de conducta pecaminosa y un enfoque erróneo de la vida silenciosamente persistente continuarán funcionando a pesar de una consagración consciente y sincera. El corazón es engañoso. Las ideas erradas suelen persistir obstinadamente hasta que se las expone a la clara luz de la conciencia. Muchas veces se requiere consejo individual para tratar estos casos. Pablo recordó a los cristianos de Tesalónica que había trabajado con cada uno individualmente en un esfuerzo por conducirlos a la madurez espiritual (1 Tes 2.11). La iglesia local tiene que asumir la responsabilidad del cuidado personal individual de cada miembro. Ningún equipo pastoral puede tratar adecuadamente la asombrosa necesidad de atención y cuidado individual dentro de la congregación. Ni debiera tratar de hacerlo. La tarea corresponde a los propios miembros de la congregación.

El modelo de proveer consejo desarrollado en el Capítulo 9 proporciona una base natural para señalar tres niveles de consejo que se pueden integrar adecuadamente en la estructura de la iglesia local.

En este modelo, sencillo pero completo según creo, se pueden percibir tres clases de consejo:

Nivel I	Sentimientos problemáticos — ESTIMULO →Sentimientos bíblicos
Nivel II	Conductas problématicas — EXHORTACION→Conductas bíblicas
Nivel III	Pensamientos problemáticos — ESCLARECIMIENTO ——→Pensamientos bíblicos

Mi proposición es esta: todos los miembros de la congregación pueden y deben tener que ver con el beneficio de aconsejar en el nivel I. Algunos de los miembros (por ejemplo pastores, ancianos, diáconos, maestros de escuela dominical, y otros espiritualmente maduros y responsables) se podrían preparar para aconsejar en el nivel II. Unos pocos individuos escogidos podrían equiparse para manejar problemas complicados más profundos y obstinados en el nivel III. Si esto se lleva a cabo bien, podemos con optimismo esperar que cada necesidad de consejo (salvo aquellas que incluyan problemas orgánicos) se podrá satisfacer dentro de la comunidad de la iglesia.

Nivel I: Aconsejar por estímulo

¿Alguna vez ha oído sin querer una conversación entre dos personas que están esperando que comience la clase de escuela dominical?

—¡Hola!, Sarita, qué gusto verte.

—¡Hola!, Paquita, ¿cómo te va?

—Muy bien, gracias, ¿y a ti?

—No me puedo quejar, salvo que Juanito está con gripe.

—¿Sí? Espero que se mejore. Mi nena tuvo fiebre una noche la semana pasada. Últimamente hay muchas personas enfermas.

—Así es... allí viene el hermano Flores. Es hora de comenzar la clase.

La mayoría de nosotros estamos tan acostumbrados a esta clase de conversación que la aceptamos como algo normal y la llamamos compañerismo cristiano. Sin embargo, en nuestro interior, donde nadie ve y donde no dejamos que nadie entre, estamos sufriendo tremendamente. Alguien en la clase sufre porque su esposo bebe todas las noches; por una hija insolente y tal vez inmoral; por una cuenta de banco que va desapareciendo; por un trabajo riesgoso; por un matrimonio a punto de fracasar; por un deseo sexual pervertido que le inunda la mente de extrañas fantasías mientras canta «Santo, Santo, Santo», o por sentimientos de culpa o vacío a los que la muerte parece el único alivio... y así por muchas otras cosas. En nuestro mundo corrompido por el pecado la gente sufre, y sufre tremendamente. Sin embargo, muy a menudo nuestras interacciones dentro de la comunidad de creyentes, personas con las que compartimos la profunda unidad de ser miembros juntamente en el cuerpo de Cristo, son casualmente amistosas, sinceras pero superficiales, y totalmente triviales. Nos damos la mano cálidamente cada domingo con personas que están a punto de derrumbarse, y nunca nos enteramos hasta que ocurre.

La mayoría de aquellos que están experimentando angustias personales pueden recibir una tremenda ayuda del interés sincero y cariñoso de otras personas. Cuando me siento amado, mis cargas parecen más ligeras. El saber que alguien me quiere me da fuerzas para enfrentar mis problemas y me capacita mejor para creer en un Señor amante. Un grupo que me ama me da un sentido perfectamente legítimo de seguridad cuando pienso en la maravillosa verdad de mi unidad con otros creyentes, hecha posible por el supremo acto de amor de Jesús. La realidad de la familia que tengo en Cristo se imprime en mí en forma imborrable. Recientemente hablé a un grupo de solteros, personas divorciadas o nunca casadas. Indicaron que su mayor problema era la soledad, nadie con quien compartir la vida, la falta de familia. Mientras consideraba su situación, me sentía como un partero masculino que trata de explicar a una mujer cómo es tener un bebé: he observado a menudo el fenómeno pero nunca lo he experimentado. Sin embargo, el concepto que compartí es bíblico y, por ello, válido, a pesar de mi falta de experiencia en soltería adulta. El concepto es el siguiente: la única familia eterna es la familia de Cristo; nuestras familias naturales por nacimiento o matrimonio son temporarias y tienen un valor relativo. Nuestra familia celestial (que existe ahora mismo) es eterna y profundamente significativa. Tenemos que practicar esa verdad en nuestras iglesias locales de muchas formas, las que incluyen el apoyo amoroso mutuo. Así es cómo se aconseja en el Nivel I. El aconsejar dando ánimo depende de estar al tanto de los sufrimientos de un miembro de la familia y de un sincero esfuerzo por comprenderlos. De aquí brota una actitud de compasión y solicitud por la persona que sufre.

Tal vez el consejero del Nivel I comience a tener conciencia del problema al notar que su hermano o hermana está más callado que de costumbre, o se ve algo distante o tenso al conversar, o tal vez sombrío, o quizás se muestra diferente de lo normal en forma indefinible pero obvia. Impulsado por la compasión y por el deseo de comunicar el amor de Cristo, el consejero buscaría una oportunidad para animar, para entrar en una conversación orientada a ayudarlo. Quiero traer a este punto una advertencia importante: tenga cuidado de no resultar empalagoso: Deja que te cure cariñosamente las heridas, estés o no herido. No hay nada de malo en la conversación amistosa, superficial, si se es capaz de pasar a un nivel más personal si la situación lo requiere. Pero no hay nada que me resulte más molesto que un futuro consejero bienintencionado que anda buscando víctimas desesperadas. La cuestión no es que fabriquemos las oportunidades de aconsejar sino que nos hagamos sensibles a aquellas válidas que se cruzan en nuestro camino.

Y hablando de precauciones, quiero hacer otra sugerencia. Algunas personas son buscadoras de compasión, a menudo no intencionadamente; pero viven ansiosas por hacerse notar. Una mirada caída, un tono de voz deprimido, un encogimiento de hombros grave y heroico, una sonrisa airosa pero forzada son maniobras destinadas a atraer la compasión. Me disgusto tremendamente conmigo mismo cuando me encuentro orando en público en tonos destinados a comunicar profundidad espiritual y brillo teológico más bien que a expresarme simplemente ante mi Padre. Si cree que usted nunca ha sido culpable de esta estrategia infantil, me siento tentado a recomendarle un autoexamen algo más profundo. A todos nos gusta producir algún efecto, crear alguna impresión, provocar una atención positiva. Los consejeros del Nivel I debieran tener cuidado de aquellos que constantemente demandan la atención de los demás repitiendo sus preocupaciones, abierta o sutilmente, sin hacer esfuerzos responsables para encarar sus problemas. Esas personas necesitan menos consuelo y más exhortación (calidad aconsejadora, Nivel II).

Con estas advertencias en mente, quiero ilustrar cómo podría funcionar el arte de aconsejar en el Nivel I. Supongamos que durante la clase de escuela dominical observa a un amigo con un aspecto un tanto deprimido. No tiene idea alguna de qué pueda estar pasándole. Recuerde que lo que da la impresión de ser un semblante triste puede en realidad ser el signo visible de un caso de malestar por haber tomado café en el desayuno. Tal vez la primera reacción frente a la situación sea una sencilla oración: «Señor, si deseas usarme en su vida, estoy dispuesto. Hazme sensible, sin que llegue a ser torpe ni intruso.» ¡Qué bueno sería que los cristianos estuvieran constantemente buscando oportunidades para animar! La mitad de la batalla por el plan de aconsejar de Nivel I en la iglesia local consiste en fomentar una continua actitud de ayuda entre los miembros.

Volviendo a nuestro ejemplo, una vez terminada la clase, se acerca a su amigo y lo saluda con amabilidad: «Qué bueno verte. ¿Cómo te va?»

No comience con «Pareces deprimido; ¿qué te pasa?», a menos que conozca bien a la persona y pueda tener la relativa seguridad de que aceptará bien su pregunta personal. Si la pregunta inicial está motivada por un amor e interés sinceros en lugar de una intención entrometida o de mera cortesía, la respuesta probablemente contenga alguna indicación del problema, si realmente hay alguno. Recuérdese, tal vez el verdadero problema se trate mejor con una tableta de aspirina. Tal vez su posible «consultante» responda con una: «Este no es mi día, pero ya me pasará. ¿Cómo estás tú?» Supongamos que usted cree notar un cierto desánimo en el tono de su voz y en sus modales. ¿Qué dice un consejero del Nivel I en esta situación? Piense en lo que usted diría. Recuerde, todo lo que está tratando de hacer es entender y expresar amor para reforzar la verdad liberadora de que el amor de Cristo es totalmente suficiente para satisfacer nuestras necesidades de seguridad. Los siguientes son ejemplos de lo que no se debiera decir:

1. «Bueno, todos tenemos días así.» Esta respuesta termina completamente la conversación, al no tomar suficientemente en serio a la persona como para evitar clichés sin mucho sentido.

2. «¿No es fantástico saber que todas las cosas ayudan a bien?» Las verdades espirituales que se ofrecen sin sinceridad, con facilidad sospechosa como una panacea inmediata, tienen el efecto de empujar los sentimientos dolorosos más adentro, donde se quedan sin resolver y frecuentemente producen problemas psicológicos. (Si todas las cosas ayudan a bien, entonces no debiera estar trastornado. Voy a pretender que no lo estoy.)

3. «Espero que mejoren las cosas. Estoy seguro de que será así.» No se comunica ningún interés en la persona. La esperanza cristiana se presenta como un buen augurio totalmente carente de contenido básico.

4. «¿Qué anda mal?» Si conoce bien a la persona, puede ser una buena pregunta. Pero aun así puede ser demasiado directa. La mayoría de las personas no están dispuestas a revelar conflictos significativos con demasiada facilidad. Una pregunta directa como esa puede asustar a la persona y obligarla a retraerse mediante una respuesta superficial como: «Bueno, no pasa nada en realidad; al menos nada que no se pueda curar con una buena cena.»

5. «¿No andan bien los negocios?» Antes de saber en qué radica el problema, el introducir clases específicas de conflicto no pasa de ser meras conjeturas y tiende a mostrarlo poco sensible. Aunque tenga razones para pensar que la preocupación tiene que ver con los negocios, es mejor dar a la persona la oportunidad de especificar el conflicto.

Los consejeros del Nivel I nunca debieran ofrecer respuestas fabricadas. Los principiantes a menudo tratan de ocultar su nerviosismo detrás de frases o afirmaciones de apariencia inteligente y adecuada. Una vez le dije a un estudiante de psicología práctica que iniciara su trato con un consultante con las palabras «Usted siente...» a fin de inducir una actitud mental comprensiva. En su próxima sesión grabada este estudiante comenzaba todas sus intervenciones con esas «palabras terapéuticas», ya sea que calzaran o no. En determinado momento el sujeto preguntó: «¿Qué hora es?», y el estudiante contestó sumisamente: «Usted siente curiosidad por saber la hora.» Nada estropea más rápido la función de aconsejar que una contradicción de la naturalidad con el uso de técnicas programadas, forzadas y artificiales. Un consejero debe ser él mismo, aun cuando utilice una técnica estructurada de terapia de la conducta, como la desensibilización sistemática. Las pocas frases que sugiero abajo están destinadas solamente a encauzar al lector en la dirección apropiada en forma general. Pero las palabras tienen que ser de uno mismo.

Respuestas como las siguientes pueden comunicar la actitud de «Estoy aquí, le escucho, tengo interés en usted».

«Parece que está algo deprimido.»

«No se siente tan bien como desearía, ¿verdad?»

«Se le ve algo desanimado hoy.»

Si su «paciente» encuentra que incluso estas respuestas pacíficas le resultan amenazadoras (y para algunos lo serán; estas reflexiones pueden caer en un terreno delicado de emociones dolorosas), tal vez se retraiga negando sus sentimientos: «No, no me siento tal mal.» Como ya se dijo, considere la posibilidad de que tal vez realmente no se sienta mal, en cuyo caso usted pierde un paciente pero gana una ocasión propicia de contacto fraternal. O no se siente tan afligido como para necesitar sus servicios, en cuyo caso no se ha hecho ningún daño y, por el contrario, tal vez ha ocurrido algo positivo (que usted se ha presentado como un hermano solícito, lo que puede significar la oportunidad de ayudarle en una ocasión posterior), o la persona quisiera desahogarse con alguien, pero en ese momento no se siente lo suficientemente segura como para hacerlo. En una palabra, el presentarse a usted mismo como una persona solícita puede hacer que lo busque el próximo domingo, con la esperanza de compartir sus cargas con usted en esa ocasión.

Si la persona es comunicativa, la parte de usted sigue siendo la misma: comunicar interés y solicitud. Muchos se preguntan: ¿Qué puedo decirle que le sea de ayuda? No sirvo para aconsejar. Otros se sienten presionados a resolver el problema inmediatamente. El consejo apto en el Nivel I ofrece el poderoso ingrediente de genuina aceptación. En capítulos anteriores fue explicada la idea de que muchos problemas surgen por una necesidad de seguridad que ha sido frustrada, un profundo sentimiento de que «nadie me quiere». No piense del consejo en el Nivel I como la mera comunicación de amor. No hay nada de «mero» respecto a aceptar verdaderamente a un ser humano. El escuchar comprensivamente, involucrándose en la emoción dolorosa que su hermano cristiano comparte con usted, tendrá un efecto poderoso y a veces revolucionario en sí mismo. No ofrezca consejos precipitadamente ni recomiende ver a otros consejeros. Espere y escuche. Si se le ocurre un buen consejo, ofrézcalo. Si parece apropiado recomendar otra fuente de ayuda, hágalo. Pero en muchos casos su aceptación del individuo que sufre proporcionará por sí la base sobre la cual él mismo podrá resolver con éxito los problemas que está confrontando.

Lo que sigue es un intento efectivo de aconsejar en el Nivel I. Dos mujeres están almorzando:

Hortensia: Clara, a veces me siento frustrada con Jorge. No me resulta fácil someterme a él.

Clara: [Me gustaría preguntarle qué anda mal pero sencillamente dejaré que hable y veré si quiere contarme. Tal vez puedo ayudarla simplemente escuchándola.] Parece que no van bien las cosas...

Hortensia: Ay, Clara, Jorge simplemente no se enfrenta al problema que estamos teniendo con nuestro hijo Pedro. Pedro está faltando a la escuela y me contesta mal todo el tiempo. Estoy convencida de que anda con drogas, pero Jorge se niega siquiera a hablar del asunto.

Clara: [Me gustaría estar de acuerdo con ella en lo mal que está Jorge, parece que realmente está faltando a su responsabilidad, pero eso no haría más que aumentar su resentimiento contra él. Ya está pasando un momento duro.] ¿Así que no quiere enfrentar el problema? Me imagino que eso te debe frustrar.

Hortensia: Y cómo. ¿Hasta dónde tengo que seguir sometiéndome? ¿Tengo que ver hundirse a mi hijo hasta que Jorge decida actuar?

Clara: [Es una pregunta difícil. Me gustaría decirle que ponga a ese esposo de vuelta y media, pero eso no me parece bíblico. Realmente no sé qué hacer. Tal vez la puedo ayudar haciéndole saber que comparto algo de su confusión.] Yo también me hallo un poco confundida. A veces es difícil saber qué es exactamente lo que Dios querría que hiciéramos.

Hortensia: Oh, es terrible. Las únicas oportunidades en que Jorge habla con Pedro es cuando le grita. Y no lo puedo soportar. Me enfurece.

Clara: [Está realmente resentida, y a punto de estallar. Mejor trato de ayudarla a ver que está dejándose arrastrar demasiado por el enojo.] Hortensia, al escucharte hablar, me veo confundida acerca de lo que deberíamos hacer. Pero parece que te estás enojando mucho con Jorge.

Hortensia: Así es. Pero, ¿no te ocurriría lo mismo a ti?

Clara: [Está tratando de justificar su enojo. Si la ayudo a ver lo que está haciendo, tal vez lo encare de otra forma.] Hortensia, ¿no será que te estás sintiendo un poco culpable por tu resentimiento, y ahora estás tratando de justificar tu enojo?

Hortensia: Tal vez... Pero es tan duro.

Clara: [Este no es el momento de reprender. Tiene que encarar su enojo y entender mejor el sentido de la sumisión, pero no estoy segura de tener yo misma las respuestas. Le voy a recomendar un consejero del Nivel II de nuestra comunidad local. Por ahora, todo lo que puedo hacer es brindarle la aceptación afectuosa que necesita tanto para salir de esto.] Debe ser más terrible de lo que puedo imaginar, Hortensia. Realmente me preocupa lo difícil que están tus cosas, debes sufrir mucho. Tal vez convenga que veas lo que dicen las Escrituras sobre cómo manejar este tipo de situaciones. ¿Por qué no me permites que hable con Pepe Arancibio en la iglesia y arregle con él para que hable contigo? El habla mucho con personas de nuestra iglesia sobre cómo tratar bíblicamente situaciones difíciles como la tuya.

Muchas veces el consejo estimulante proporcionará la fuerza necesaria para hacer lo que es evidentemente correcto. En algunas ocasiones, como en el ejemplo anterior, puede ser necesario el consejo por exhortación. Si Clara se sentía bien pasando al Nivel II, podría haber encarado el problema ella misma. Si realmente no estaba segura de cuál sería la conducta bíblica, era apropiado referir el caso a un consejero competente del Nivel II.

Nivel II: Consejo por exhortación

El libro de los Jueces termina con una frase que explica los muchos problemas que estaban experimentando los israelitas: «Cada uno hacía lo que bien le parecía» (Jue 21.25). Es importante notar que estas personas realmente creían que manejaban bien sus problemas. El comentario del Señor sobre su conducta fue: «Los hijos de Israel volvieron a hacer lo malo ante los ojos de Jehová» (Jue 13.1). Verdaderamente creían que estaban en lo justo. Pero Dios declaró que hacían lo malo. Muchas veces las personas responden a una circunstancia problemática de una manera que a su parecer tiene sentido. Como el corazón es engañoso, es posible ser conscientemente sincero sobre algo y no obstante estar totalmente errado. Rogers enseña que la guía infalible para una conducta productiva e integradora son las propias «valoraciones orgánico-viscerales». En lenguaje más sencillo, Rogers aconseja a las personas a hacer lo que está bien a sus propios ojos, a confiar en las reacciones más profundas de sus «entrañas» como instrumento válido para señalar el curso de su conducta. «Si lo sientes, ¡hazlo!» Totalmente antibíblico. Los cristianos no debemos poner la confianza en ninguna clase de experiencia excepto la revelación expresa de las Escrituras. Un consultante mío, cristiano profesante, estaba planteándose si debía o no dejar a su esposa. Esta fue nuestra conversación:

Sujeto: No estoy muy seguro de cómo me siento con esto. Tal vez si la dejo, sería más feliz. Sencillamente no sé.

Consejero: Parece que está muy confundido acerca de sus sentimientos. ¿Qué le parece que Dios quiere que haga con el asunto?

Sujeto: Es difícil imaginarlo. A veces me parece que Dios me está diciendo: ¿Por qué sigues así tan desdichado? Sal y disfruta un poco de la vida. En cambio, otras veces no sé.

Consejero: Dios ha hablado claramente sobre el asunto en la Biblia. Dice que no rompamos lo que Dios ha unido. Prohíbe el divorcio salvo sobre la base de adulterio o el abandono, y usted no tiene ninguno de los dos fundamentos.

Sujeto: Pero sencillamente no sé qué es lo que siento.

Consejero: ¿No se da cuenta de que como cristiano sus sentimientos no son realmente aplicables a su decisión? Dios le ha dicho lo que quiere que haga. El único asunto es si elige o no obedecerlo. Si elige obedecerlo, entonces él lo ayudará a actuar bíblicamente hacia su esposa, y sus sentimientos lo acompañarán.

Sujeto: [En un fuerte estallido de ira.] Espere un momento. ¿Por qué tengo que hacer lo que dice un libro escrito hace dos mil años?

La reacción es típica, creo, de la actitud de muchas personas hacia las Escrituras. Francis Schaeffer ha expresado la opinión de que nuestro principal campo de batalla dentro de los círculos evangélicos hoy es la autoridad de las Escrituras. El consejo bíblico tiene que ser precisamente eso: bíblico. Necesitamos guía autoritativa para encarar las complicaciones abundantes y confusas que se nos presentan cada día. Cuando enfrentamos una situación problemática y debemos determinar un curso de acción, podemos volvernos en varias direcciones en busca de ayuda. (1) Hay a nuestra disposición «consejos de expertos», expertos en cuestiones domésticas y solución de problemas que muchas veces están luchando sin éxito con sus propias dificultades. La mayoría de las veces no están de acuerdo entre sí. Lo que es más importante, sus consejos son sospechosos sobre la base de que nunca pueden pasar de ser opiniones de personas falibles. (2) Podemos llevarnos por el «sentido común», pero la colección de sabiduría intuitiva obvia que llamamos «sentido común» no representa otra cosa que las opiniones de personas propensas a equivocarse. (3) Podemos confiar ciegamente en nuestro «juicio interior» con la esperanza de que nuestra necesidad de vivir provechosamente se combinará con un sentido básico de sabiduría para conducirnos por caminos serenos y fecundos. El comentario aquí también es: seguir las propias corazonadas o intuiciones es confiar en el ser humano caído, que es falible, limitado, y torcido. El asunto está claro. Cualquiera otra guía orientada que no sea la Palabra de Dios es indigna de confianza. Los cristianos tienen la tremenda oportunidad de edificar sus vidas de acuerdo con un programa garantizado. El consejo que se da al Nivel II consiste fundamentalmente en la especificación de la estrategia de las Escrituras para el tratamiento de una situación dada.

Cualquiera que haya intentado comunicar consejos bíblicos a personas infelices habrá observado con pena que muchas se resisten obstinadamente a la dirección de la Biblia. Una mujer vino a verme quejándose de su esposo alcohólico. (Vuelvo a repetir que nunca me refiero a cualquiera que me viene en mente cuando describo los casos. Cada caso que comento está lo suficientemente disfrazado como para evitar el reconocimiento.) Durante años ha estado tratando de cambiarlo utilizando toda técnica y ardid femenino que su ingenio ha podido concebir. Cuando vino a verme, esta mujer quería abandonarlo. Al verla amargada, deprimida, desesperada, totalmente desdichada, pensé en el consejo inspirado de Pedro de que las esposas deben someterse a sus esposos incrédulos. Luego pensé en la expresión de amor por la Palabra de Dios del salmista: «¡Cuán dulces son a mi paladar tus palabras!» (Sal 119.103). No podía imaginarme que si tuviera aquella mujer que leer las palabras de Dios dichas a través de Pedro, «Mujeres, estad sujetas a vuestros maridos», que ella respondiera: «Oh, qué idea más dulce y maravillosa. Aprecio mucho este fantástico consejo. Estoy dispuesta a aceptar a ese borracho que está en casa tirado en el sofá.» ¿Cómo entonces podemos lograr que los consejos bíblicos resulten dulces? Permítanme mostrarles un ejemplo.

Hace algún tiempo compré un *go-cart* para mi hijo. Para aquellos que no lo saben, un *go-cart* es un coche deportivo de fantasía para niños. Mi hijo me mostró la fotografía de uno en el diario, y acepté comprarle uno. En la tienda no me dieron lo que había visto en el aviso del diario, sino una gran caja de cartón que, según descubrí después cuando vacié su contenido en el garaje de mi casa, contenía lo que aparentaba ser unas 10.000 piezas separadas. En medio de ese confuso despliegue de partes, hojeé un folleto con el título deliciosamente engañoso de «Pasos para un armado fácil». Leí las nueve páginas y los cincuenta y cuatro pasos fáciles, cada uno de los cuales me indicaba que uniera una parte de la que nunca había oído y no podía encontrar, con otra parte de la que nunca había oído y no podía encontrar. Tienen que comprender además que no he sido bendecido con la capacidad mecánica. Cuando se estropea nuestra lavadora, le pongo las manos encima, oro, y luego llamo al técnico en reparaciones. Parado allí en mi garaje, contemplando la enorme pila de metal, plástico, y goma mezclados, y sosteniendo un manual de instrucciones destinado a ingenieros graduados, me sentí perdido, solo, y totalmente carente de motivación. Y entonces llegó mi hijo de la escuela. Metió la cabeza con una amplia sonrisa y preguntó: «Hola, papá! ¿Has comprado mi go-cart?» Luego vio la pila, captó la situación, su sonrisa se esfumó y dijo «Ah. . .» en una forma resignada y comprensiva, y se alejó lentamente.

Amo a mis hijos. Nada me entusiasma más que verlos contentos. Al pensar en el manual de instrucciones, comprendí que en realidad no era mi enemigo sino mi amigo. Siguiendo lo que allí decía podía producir algo que encantaría a mi hijo. No me resultaría fácil entenderlo ni seguirlo, pero ahora me sentía motivado. Cada uno de los cincuenta y cuatro pasos se convirtieron en miel para mi boca cuando pensé en el placer que produciría en mi hijo si lograba descubrirlos y ponerlos en práctica. Dos días y muchas frustraciones más tarde presenté un *go-cart* elegante y bien armado a mi embelesado hijo.

¿Está clara mi idea? La Biblia es nuestro manual de instrucciones. Nuestras vidas a menudo están en 10.000 partes, desparramadas en desorden, sin dirección ni sentido. El manual de instrucciones, la Biblia, no siempre es fácil de entender y muchas veces es difícil de seguir. A veces tenemos que pedir a los especialistas que nos ayuden a interpretar lo que quiere decir. Dios ha previsto esa necesidad y dio a la iglesia local el don de los maestros. Mi idea incluye la formación de algunos de esos maestros como consejeros del Nivel II. El equiparlos para que puedan especificar claramente los pasos necesarios para poner orden en vidas desordenadas. La motivación para seguir el manual de instrucciones es una sola: el deseo de agradar al Señor. Lo amo. Él murió por mí. Al poner la atención cuidadosamente en las instrucciones de la Biblia, mi vida se convertirá en una fuente de placer para él. Sólo dentro de esta perspectiva, las instrucciones bíblicas se podrán considerar siempre dulces, como la miel a la boca.

Por sobre todas las cosas, el consejo en el Nivel II requiere conocimiento de la Biblia. Las técnicas de aconsejar son importantes. La capacidad para establecer relaciones, para percibir adecuadamente los sentimientos (Nivel I), y para reaccionar con sensibilidad a las necesidades de la persona son elementos indispensables pero sin un conocimiento operativo de los principios bíblicos para la vida, una persona sencillamente no puede aconsejar en el Nivel II.

Bill Gothard en sus seminarios y Jay Adams en sus libros ofrecen un estudio extenso y muy provechoso de muchos principios bíblicos para encarar situaciones problemáticas. La preparación en el Nivel II incluiría un análisis de muchas situaciones y la discusión de principios bíblicos aplicables como aquellos que enseñan Gothard y Adams. Por ejemplo, un consejero del Nivel II podría resolver una situación como la siguiente: El señor A ha cometido adulterio. Su esposa no lo sabe. El señor A dice que ella podría abandonarlo si se enterara. Se ha arrepentido de su pecado y quiere mejorar la comunicación con su esposa. ¿Qué le aconsejaría que hiciera? ¿Debería decirle la verdad a su esposa? ¿Hay algún principio bíblico pertinente? ¿O en esta situación dependemos de un sentido común santificado?

El padre de una adolescente es diácono de la iglesia. Ella viene al pastor de la iglesia y le confía que su padre y su madre están pasando por serios problemas matrimoniales. ¿Qué debe hacer el pastor? La muchacha no quiere que sus padres sepan que ha compartido sus batallas privadas con el pastor, pero está tan preocupada que necesita ayuda. ¿Debiera faltar a su confianza el pastor? ¿Cerrar los ojos ante la situación? ¿Almorzar con su padre y comentar el tema con él en forma cautelosa y discreta?

Ejemplos como estos indican que el consejero del Nivel II requiere más que una lista concisa de principios bien definidos. Además del conocimiento de los principios básicos de la Biblia sobre el matrimonio, la comunicación, el mal genio, la crianza de los hijos, la conducta sexual, el divorcio, el uso de narcóticos, la tentación, etc., tiene que poder dejar que «la palabra de Cristo more en abundancia ... en toda sabiduría» (Col 3.16). Tiene que poder pensar con facilidad en medio de situaciones complejas y discernir el enfoque que sería más consecuente con la enseñanza bíblica. Antes de ofrecer ciertos principios específicos para la vida en Colosenses 3.18-22, Pablo instruye a sus lectores que lo hagan todo en el nombre del Señor Jesús (Col 3.17). Luego continúa ofreciendo ejemplos de esa conducta, y al final repite: «Y todo lo que hagáis, hacedlo de corazón, como para el Señor» (Col 3.23). Los candidatos a prepararse para ofrecer consejo en el Nivel II serían, pues, cristianos con amplio conocimiento de las

Escrituras y aumentándolo constantemente por medio del estudio. La preparación se centraría en (1) principios básicos para la vida cristiana en diversas áreas fundamentales; (2) cómo resolver una situación problemática y encontrar una estrategia bíblica para encararla; y (3) capacidades generales para conducir entrevistas. Los pastores y otros oficiales de la iglesia son probablemente las personas más indicadas para tal preparación.

Quiero ofrecer una ilustración breve y condensada del arte de aconsejar en el Nivel II. En nuestro ejemplo de consejo en el Nivel I, Clara había referido a Hortensia a Pepe, un hombre de su iglesia reconocido como consejero en el Nivel II.

> Pepe: Hortensia, Clara me habló de su situación. Puedo entender su perplejidad. Es un problema doloroso. Estoy seguro.
>
> Hortensia: No sé qué hacer.
>
> Pepe: Hábleme del problema como usted lo ve, sólo para asegurarme de qué se trata.

Hortensia repite el informe de su escasa comunicación con un hijo que anda con drogas y de un esposo que se niega a encarar el problema.

> Pepe: ¿Qué tipo de enfoque ha ensayado frente a este problema?
>
> Hortensia: No hay nada que pueda hacer.
>
> Pepe: Hortensia, aun cuando entiendo que se siente terriblemente encerrada, lo grande de las Escrituras es que hay una manera bíblica de encarar todas las situaciones. Los resultados no siempre serán los que uno desea, pero se puede tener una profunda paz y el conocimiento de que la conducta

de uno agrada a Dios, y que él está obrando a través de uno para realizar sus propósitos. Yo le puedo asegurar esa paz y esa convicción.

Hortensia: Todo lo que quiero es que mi hijo termine bien.

(Hortensia está dominada por la ansiedad básica porque asume la responsabilidad de algo que ella no puede controlar. Todo lo que estorbe su meta de hacer que su hijo salga adelante bien acarreará resentimiento. Con razón está tan enojada con su esposo. Lo ve como el obstáculo para enderezar a su hijo.)

Pepe: Eso es muy normal y comprensible, Hortensia, pero su actitud no es bíblica. No puede controlar totalmente el resultado respecto a su hijo. Es cierto que puede tener buena parte en ello, pero no puede controlarlo completamente.

Hortensia: ¿Pero acaso está mal que desee que mi hijo sea un buen cristiano?

Pepe: [Veo que está un poco hostil. No quiero molestarla innecesariamente, pero tengo que conseguir que vea que tiene una meta errada.] Claro que no, y quiero hacer todo lo posible por ayudarla con su hijo. Sin embargo, me preocupan sus metas. En toda situación, la meta de un cristiano debe ser: Señor, ¿qué puedo hacer para agradarte a ti? Me parece que su meta es: ¿Qué puedo hacer para cambiar a mi hijo? ¿Lo ve?

Hortensia: Supongo que sí.

Pepe: Bien. Supongamos que su meta fuera sencillamente agradar al Señor en la manera en que responde a su hijo y a su esposo. ¿Qué le parece que podría hacer para honrar al Señor?

Hortensia: Bueno, para empezar, supongo que no debiera regañar a mi esposo.

Pepe: Resulta tentador regañar, ¿verdad? Pero tiene razón. Pedro dice que las esposas deben tener un espíritu sereno y apacible. ¿Sabe lo que eso significa?

Hortensia: Supongo que significa hacerse un felpudo.

Pepe: Vamos, Hortensia [dicho en forma paciente con una sonrisa], ¿se figura que Dios quiere que sea un felpudo? Lo que significa es que debe manifestar la paz de saber que Dios controla las cosas.

Hortensia: ¿Es que nunca debiera plantear la cuestión? Estaría dejando que el mal siga su curso si no digo nada.

Pepe: Por supuesto tiene que hablar. Los cristianos deben tomar una posición firme frente al mal; pero su posición nunca debe violar los principios bíblicos. Dígale a Jorge exactamente cómo se siente, pero no con una actitud de «estoy muy enojada contigo por desatender esto» sino más bien de «necesito compartir esto contigo». Me preocupa tremendamente, pero sé que Dios tiene su mano puesta sobre todas las cosas.

Hortensia: Eso no resultaría.

Pepe: Depende de qué quiere significar con resultar. ¿Glorificará a Dios? Sí. Si esa es su meta, entonces el plan resultará. Pero tiene razón, tal vez usted no cambie a Jorge. Veamos algunas otras áreas de su matrimonio para ver cómo anda con la cuestión de aceptarlo realmente y de trasmitirle una actitud de amoroso respeto.

El proceso de aconsejar exploraría luego cosas tales como sus hábitos de ama de casa, su vida sexual, su manera de recibir al esposo cuando llega a casa, cualquier cosa que pudiera no concordar con sus responsabilidades como esposa. Habría que explorar su manera de tratar a su hijo. Si su esposo continuara con su negativa obstinada a encarar la situación, su consejero le recomendaría a Hortensia: (1) que exprese su preocupación pero acepte a su esposo tratándolo bien; (2) que se enfrente firmemente a su hijo. Cuando Moisés no asumió su responsabilidad como padre, Séfora ocupó su lugar y procedió a circuncidar a su hijo. Aparentemente Dios honró su conducta no castigando a Moisés como había pensado. Las Escrituras también nos enseñan que los padres tienen la responsabilidad de disciplinar a los hijos. Si una esposa se queda indiferente mientras su esposo deja de cumplir las Escrituras, eso es desobediencia de su parte. La sumisión al esposo no supone jamás caer en un patrón de conducta que contradiga en pecado otros principios bíblicos.

El consejo en el Nivel II puede a veces ser ineficaz. Muchas personas afirman: «Sé lo que tengo que hacer, pero sencillamente no lo puedo hacer.» La insistencia autoritaria en que sí lo pueden hacer podría provocar mayor resistencia, frustración, y a veces profunda desesperación. Recientemente traté el caso de una mujer piadosa que aparentemente no podía controlar su mal genio. Tenía conocimiento de cómo debe un cristiano encarar el enojo, pero se veía peleando una batalla perdida. Años de orar pidiendo ayuda habían resultado en un progreso mínimo. Estaba perdiendo la fe, pero se aferraba desesperadamente a la seguridad de que Dios la amaba y tenía un plan para su vida que su poder le permitiría cumplir. Pero, ¿cómo apropiarse de ese poder? En este caso se requiere consejo del Nivel III. Unos pocos meses de meditar en su supuesto básico sobre cómo estar segura y de entender que su familia le era un obstáculo para alcanzar lo que erróneamente pensaba que necesitaba para estar segura nos proporcionó un plan para resolver el problema. Un método de consejo basado en las ideas presentadas en este libro la ayudaron a apropiarse de la maravillosa verdad de que su seguridad ya estaba establecida en Cristo. A medida que iba viendo que no necesitaba que su familia fuera diferente para sentirse segura pudo aceptarlos y dejar de sentirse resentida con ellos. Su problema de mal genio se resolvió cuando desapareció su resentimiento.

Como la mayor parte de este libro ha tratado de un modelo para el consejo en el Nivel III, lo voy a enfocar sólo en forma breve en este capítulo.

Nivel III: Aconsejar por esclarecimiento

Ser un consejero del Nivel III requiere más que unos cuantos fines de semana de preparación. Mi idea es que se necesitaría un mínimo de seis meses y un máximo de un año con clases semanales de dos horas y media a tres horas para proveer a un cristiano maduro del conocimiento y la experiencia necesarios para funcionar por su cuenta como consejero en el Nivel III.

Luego de descubrir y comprender los problemas de una persona (Nivel I) y de determinar si sus patrones de conducta violan los principios bíblicos (Nivel II), un consejero del Nivel III explorará el fondo de sus actitudes erróneas sus cuadros mentales con la esperanza de sacar a luz falsos supuestos acerca de cómo llegar a tener significación y seguridad. Estas creencias erróneas son las culpables. Son las que han producido los modos erróneos de proceder que a su vez han provocado los sentimientos erróneos. Las Escrituras subrayan una y otra vez que el cuadro mental de una persona, lo que cree y piensa, es básico para su funcionamiento. Si queremos cambiar a fondo la manera de funcionar de una persona, tenemos que ayudarla a cambiar lo que cree. El cambio revolucionario de hacerse vivo para Dios por medio del nuevo nacimiento depende de una creencia cambiada. Cuando comprendo con mi mente que soy un pecador perdido, indefenso, sin esperanza, merecedor del justo castigo de un Dios santo; cuando comprendo con mi mente que Jesús es Dios, que tuvo una vida sin pecado, que cuando murió en la cruz estaba sufriendo en mi lugar el castigo que yo merecía; cuando comprendo con mi mente que Dios me dará el regalo de una vida con él, una vida eterna, si confío en lo que Jesús hizo por mí y no en lo que yo mismo hago; entonces, si creo en el Señor Jesucristo, seré salvo (Hch 16.31). La entrega a Cristo depende mucho de la comprensión del evangelio. Después, como ya he sido justificado, y como sello de mi nueva vida, el Espíritu Santo viene a morar en mí para ayudarme a entender mejor la verdad de Cristo («El os guiará a toda la verdad», «Conoceréis la verdad, y la verdad os hará libres») de modo que pueda llegar a parecerme más a él.

Soy transformado por la renovación de mi mente. Cuando capto con mi mente que mis necesidades (significación y seguridad) están plenamente satisfechas en Cristo, entonces soy capaz de adecuar mejor mi conducta al ejemplo de Cristo y de disfrutar la profunda paz de una creciente madurez. Tanto la justificación —la declaración judicial definitiva de Dios de que ahora soy considerado justo— como la santificación —el proceso por el cual mi carácter se hace más y más como el de Cristo— giran alrededor del contenido de mi mente. La obra de Dios es iluminar la mente no regenerada y continuar iluminando la mente regenerada. La tarea del consejero cristiano es actuar como un instrumento a través del cual el Espíritu Santo ilumine las mentes con relación a la verdad sobre la significación y la seguridad en Cristo. Y eso es lo que el consejo en el Nivel III conlleva: sondeo profundo de las regiones escondidas de la mente, donde el sujeto se aferra tenazmente a ciertos supuestos, sacando a la luz aquellas ideas que nieguen la suficiencia de Cristo para satisfacer nuestras necesidades personales de significación y seguridad y enseñando que Cristo es suficiente, y luego dando aliento con la verdad de que nuestras necesidades están satisfechas en Cristo.

El proceso apto de aconsejar sigue el modelo presentado en el Capítulo 9: (1) Ser comprensivo de los sentimientos dolorosos, (2) descubrir las formas de pecado responsables de esas emociones negativas, (3) descubrir las ideas erradas que condujeron a esas formas de pecar, (4) iluminar al sujeto en lo que dice la Biblia acerca de sus necesidades personales, (5) asegurar que se comprometa a actuar de acuerdo con la verdad, (6) planear cambios de conducta que reflejen ese compromiso, y (7) disfrutar de los sentimientos consiguientes de amor, gozo, y paz.

A fin de dejar bien aclarado el alcance del proceso descrito arriba, volvamos al dilema de Hortensia. Supongamos que después de cinco sesiones en el Nivel II sigue preocupada por su hijo Pedro, enojada con su esposo Jorge por su aparente indiferencia, y encuentra casi imposible quedarse callada sobre la falta de acción de Jorge como padre. En su quinta sesión con Pepe, afirma que está hablando con más calma con Jorge, preparándole comidas agradables, recibiéndolo en la puerta con un beso, expresándose amablemente acerca del problema con Pedro... en resumen, está cumpliendo las tareas asignadas por su consejero. Pero en su interior sigue hirviendo, conteniendo su enojo y obligándose a decir palabras amables cuando se dirige a su esposo. Cuando ve a Pedro, todo cuanto puede hacer es preocuparse. Ha tratado de actuar con él con firmeza de acuerdo con las sugerencias del consejero pero en su interior se siente como un volcán que está a punto de estallar. Ha probado con tranquilizantes, oración, memorización de pasajes de la Biblia, contarle a alguna amiga, reprender al diablo. ¿Qué queda por hacer?

Aquellos que niegan la necesidad de un nivel más profundo de consejo tal vez muevan tristemente la cabeza y oren porque Hortensia llegue a controlar su obstinada rebeldía. Pobre Hortensia. Ella creía que ya había hecho todo eso. Lo había confesado como pecado y orado pidiendo perdón. ¿Qué más podía hacer?

En este momento probablemente se halle convencida de que está mentalmente enferma, o tal vez quiera saturarse de Dios, o buscar ayuda de un profesional secular, sin duda por sentirse culpable de no poder seguir el camino de Dios. En mi opinión, no se debería descartar a Hortensia como una réproba obstinada hasta que no se haya expuesto su caso al consejo de Nivel III. Por favor, entiéndase bien esta idea. Puede ser que Hortensia realmente sea una rebelde obstinada, con su voluntad pecaminosa presa en un patrón de incredulidad y desobediencia. Pero su consejero no está en condiciones de decidir eso hasta que no haya indagado sus ideas acerca de la seguridad, poniendo de manifiesto cualquier pensamiento erróneo que pueda haber allí e iluminándola (Nivel III) acerca de la verdad de su seguridad en Cristo. Si todavía se niega a actuar en fe sobre la base de comprender conscientemente que sus necesidades están satisfechas en el Señor, en algún punto el consejero estará justificado para considerar que Hortensia está pecaminosamente determinada a no creer en Dios.

Supongamos que Pepe le ha advertido que tal vez sus problemas eran un poco más complejos de lo que él estaba en condiciones de tratar y luego ha hecho arreglos para que vea a un consejero del Nivel III en la iglesia. Si Hortensia se hubiera negado a cooperar con las instrucciones de Pepe para tratar bíblicamente sus problemas, no hubiera sido apropiado el referirla a otro consejero. El consejo a un nivel más profundo no cura la falta de cooperación, pero a veces es la cura para la falta de éxito con un paciente que sí coopera.

Una sesión de consejo en el Nivel III funcionaría de la siguiente manera (la sesión empieza después que han revisado en qué estado están las cosas):

Consejero: [Mi primer paso es precisar claramente cuáles son las emociones problemáticas. Ver si hay ansiedad, resentimiento, culpa, sensación de vacío, o des-esperación. Parece claro que Hortensia está resentida contra Jorge y ansiosa en relación a Pedro, por tanto, voy a sugerir eso abiertamente.] Hortensia, usted todavía se siente muy enojada con Jorge y preocupada por Pedro.

Hortensia: Y he tratado con todas mis fuerzas de hacer lo que me recomendó Pepe. Realmente lo he hecho, pero no me ha servido de nada. Me siento un fracaso.

Consejero: [Su frustración no suena a autocompasión sino más bien a una respuesta realista frente a lo que ha venido ocurriendo hasta ahora con el consejo recibido. Necesita apoyo y estímulo.] Hortensia, sé que ha tratado duro. Pepe me dijo que usted ha cooperado totalmente con sus sugerencias. No hubiera aceptado verla si usted no hubiera hecho todo cuanto Pepe le recomendó. Pero a veces el sólo hecho de hacer lo correcto no es suficiente para cambiar las cosas. Cuando esto ocurre, generalmente significa que tenemos que indagar un poco más a fondo para encontrar el problema real. Eso es lo que trataremos de hacer juntos.

Hortensia: Por favor, no me asigne más tareas. No hago más que frustrarme.

Consejero: [Acepto su frustración como realista y no como rebeldía, de modo que sencillamente la comprenderé y llevaré la conversación hacia la cuestión de su necesidad de seguridad. Supongo que por ser mujer, probablemente se trate de necesidades de seguridad que no han sido satisfechas. Vamos a ir en esa dirección.] No se preocupe. Por ahora no hay tareas. Estoy más interesado en lo que piensa cuando se siente tan enojada con Jorge. Supongamos que Jorge sí se enfrenta al problema de Pedro como usted desearía. ¿Por qué piensa que eso la haría sentirse bien? ¿Cómo evaluaría las cosas en ese caso? [Estoy buscando la meta que ella cree que le dará seguridad.]

Hortensia: Me siento sola ante el caso de nuestro hijo. En realidad no puedo habérmelas. Me sentiría mucho mejor si supiera que tengo apoyo.

Consejero: Entonces su meta es tener una persona firme que la apoye en esa difícil responsabilidad. Usted siente que sin ayuda hará un desastre de la situación.

Hortensia: Sí, supongo que eso es lo que siento.

Consejero: Hacer un lío de las cosas sería terrible.

Hortensia: Sí, claro... mi hijo está en juego. NO quiero verlo perdido.

Consejero: Pero Pepe le explicó, y usted aceptó la idea, que sólo debe asumir la responsabilidad de lo que pueda controlar, y luego debe creer que Dios está a cargo del resto. Si realmente cree eso, entonces sus emociones acerca del bienestar de su hijo podrán ser un profundo dolor y una preocupación motivada para hacer todo lo que Dios le indique. Y ha hecho todo eso. Pero sigue ansiosa. Eso me dice que debe de haber algo más que una preocupación por el bienestar de su hijo involucrado en el asunto.

Hortensia: No me imagino qué puede ser.

Consejero: Hortensia, permítame que le haga una pregunta aparentemente desconectada. Piense en su infancia. ¿Cuál es el primer incidente que puede recordar?

Es decir, como si dijera: «Un día...» ¿Puede imaginar la frase con algún recuerdo de su infancia?

Hortensia: ¿Lo más remoto que pueda recordar? Veamos; bueno, recuerdo una vez que mamá me pidió que la ayudara a arreglar la casa para recibir visitas. Debo de haber tenido cinco años o seis años. Me dijo que limpiara el baño.

Consejero: [Me pregunto si su seguridad depende de alcanzar el grado de perfección de otras personas. Tal vez piensa que su seguridad depende de actuar como una buena madre y que la medida de su actuación es cómo resulte la conducta de su hijo. Sin la ayuda de Jorge no puede lograr esa meta, su seguridad se ve amenazada, y entonces se siente resentida contra Jorge porque es su obstáculo. Veamos si su recuerdo lejano confirma todo esto.] ¿Cómo hizo la tarea?

Hortensia: No muy bien. No sabía cómo colgar las toallas, e hice un desastre del sumidero por la cantidad de detergente que usé.

Consejero: [La mayoría de los niños dependen de la reacción de sus padres para su seguridad. ¿Cómo habrá reaccionado su madre?] ¿Qué dijo su madre cuando vio el baño?

Hortensia: Todavía me suenan los oídos. Comenzó a gritar, luego trató de calmarse, pero evidentemente estaba trastornada. Incluso me dijo que no le era de ninguna ayuda y que no quería verme en su camino.

Consejero: [Quiero verificar si los sentimientos dolorosos de inseguridad dependen de las críticas y el rechazo.] ¿Cómo la hizo sentir esa actitud de su madre?

Hortensia: Me sentí desdichada, terriblemente desdichada. No estaba segura de si odiaba a mi madre o a mí misma, pero estaba realmente trastornada. Fui a mi cuarto y me puse a llorar.

Consejero: ¿Qué necesidad suya cree que no se satisfizo en absoluto en esa oportunidad?

Hortensia: No lo sé. Tal vez la necesidad de sentirme apreciada.

Consejero: ¿Puedo ampliar la idea diciendo que fue la necesidad de sentirse segura y amada, a pesar de cualquier cosa?

Hortensia: Sí, algo así.

(Siguieron hablando sobre la niñez, la relación con los padres, los sentimientos acerca de sí misma, etc.)

Consejero: Bueno, Hortensia, permítame que organice todas estas cosas si puedo. Usted tiene una necesidad básica de sentirse segura, como toda persona normal. Pero la criticaron mucho, y a veces en forma dolorosa, como en la oportunidad de la limpieza del baño. Eso la hizo sentirse insegura. Adquirió la noción de que para sentirse segura tenía que ser aceptada, evitar la crítica. Para evitar la crítica, tenía que hacer un buen papel. Es por eso que el hacer un buen papel se convirtió en algo muy importante para usted. Tenía que actuar bien para evitar la crítica y entonces sentirse segura. ¿Está de acuerdo conmigo hasta ahora?

Hortensia: Supongo que sí.

Consejero: Bien. Mencionó que algunas personas están hablando mal de la conducta de Pedro y eso la hace trizas porque ve amenazada su seguridad, la están criticando. De modo que tiene que lograr que Pedro cambie para evitar la crítica. Ahora, piense un poco. Las necesidades de quién está tratando de satisfacer al querer que Pedro se porte bien, ¿las suyas o las de él?

Hortensia: Me cuesta creerlo, pero son las mías. Quiero que él ande bien para que no me puedan criticar a mí.

Consejero: Y entonces pueda sentirse más segura. Además, piensa que Pedro necesita tener una mejor relación con su padre para que pueda enderezarse. Tiene que conseguir que Jorge haga su parte para ayudar a Pedro a mejorar de modo que usted pueda sentirse segura. Pero Jorge desestima toda la cuestión. Es un obstáculo que bloquea el camino hacia su meta de lograr que Pedro cambie y con ello sentirse segura. Naturalmente se siente resentida contra Jorge porque en realidad lo ve como la causa de su inseguridad.

Hortensia: Bueno, ¿qué hago respecto a todo esto?

Consejero: Hortensia, termine esta frase: Me voy a considerar una mujer segura si...

Hortensia: ...nadie me rechaza.

Consejero: Sí, eso es lo que ha venido creyendo durante años. ¿Cómo cree que el Señor hubiera terminado esa frase en su lugar?

Hortensia: No lo sé. Supongo que quiere que diga que estoy segura porque Cristo me ama.

Consejero: Sí, pero no lo diga con ligereza. Piénselo. Si Dios la ha visto en sus peores momentos y sin embargo la ha aceptado eternamente, entonces pregúntese: ¿Realmente necesito que todos me acepten? Cuando me critican, ¿realmente se ve amenazada mi seguridad, o se mantiene intacta?

Hortensia: Quiere decir que no necesito que Pedro cambie para sentirme segura porque mi seguridad no depende de que me critiquen o no.

Consejero: Así es.

Hortensia: Creo que lo entiendo, pero no me ayuda. Sigo enojada.

Consejero: Por supuesto. No ha practicado conscientemente esa verdad todavía. Trataba bien a Jorge cuando Pepe la estaba asesorando, pero seguía diciéndose a usted misma, tal vez en forma inconsciente, que necesitaba que cambiara para poder sentirse segura. ¿Puede aceptar la clara verdad bíblica de que su valor como persona, su necesidad de ser amada incondicionalmente, dependen totalmente del amor de Jesús? ¿Lo cree?

Hortensia: Lo creo.

Consejero: Bien. Entonces esto es lo que quiero que haga. Escriba en una tarjeta estas frases: «No necesito que Pedro cambie para estar segura. En consecuencia, no necesito que Jorge me ayude a cambiar a Pedro para estar segura. Estoy segura, soy amada, y valiosa, a pesar de lo que Jorge o Pedro hagan, y a pesar de las críticas que puedan hacerme otras personas.» Ahora quiero que imagine que su mente es una grabadora. Ha estado escuchando una cinta equivocada en su cerebro desde que tiene cinco años. Esa cinta probablemente dice lo siguiente: «Tengo que evitar la crítica si quiero sentirme segura.» Ponga también esa frase en una tarjeta. Esta semana lleve ambas tarjetas en su cartera. Cada vez que se sienta resentida con Jorge o preocupada por Pedro, extráigalas, léalas, rechace la cinta equivocada, y repita diez o doce veces la cinta correcta. ¿Está bien?

Hortensia: Está bien.

Consejero: [La próxima semana voy a hacerle volver a todas las buenas acciones que Pepe le asignó antes, pero este «cambio en la manera de pensar» tiene que convertirse primero en un hábito practicado.] Bien. No espere sentirse diferente. Tal vez se sienta peor al comienzo. Pero estará llenando su mente con la verdad, tal como nos dijo Pablo que hiciéramos en Filipenses 4. «Todo lo que es verdadero... en esto pensad.» La veré la próxima semana.

El proceso de aconsejar ha pasado ya por el Paso 1 (identificar sentimientos negativos: resentimiento y ansiedad), Paso 2 (identificar conductas negativas: logrado con Pepe), Paso 3 (identificar pensamientos erróneos: «Para estar segura tengo que evitar la crítica»), y Paso 4 (enseñar a pensar correctamente: «Mi seguridad depende únicamente del amor de Cristo hacia mí»). El Paso 5 ha sido cumplido en parte, al asegurar el compromiso con la verdad formulada en el Paso 4.

Los pasos restantes incluyen asegurar el compromiso de practicar la verdad (Paso 5), y programar formas de conducta correctas que estén de acuerdo con los pensamientos correctos (Paso 6), que en este caso serán una repetición del asesoramiento al Nivel II de Pepe, pero con la fundamental dimensión agregada de un CAMBIO DE PENSAMIENTO. Entonces, el Paso 7 llevará hallar gozo en el desarrollo del amor hacia Jorge y de la paciencia con Pedro. Después de la sesión que acabamos de dar a conocer, que en realidad podría haber llevado dos o tres sesiones, la operación de aconsejar podría continuar durante cinco a quince sesiones antes de que tanto el consejero como el aconsejado sientan que se han hecho adelantos sustanciales y definitivos.

Resumen y conclusión

La iglesia local puede y debe asumir la responsabilidad de restaurar a personas en sufrimiento por falta de adecuación a la vida, y lograr que alcancen plenitud y sean productivas y gozosas. Para ello la iglesia tiene que desarrollar sus excepcionales recursos para el remedio de aconsejar. En este libro se ha esbozado un modelo para entender al ser humano que sugiere estrategias para movilizar y entrenar personal de la propia iglesia para aconsejar y ayudar a las personas en sus necesidades. He señalado tres niveles de asesoramiento. El Nivel I, Consejo por Estímulo, que puede involucrar a todos los miembros de la iglesia en un valioso ministerio de ayuda mutua. El Nivel II, Consejo por Exhortación, requiere personas conocedoras de las Escrituras, con aptitud para relacionarse y capaces de aplicar en forma práctica la sabiduría de la Biblia a las situaciones de la vida. El Nivel III, Consejo por Esclarecimiento, exige una preparación más profunda pero ha de formar al consejero en menos de un año, capacitándolo para encarar cualquier necesidad de aconsejar dentro de la iglesia local que no tenga causas orgánicas.

Todo el modelo envuelve dos conceptos centrales: (1) Las personas necesitan desesperadamente tener sentido y amor, o, en los términos que yo prefiero, significación y seguridad. La mayoría de los problemas personales resultan de un déficit en una o en ambas de esas necesidades. (2) El Señor Jesucristo es completamente suficiente para satisfacer totalmente esas dos necesidades. El consejo bíblico busca ayudar a las personas a entrar de lleno a una riqueza personal que les pertenece en Cristo.

Que Dios nos mueva a todos para trasmitir por nuestras vidas y por nuestras palabras la verdad de que Cristo Jesús es totalmente suficiente, para que «...en todo tenga la preeminencia; por cuanto agradó al Padre que en Él habitase toda plenitud» (Col 1.18,19).

Guía de Estudio

El arte de aconsejar bíblicamente

Lawrence J. Crabb, Jr.

Guía preparada por Alberto Samuel Valdés

Contenido

Cómo obtener un curso acreditado por FLET

Si el estudiante desea recibir crédito por este curso, debe:

1. Llenar una solicitud de ingreso y enviarla a la oficina de FLET.
2. Proveer una carta de referencia de su pastor o un líder cristiano reconocido.
3. Pagar el costo correspondiente. (Ver «Política financiera» en el *Catálogo académico*.)
4. Enviar a la oficina de FLET o entregar a un representante autorizado una copia de su diploma, certificado de notas o algún documento que compruebe que haya terminado los doce años de la enseñanza secundaria (o educación media).
5. Hacer todas las tareas indicadas en esta guía.

Nota: Ver «Requisitos de admisión» en el *Catálogo académico* para más información.

Cómo hacer el estudio

Cada libro describe el método de estudios ofrecido por esta institución. Siga cada paso con cuidado. Una persona puede hacer el curso individualmente, o se puede unir con otros miembros de la iglesia que también deseen estudiar.

En forma individual:

Si el estudiante hace el curso como individuo, se comunicará directamente con la oficina de la Universidad FLET. El alumno enviará su examen y todas sus tareas a esta oficina, y recibirá toda comunicación directamente de ella. El texto mismo servirá como «profesor» para el curso, pero el alumno podrá dirigirse a la oficina para hacer consultas. El estudiante deberá tener a un pastor o monitor autorizado por FLET para tomar su examen (sugerimos que sea la misma persona que firmó la carta de recomendación).

En forma grupal:

Si el estudiante hace el curso en grupo, se nombrará un «facilitador» (monitor, guía) que se comunicará con la oficina. Los alumnos se comunicarán con el facilitador, en vez de comunicarse directamente con la oficina de FLET. El grupo puede escoger su propio facilitador, el pastor puede seleccionar a algún miembro del grupo que cumpla con los requisitos necesarios para ser guía o consejero, o los estudiantes pueden desempeñar este rol por turno. Sería aconsejable que la iglesia tenga varios grupos de estudio y que el pastor sirva de facilitador de uno de los grupos; cuando el pastor se involucra, su ejemplo anima a la congregación entera y él mismo se hace partícipe del proceso de aprendizaje.

Estos grupos han de reunirse semanalmente, o según el plan de estudios seleccionado, en la iglesia bajo la supervisión del facilitador para que juntos puedan cumplir con los requisitos de estudio (los detalles se encontrarán en las próximas páginas). Recomendamos que los grupos (o «peñas») sean compuestos de 5 a no más de 10 personas.

El facilitador seguirá el manual para el facilitador que se encuentra al final del libro. El texto sirve como «profesor», mientras que el facilitador sirve de coordinador que asegura que el trabajo se haga correctamente.

Cómo establecer un seminario en su iglesia

Para desarrollar un programa de estudios en su iglesia, usando los cursos ofrecidos por la Universidad FLET, se recomienda que la iglesia nombre a un comité o a un Director de Educación Cristiana. Luego, se deberá escribir a Miami para solicitar el catálogo ofrecido gratuitamente por FLET. El catálogo contiene:

1. La lista de los cursos ofrecidos, junto con programas y ofertas especiales.
2. La acreditación que la Universidad FLET ofrece.
3. La manera de afiliarse a FLET para establecer un seminario en la iglesia.

Luego de estudiar el catálogo y el programa de estudios ofrecidos por FLET, el comité o el director podrá hacer sus recomendaciones al pastor y a los líderes de la iglesia para el establecimiento de un seminario o instituto bíblico acreditado por FLET.

Universidad FLET
14540 S.W. 136 Street No 200
Miami, FL 33186
Teléfono: (305) 232-5880
Fax: (305) 232-3592
e-mail: admisiones@flet.edu
Página web: www.flet.edu

El plan de enseñanza FLET

El proceso educacional debe ser disfrutado, no soportado. Por lo tanto no debe convertirse en un ejercicio legalista. A su vez, debe establecer metas. Llene los siguientes espacios:

Anote su meta diaria: _____

Hora de estudio: _____

Día de la reunión: _____

Lugar de la reunión: _____

Opciones para realizar el curso

Este curso se puede realizar de tres maneras. El alumno puede escoger el plan intensivo con el cual puede completar sus estudios en un mes y entonces, si desea, puede rendir el examen final de FLET para recibir acreditación. Si desea hacer el curso a un paso más cómodo lo puede realizar en el espacio de dos meses (tiempo recomendado para aquellos que no tienen prisa). Al igual que en la primera opción, el alumno puede rendir un examen final para obtener crédito por el curso. Otra opción es hacer el estudio con el plan extendido, en el cual se completan los estudios y el examen final en tres meses. Las diversas opciones se conforman de la siguiente manera:

Plan intensivo: un mes (4 sesiones)   Fecha de reunión
Primera semana: Lecciones 1-2   _____
Segunda semana: Lecciones 3-4   _____
Tercera semana: Lecciones 5-6   _____
Cuarta semana: Lecciones 7-8, y
Examen final de FLET   _____

Plan regular: dos meses (8 sesiones)   Fecha de reunión
Primera semana: Lección 1   _____
Segunda semana: Lección 2   _____
Tercera semana: Lección 3   _____
Cuarta semana: Lección 4   _____
Quinta semana: Lección 5   _____
Sexta semana: Lección 6   _____
Séptima semana: Lección 7   _____
Octava semana: Lección 8, y
Examen final   _____

Plan extendido: tres meses (3 sesiones)Fecha de reunión
Primer mes: Lecciones 1-3   _____
Segundo mes: Lecciones 4-6   _____
Tercer mes: Lecciones 7-8, y
Examen final   _____

Descripción del curso
Introducción a los principios de consejería bíblica. Se da énfasis a la aplicación de los métodos prácticos de la consejería a diferentes problemas en las vidas de los individuos y familias.

213

Metas y objetivos para el curso

Metas:

1. El estudiante aprenderá conceptos básicos de la consejería cristiana (conforme a una escuela particular de consejería).
2. El estudiante cobrará confianza al saber que existen soluciones bíblicas a los problemas centradas en la Persona de Jesucristo (y que incluyen la participación de Su cuerpo, la iglesia, como parte del proceso de ayudar a otros creyentes).
3. El estudiante proveerá consejo para situaciones problemáticas.

Objetivo:

El estudiante realizará las metas descritas arriba al... Investigar un área de la consejería bíblica y reflexionar acerca de cómo solucionar problemas prácticos de dicha área con principios bíblicos.

Tareas

1. El estudiante leerá el texto completo *El arte de aconsejar bíblicamente.* Además leerá 500 adicionales como lectura complementaria en el área de educación psicología y/o consejería. (Para tal efecto puede seleccionar sus lecturas de la lista de «Libros sugeridos para lectura adicional».) Además entregará un registro de lecturas que detalle el título, el autor, y la cantidad de páginas leídas de cada texto. Este registro también deberá incluir un comentario, en un párrafo, que exprese cómo le benefició cada lectura. Esta tarea deberá ser entregada junto con la hoja

de respuestas del examen final al facilitador (si estudia en un grupo) o enviada a la oficina de FLET (si estudia individualmente). Nota: Esta tarea será evaluada de acuerdo con el porcentaje completado de la misma.

2. El estudiante completará las tareas detalladas en la Guía de estudio del alumno. El estudiante que está realizando la asignatura en forma individual deberá enviar esta tarea a la oficina de la Universidad FLET. Si está estudiando en un grupo de estudio deberá entregarla semanalmente al facilitador del grupo. Dicha tareas consisten de lo siguiente:

a. **Tres preguntas propias por lección:** Esta porción de la tarea se relaciona con la lectura del texto de estudio por parte del alumno y su interacción con las Diez preguntas. El estudiante debe escribir por lo menos 3 preguntas propias concernientes a la lección (y que no hayan sido tratadas o desarrolladas ampliamente por el autor). Estas preguntas deben representar aquellas dudas, observaciones, o desacuerdos que surgen en la mente del estudiante a medida que vaya leyendo el texto de estudio (o reflexionando después sobre el contenido del mismo). De manera que las preguntas deben, en su mayoría, salir a relucir naturalmente en la mente del alumno mientras lee y procesa la información en el texto. Se espera que el estudiante además comience a tratar de solucionar su pregunta o duda. Es decir, el estudiante debe hacer un esfuerzo en buscar la respuesta a la mismísima pregunta que se formuló (por lo menos explorando alternativas o respuestas posibles). Este ejercicio ayudará al alumno a aprender a pensar por sí mismo y tener interacción con lo que lee. Así, se permite que el estudiante exprese desacuerdo con el autor mientras que explique razones válidas que apoyen su punto de vista.

b. **Cuatro conceptos de los cuadros:** Esta parte de la tarea se relaciona a las cuatro gráficas y sus explicaciones provistas en cada lección. El estudiante escribirá una verdad aprendida de cada dibujo expresada en una sola oración. El propósito es asegurar que el estudiante está aprendiendo el contenido y cómo comunicar el mismo de manera precisa, concisa, y relevante.

c. **Tres principios:** Esta faceta se relaciona a la sección Expresión que aparece en cada lección. El estudiante redactará tres principios transferibles, esto es enseñanzas derivadas de la lección que sirvan de provecho y edificación tanto para él como también para otros. Estos principios o enseñanzas se deben expresar en forma concisa, esto es preferiblemente en una sola oración (e.g. «El creyente debe defender la sana doctrina aun a gran costo personal»). Esto representa una tarea escrita que el alumno entregará semanalmente al facilitador.

El estudiante recibirá 10 puntos por cada faceta que complete. Es decir, cada pregunta, concepto y principio tiene un valor de diez puntos de manera que el estudiante que completa todo lo que se pide recibirá una calificación de 100.

Nota: El estudiante debe haber completado la primera lección antes de la reunión inicial.

3. Completar *uno* del total de proyectos sugeridos que se detallan en el manual para el facilitador bajo la sección «Sugerencias para proyectos adicionales». El estudiante debe consultar la lección correspondiente al proyecto que seleccione. Para cada lección se proveen tres opciones diferentes (y una cuarta alternativa en la que se ofrece la oportunidad de desarrollar un proyecto propio si así lo desea). La descripción del proyecto indica la lección con la cual se relaciona. El proyecto requiere investigación en textos, artículos, o entrevistas con autoridades reconocidas (por ejemplo, una entrevista a un consejero profesional). Es decir, el proyecto debe incluir la interacción de las ideas de otras personas calificadas y educadas en el área y no sólo las ideas del alumno. Sin duda, el estudiante debe estudiar, reflexionar y desarrollar sus propias ideas, pero debe considerar lo que otros dicen en el proceso. Si se opta por el proyecto original, este proyecto debe recibir la aprobación del decano académico de FLET antes de llevarse a cabo (véase la página 212 para obtener la dirección de las oficinas, número telefónico y/o dirección electrónica).

Nota: Si el proyecto corresponde a un ensayo, este debe constar de entre 7 y 10 páginas escritas a máquina en doble espacio. Debe ser escrito en forma clara, concisa y precisa de acuerdo a las pautas establecidas en el texto *Un manual de estilo* por Mario Llerena (Miami: UNILIT-LOGOI, 1999).

4. El estudiante evaluará los doce casos de estudio que se presentan más abajo, y escribirá tres párrafos breves y concisos para cada uno de ellos que detalle lo siguiente:

¿Cuál es el problema(s) que existe? (¿La capacitación provista por esta asignatura es suficiente para afrontar este problema?)
¿Cuáles son algunas de las posibles soluciones? ¿Qué clase de seguimiento apropiado debe realizarse para cada caso?

Los casos cubren tanto situaciones informales de consejería, es decir reuniones de consejería en las que se habla privadamente con el individuo en el momento en que se presenta la situación, por lo menos inicialmente (e.g.: usted ve a alguien conocido robándose algo y decide hablar con esa persona en ese momento), como situaciones más formales, es decir reuniones de consejería que han sido concertadas con anterioridad (e.g.: Una pareja casada acuerda una cita para recibir consejo matrimonial). Además, se han incluido casos que requieren ayuda profesional. Parte del ejercicio tiene que ver con el aprender a reconocer los problemas que exceden nuestra capacidad de consejería y que deben ser referidos a una persona con conocimientos, experiencia, y sabiduría correspondientes.

a. Una amiga llama a las doce de la noche con el siguiente mensaje: «Hace media hora Bonifacio me pidió que me casara con él y acepté. Sé que no es creyente pero pienso que con el tiempo él creerá en el Señor. Además, no pienso que un creyente deba ser infeliz, y si no me caso con él mi vida será una mala novela. ¿Qué piensas? ¿No me vas a felicitar?» [NOTA: Varios en la congregación a la cual asiste la amiga piensan que ella debe casarse con Antonito, un joven creyente dedica-

do por el cual ella no siente ninguna atracción románti-
ca. Antonito ha estado orando para que la joven mues-
tre interés en él.]

b. Un amigo la(o) invita a cenar y todo anda bien hasta
que en una mesa cercana ve a uno de los ancianos de
la iglesia cenando con una mujer que no es su esposa.
Usted observa al anciano y ve que su comportamiento
indica que está mostrando un afecto inapropiado hacia
la mujer. ¿Qué debe hacer? ¿Qué no debe hacer?
¿Debe contárselo al pastor, hablar directa e individualmente con el hombre, o decir lo que vio a la esposa?

c. Una señora joven le llama por teléfono y le dice: «Mi
esposo no está trabajando. Se queda en casa durante
el día durmiendo de la borrachera de la noche anterior.
Me pega todas los días y yo tengo que ser la que trae
el dinero a la casa. Tenemos tres hijos menores de
edad y no quiero que fracase mi matrimonio. Pero hay
un chico en el trabajo que me está ofreciendo a salir
con él y sus intenciones son de establecer una relación sentimental. Quiero ser fiel a mi esposo, pero en
vista de mis circunstancias ese ofrecimiento es una gran
tentación. ¿Pudiera venir a la casa a hablar con mi esposo? No pienso que él quiera ir a la iglesia.»

d. Un padre relativamente joven pide que oren por él y su
esposa en una reunión de oración. No saben qué hacer, pues sus dos hijos no quieren asistir más a la iglesia. La encuentran aburrida e irrelevante para sus vidas. Después de la reunión de oración se acercan a
usted y le piden consejo al respecto.

e. Una señora anciana llama a la iglesia deprimida. Siente que no puede servir en la iglesia por que es muy mayor de edad. Dicha señora tiene reputación como una de las chismosas más activas en la congregación. ¿Cómo la aconsejaría?

f. Una tarde en el supermercado usted observa que una mujer ha abierto su cartera y ha escondido unos productos de belleza (sin dudas para robarse la mercancía). Cuando dicha señora voltea usted se da cuenta que es la esposa del pastor de la iglesia. Ella le dice: «Por favor ¡no se lo diga a nadie!» ¿Cómo manejaría la situación? Últimamente, también ha habido robos de las ofrendas de la iglesia.

g. Un joven acaba de conseguir trabajo en un hotel de lujo. Ha estado sin empleo por tres meses, tiempo durante el cual estuvo desesperado por no tener que proveer a los suyos. El tercer día de trabajo se entera que la gerencia quiere que él sirva de *mensajero* para llevar drogas ilegales a las habitaciones de algunos de los hospedados. Por cada *entrega* le regalan algún dinero adicional. Llega a donde usted a pedirle consejo: ¿Debe seguir en el trabajo ya que no se ha abierto otra oportunidad? ¿Debe dejar el trabajo y buscar otro? ¿Debe entregar a las autoridades a los participantes en las actividades ilegales?

h. Tomasina y Roberto son recién casados. En la luna de miel Tomasina se entera que Roberto tiene SIDA. Llegan a donde usted para consejo. ¿Qué deben hacer?

i. Petunia proviene de una familia de la alta sociedad. Ha quedado embarazada sin estar casada. Los padres de Petunia le han ordenado que se haga un aborto. A pesar de que ella quedó embarazada, es creyente y sabe que Dios no permite el aborto. Sus padres siempre han estado orgullosos de su hija *señorita* y la han sacado a relucir como ejemplo para otras muchachas en la familia y en la comunidad. Ella es la única creyente en la familia y además del conflicto entre los mandamientos de Dios y los deseos de sus padres, se siente mal por haber dañado su testimonio.

j. Una familia está sufriendo varios problemas por que el hijo menor quiere bailar, y no ve nada malo en hacerlo. Su madre piensa que es una actividad carnal. El joven dice que es un ejercicio como cualquier deporte. Además, la hermanita menor ha estado observando el conflicto entre su hermano y su mamá. Ella también quiere bailar. El padre piensa que el joven debe tener derecho de bailar pero su hermana no. La madre está enojada con el esposo por no estar de acuerdo con ella. Usted piensa que debe aconsejar a la familia entera. ¿Cómo puede proceder? ¿Habrá un problema más serio en el matrimonio de la pareja que el mero hecho de que alguien en la familia quiera bailar?

k. Del extranjero llega un joven nuevo a la escuela dominical. Dicho joven no tiene papeles y está en el país como ilegal. Por tanto habla con una joven de la iglesia y le pide que se case con él, ya que de esta manera podría quedarse en el país legalmente. A cambio de esto, él le ofrece a la joven que le pagará una suma de dinero. También le dice que después se pueden divorciar y todo quedará entre familia. La joven preocupada le llama por teléfono para pedir consejo. ¿Qué debe hacer la joven? Necesita el dinero y además le cae bien el muchacho.

I. Fulgencio hubo sido infiel a su esposa. Su esposa es un alma gentil que no tiene ni idea de que fue traicionada por su marido. No obstante que Fulgencio ha recapacitado y ha dejado de ver a la otra mujer, no sabe si debe confesar su infidelidad a su esposa. Acude a usted para pedir consejo.

5. El estudiante aprobará un examen acerca de los conceptos básicos de la psicología general.

Libros sugeridos para lectura adicional

A continuación proveemos una lista de textos posibles para lectura y evaluación. El estudiante puede seleccionar las lecturas de esta lista y/o escoger libros similares.

[Nota: La Universidad FLET no necesariamente comparte la opinión de los autores.]

Adams, Jay E. *Capacitado para orientar*. Grand Rapids, Michigan: Editorial Portavoz, 1981.

Adams Jay E. *Capacitados para restaurar*. Grand Rapids, Michigan: Editorial Portavoz, 1987.

Adams, Jay E. *Manual del consejero cristiano*. Grand Rapids, Michigan: Editorial Portavoz, 1987.

Adams Jay E. *Vida cristiana en el hogar*. Grand Rapids, Michigan: Libros Desafío.

Dobson, James. *Enciclopedia de problemas familiares*. Editorial CLIE, 1993.

Dobson, James. *Atrévete a disciplinar*. Miami: Editorial Vida, 1976.

Hendricks, Howard. *El cielo puede ayudar*. Puebla, México: Ediciones Las Américas.

Meier, Paul; Minirth, Frank; Hemfelt, Robert y Sneed Sharon. *Hambre de amor*. Nashville, Tennessee: Betania, 1995.

Meier, Paul y Minirth, Frank. *¡Elige ser feliz!* El Paso, Texas: Casa Bautista de Publicaciones, 1987.

Narramore Clyde. *Enciclopedia de problemas psicológicos*. Barcelona: Editorial CLIE, 1987.

Tournier, Paul. *Personaje y la persona*. Barcelona, España: Editorial CLIE, 1997.

Tournier, Paul. *Técnica psicoanalítica y fe cristiana*. Barcelona: Editorial CLIE, 1999.

Tournier, Paul. *Medicina de la persona*. Barcelona: Editorial CLIE, 1997.

Wright, H. Norman. *Consejería en tiempos de crisis*. Miami, Florida: Editorial UNILIT, 1995.

Calificación

Lectura 20%
Guía de estudio 20%
Proyecto 20%
Casos de estudio 20%
Examen final 20%

Lección 1

Diez preguntas

1. De acuerdo al doctor Crabb, ¿Con qué propósito escribió el texto?

2. ¿Qué opina el doctor Crabb acerca de los enfoques de consejería «verdaderamente bíblica»?

3. ¿Qué conceptos relevantes para la iglesia local señala Crabb y qué evaluación provee al respecto?

4. ¿Qué ocurre cuando los cristianos comienzan a experimentar aceptación verdadera y compañerismo profundo, y qué sugiere Crabb debe llevarse a cabo?

5. De acuerdo al doctor Crabb, ¿cuál debe ser la doble función de los consejeros profesionales? ¿Puede pensar en otras funciones más allá de estas?

6. ¿Cuáles son los tres tipos de consejo que salen a relucir en el capítulo?

7. ¿Qué «primera responsabilidad» toma prioridad por encima de nuestra propia felicidad? ¿Cómo debemos enfocar la felicidad? ¿Cuál es la meta de un «verdadero acto de aconsejar»?

8. Crabb explica que la madurez cristiana tiene que ver con dos elementos, ¿cuáles son dichos elementos? ¿Puede pensar en otras facetas requeridas para la madurez?

9. ¿En qué consiste la base de toda la vida cristiana y por qué?

10. ¿Qué quiere decir el doctor Crabb con «entrar» y «subir»?

Dibujos explicativos

Estos dibujos han sido diseñados a fin de proveerle una manera sencilla de organizar y memorizar cuatro puntos esenciales del capítulo. Tome una hoja de papel cualquiera y reproduzca los dibujos entre cinco a siete veces mientras piensa sobre le significado de cada cuadro. Entonces tome una hoja en blanco y reprodúzcalo de memoria junto con una breve explicación de su significado. hemos provisto estas sencillas ilustraciones principalmente para aquellos que piensan que no saben dibujar bien. Si tiene talento para el dibujo (o deseos de dibujar) cree sus propios diseños a fin de memorizar los puntos principales del capítulo.

Gráficos de los cuatro puntos principales

• **Explicación:** El doctor Crabb afirma que la iglesia se ha convertido en algo muy impersonal y superficial. Él piensa que el verdadero método bíblico de consejería es aquel que pueda ser integrado al funcionamiento de la iglesia local y que se realice en el contexto de la misma. De manera que en vez de referir inmediatamente a creyentes con problemas a un consejero profesional, debemos usar los recursos disponibles en las dinámicas de la misma iglesia y las relaciones fraternales que ella provee. Por cierto, hay casos que necesitan ayuda profesional. En dichas circunstancias la iglesia trabaja junto con el consejero. Esto es, no debemos separar la conserjería y la vida corporativa de la iglesia.

• **Explicación:** Crabb ofrece dos sugerencias para el papel de los consejeros: *entrenar* a creyentes dotados en la iglesia local para que aconsejen y *ofrecer recursos* cuando sea necesario. En este texto, el doctor Crabb afirma que no piensa que los psicólogos deben «cerrar sus puertas» y enviar a todos los aconsejados a los pastores. Piensa que los psicólogos pueden ofrecer algunos enfoques válidos que no contradicen la enseñanza de las Escrituras. Dice que si combinamos las buenas ideas de la psicología con «los recursos curativos de un grupo local de cristianos» (entrenados para que manejen una buen cantidad de casos de consejería) se pudiera ver un crecimiento en madurez «espiritual y emocional» en la iglesia.

• **Explicación:** El doctor Crabb está en contra de colocar la «felicidad» como el fin de la consejería. Crabb enseña que los consejeros cristianos deben estar conscientes del egoísmo que hay en la humanidad pecaminosa. Además añade que no seremos felices porque nos lo propongamos serlo. La felicidad llega como producto de glorificar, amar, y agradar a Dios. Crabb afirma que la meta de toda consejería verdadera se encuentra en *liberar* a la persona para adorar y servir a Dios. Usa el término *madurez* para expresar el concepto.

• **Explicación:** La madurez tiene que ver con dos elementos de acuerdo al doctor Crabb: 1. obediencia inmediata en situaciones específicas; y 2. crecimiento del carácter a largo plazo. La *justificación* sirve como la base de la vida cristiana y la *glorificación*, describe el futuro. Crabb habla en términos de la vida actual (basada en la justificación) y las metas de «entrar», es decir comenzar a obedecer y «subir» el proceso de madurar (sus palabras). El amor sirve como motivación presente para que con la ayuda del Espíritu Santo lleguemos a ser más como Jesús en obediencia a la voluntad del Padre.

Expresión

a. El alumno redactará tres principios basados en las enseñanzas de la lección que sean útiles para su trabajo y/o ministerio y que sean compatibles con las enseñanzas de las Escrituras. [Nota: Estos principios pueden servir para la realización del proyecto requerido para aprobar esta materia.]

b. El estudiante (junto con sus compañeros y el facilitador) explorará maneras creativas para comunicar algunos de los principios de la lección a otros.

c. Antes de concluir la lección el alumno orará por su iglesia y cualesquiera contactos evangelísticos o creyentes conocidos que necesiten ayuda.

Lección 2

Capítulo 2

Diez preguntas

1. ¿Cuál es el problema esencial inherente en la integración de la verdad bíblica y la psicología secular?

2. De acuerdo al doctor Crabb, ¿cuáles son los cuatro puntos de vista básicos acerca de la relación o integración de la verdad bíblica y la psicología secular? (Provea una breve explicación de cada posición.)

3. ¿Qué debilidades detecta el doctor Crabb en las primeras dos posiciones (separados pero iguales y ensalada mixta)?

4. ¿Qué fortalezas señala el doctor Crabb en la posición nadamasquista?

5. ¿Qué dos debilidades principales encuentra Crabb en el punto de vista nadamasquista?

6. ¿Cómo enfoca Crabb la necesidad de la exhortación, la corrección y la aceptación?

7. ¿Qué quiere decir Crabb cuando habla de las «capas» defensivas y cómo propone tratar con las mismas? ¿Puede un creyente tener dichas «capas»?

8. ¿Qué peligros hay en «despojar a los egipcios»?

9. ¿Cuáles son los cuatro principios de McQuilkin que nos ayudan a evitar los peligros de «despojar a los egipcios»? ¿Estás de acuerdo con ellos? ¿Hay algo que se debe cambiar o modificar?

10. ¿Qué quiere decir Crabb cuando habla de la «verdad revelada» y la «verdad descubierta»? ¿Cómo se relaciona a la integración en la consejería?

Dibujos explicativos

Estos dibujos han sido diseñados a fin de proveerle una manera sencilla de organizar y memorizar cuatro puntos esenciales del capítulo. Tome una hoja de papel cualquiera y reproduzca los dibujos entre cinco a siete veces mientras piensa sobre le significado de cada cuadro. Entonces tome una hoja en blanco y reprodúzcalo de memoria junto con una breve explicación de su significado. hemos provisto estas sencillas ilustraciones principalmente para aquellos que piensan que no saben dibujar bien. Si tiene talento para el dibujo (o deseos de dibujar) cree sus propios diseños a fin de memorizar los puntos principales del capítulo.

Gráficos de los cuatro puntos principales

• **Explicación:** El texto trata con la cuestión de la integración de principios usados o descubiertos por la psicología secular y las verdades halladas en la Biblia. Crabb saca a relucir el problema esencial en la relación entre ambas. La consejería cristiana comienza con Jesucristo como preeminente y la psicología secular trata al hombre como supremo. El doctor Crabb presenta cuatro puntos de vista acerca de la relación que debe haber entre ambas posiciones. Describe el primer punto de vista como «separados pero iguales». Esta posición sostiene que hay asuntos que le pertenecen sólo al cristianismo y otros que le pertenecen sólo a la psicología profesional. Sin embargo, Crabb refuta este punto de vista al decir que hay problemas (e.g.: ansiedad, culpa) que tratan los psicólogos sobre los cuales la Biblia enseña.

• **Explicación:** El Dr. Crabb designa como «ensalada mixta» otra manera de pensar acerca de la relación entre el cristianismo y la psicología secular. Este punto de vista no separa los conceptos de ambos sino que los mezcla sin suficiente evaluación. Usa principios de ambos, el cristianismo como también de la psicología secular. Pero, en el proceso de adoptar algunos de los conceptos de la psicología secular también se aceptan presuposiciones que van en contra de la enseñanza de las Escrituras. Esta posición se aproxima al punto de vista con que Crabb está de acuerdo, pero discrepa con el de Crabb al aceptar ideas contrarias al cristianismo.

• **Explicación:** El «Nadamasquismo» describe la posición que está a favor de usar sólo principios de la Biblia y el cristianismo y ninguno de la psicología. Crabb concuerda con los siguientes énfasis del «nadamasquismo»: la autoridad de las Escrituras, el énfasis sobre la responsabilidad personal, la realidad del pecado, y la necesidad de la obra redentora de Jesucristo. No obstante, Crabb piensa que la psicología sí tiene conceptos válidos que contribuir. Por tanto, rechaza este punto de vista acerca de la integración.

• **Explicación:** El Dr. Crabb aboga por una posición que él llama «despojar a los egipcios». Dicha posición afirma que podemos tomar de los «egipcios» (esto es, la psicología secular) aquellos conceptos que concuerdan con las enseñanzas de la Biblia. Esta perspectiva difiere de la «ensalada mixta» en que aunque usa conceptos de la psicología secular, trata de tener más cuidado en evaluar dichos conceptos a través de lo que la Biblia enseña. Sin dudas, esta posición enfatiza la autoridad absoluta de las Escrituras en cuanto la evaluación de otras posiciones. [Nota: Debemos recordar que aun los conceptos de consejeros cristianos deben ser evaluados a través de la enseñanza de las Escrituras. Ya que todos nos podemos equivocar en nuestros razonamientos, debemos someter *todo* sistema de consejería (¡aun el de Crabb!) a la verdad inerrante que es la Palabra de Dios.]

Expresión

a. El alumno redactará tres principios basados en las enseñanzas de la lección que sean útiles para su trabajo y/o ministerio y que sean compatibles con las enseñanzas de las Escrituras. [Nota: Estos principios pueden servir para la realización del proyecto requerido para aprobar esta materia.]

b. El estudiante (junto con sus compañeros y el facilitador) explorará maneras creativas para comunicar algunos de los principios de la lección a otros.

c. Antes de concluir la lección el alumno orará por su iglesia y cualesquiera contactos evangelísticos o creyentes conocidos que necesiten ayuda.

Lección 3

Diez preguntas

1. Crabb basa su sistema de consejería en el concepto de que las personas tienen una necesidad básica que requiere dos fuentes para satisfacer. ¿Cuál es la necesidad por la cual él aboga y cuáles son las dos fuentes? ¿Qué texto o respaldo bíblico provee el doctor Crabb para sus afirmaciones?

2. De acuerdo al doctor Crabb, ¿cuál es la razón del comportamiento neurótico?

3. ¿Qué tesis ofrece Crabb para explicar el desarrollo de problemas en las personas?

4. De acuerdo a Crabb, ¿qué relación hay entre la aceptabilidad en Cristo y la responsabilidad?

5. ¿Qué cinco proposiciones presenta el doctor Crabb a fin de explicar qué motiva nuestro comportamiento?

6. ¿Cuáles son las cinco necesidades en la jerarquía de Maslow? Provea una explicación breve de cada una de ellas, de la teoría de cómo se relacionan la unas con las otras, y también dé su opinión al respecto.

7. De acuerdo al énfasis en el capítulo, ¿cuál es una buena indicación de la salud mental?

8. ¿Qué opina Crabb acerca de no creyentes que exhiben un buen interés humanitario hacia otros? ¿Cómo pudiéramos relacionar sus comentarios a la vida cristiana?

9. ¿Qué relación hay entre las creencias equivocadas, la falta de fe y nuestro comportamiento?

10. ¿Qué papel juegan las Escrituras en ayudar al creyente a cambiar de la «motivación por déficit» a la acción como expresión de plenitud?

Dibujos explicativos

Estos dibujos han sido diseñados a fin de proveerle una manera sencilla de organizar y memorizar cuatro puntos esenciales del capítulo. Tome una hoja de papel cualquiera y reproduzca los dibujos entre cinco a siete veces mientras piensa sobre le significado de cada cuadro. Entonces tome una hoja en blanco y reprodúzcalo de memoria junto con una breve explicación de su significado. hemos provisto estas sencillas ilustraciones principalmente para aquellos que piensan que no saben dibujar bien. Si tiene talento para el dibujo (o deseos de dibujar) cree sus propios diseños a fin de memorizar los puntos principales del capítulo.

Gráficos de los cuatro puntos principales

• **Explicación:** Crabb basa su concepto de la consejería en la idea de necesidades. Él declara que el «valor personal» representa la necesidad básica de los seres humanos y que dicha necesidad se cumple por medio de las necesidades de significación y seguridad. El doctor Crabb piensa que a pesar de que todo ser humano tiene ambas necesidades, el hombre percibe más su valor personal por medio de la *significación*, y la mujer por la *seguridad*. El sistema de Crabb ha sido criticado tomando como base de tres argumentos: a. No hay enseñanza bíblica explícita que afirme dichas necesidades; b. la ciencia no puede comprobar que éstas son válidas (una «necesidad» sería invisible e imposible de comprobar por el método científico); y c. hay otra manera de enfocar las *necesidades*, esto es las personas necesitan amar, obedecer, orar, hacer obras de caridad.

• **Explicación:** El doctor Crabb afirma correctamente que la justificación establece la aceptabilidad del creyente con Dios. No obstante, el creyente debe obedecer al Señor de manera responsable. Por cierto, la aceptabilidad del creyente sirve como base para el resto de la vida cristiana. De manera que la aceptabilidad establecida en la justificación (únicamente a base de la muerte de Cristo) no contradice la responsabilidad del creyente. Crabb enseña: «Cristo no me autoriza a vivir negligentemente». Somos *aceptados* pero no *autorizados* para desobedecer. En resumen, el creyente *es* aceptable (como enseña la justificación). Pero no todo lo que el cristiano *hace* es aceptable ante el Señor.

• **Explicación:** Crabb parece estar de acuerdo con la idea de que la persona saludable trata de beneficiar a otros. Afirma que sólo el cristiano (quien puede llenar todas sus necesidades por medio de Jesucristo y lo que Él provee) tiene la capacidad para llegar a ser bien adaptado y ocuparse de otros. Por otro lado, la persona neurótica crea problemas que sirven como excusas para sus fracasos percibidos. Crabb piensa que la personalidad inmadura, para proteger su propia persona o autoestimación, crea obstáculos a fin de evitar la responsabilidad y no admitir el fracaso.

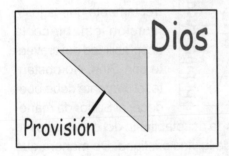

• **Explicación:** La filosofía de consejería de Crabb se puede comprender en términos de un «déficit» de la significación o seguridad, o ambas. Afirma que las personas «necesitan desesperadamente tener sentido y amor». Pero dichas necesidades sólo pueden ser cumplidas por el Señor Jesucristo. De modo que el consejero bíblico está para dirigir a los creyentes a «entrar» o comenzar a obedecer y «subir» o seguir adelante en el proceso de crecimiento cristiano hacia alcanzar la madurez. La justificación sirve como la base para dicho proceso y la glorificación venidera representa la realidad futura del creyente.

Expresión

a. El alumno redactará tres principios basados en las enseñanzas de la lección que sean útiles para su trabajo y/o ministerio y que sean compatibles con las enseñanzas de las Escrituras. [Nota: Estos principios pueden servir para la realización del proyecto requerido para aprobar esta materia.]

b. El estudiante (junto con sus compañeros y el facilitador) explorará maneras creativas para comunicar algunos de los principios de la lección a otros.

c. Antes de concluir la lección el alumno orará por su iglesia y cualesquiera contactos evangelísticos o creyentes conocidos que necesiten ayuda.

Lección 4

Capítulo 5

Diez preguntas

1. ¿Qué meta propone Crabb con referencia a la consejería, la motivación, y la ayuda que un consejero le presta a su aconsejado?

2. ¿Qué dos aclaraciones provee el doctor Crabb con referencia a la «figura» de la persona?

3. ¿Qué propone Crabb como el primer elemento en el funcionamiento personal del individuo y cómo lo explica?

4. ¿Qué relación tiene la mente consciente con nuestro comportamiento de acuerdo a Crabb?

5. ¿Cómo define Crabb la palabra «nos», el término griego para mente?

6. De acuerdo a Crabb, ¿cómo se define la «mente inconsciente» y qué impacto tiene en nuestra manera de pensar y actuar?

7. De acuerdo a nuestro texto, ¿qué papel juega el ministerio del Espíritu Santo en la consejería con respecto a las motivaciones que guían nuestro comportamiento (en especial en vista del autoengaño que viene tan fácil)?

8. ¿Qué definición acepta Crabb para la palabra «corazón»?

9. ¿Qué enfoque básico le da Crabb a la «voluntad»?

10. ¿Cómo se relacionan las emociones al pensamiento y a la conducta de acuerdo a Crabb, y qué tienen que ver estas relaciones con la consejería?

Dibujos explicativos

Estos dibujos han sido diseñados a fin de proveerle una manera sencilla de organizar y memorizar cuatro puntos esenciales del capítulo. Tome una hoja de papel cualquiera y reproduzca los dibujos entre cinco a siete veces mientras piensa sobre le significado de cada cuadro. Entonces tome una hoja en blanco y reprodúzcalo de memoria junto con una breve explicación de su significado. hemos provisto estas sencillas ilustraciones principalmente para aquellos que piensan que no saben dibujar bien. Si tiene talento para el dibujo (o deseos de dibujar) cree sus propios diseños a fin de memorizar los puntos principales del capítulo.

Gráficos de los cuatro puntos principales

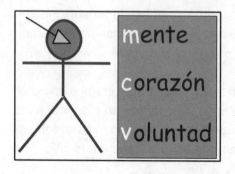

• **Explicación:** El doctor Crabb intenta presentar un «retrato» de una persona. Describe el «nous» como la mente consciente, o aquello con lo cual comprendemos, sentimos, percibimos, y juzgamos. También habla de la «mente inconsciente» como el asiento de nuestros valores o suposiciones básicas, esto es lo que creemos con firmeza y emoción. «Corazón» para Crabb significa «la totalidad de actividad mental y emocional de una persona» o su «dirección básica». Y, define la «voluntad» como la capacidad para escoger. Gran parte del método de Crabb trata con cambiar la manera de pensar de la persona a fin de que se conforme a la verdad de la Escritura. Afirma que «la transformación depende de la renovación de la mente». Los supuestos erróneos deben cambiar hacia lo bíblico a fin de que alcancemos la madurez.

• **Explicación:** El doctor Crabb cree que el crecimiento espiritual depende «directamente de cómo percibo y evalúo mi mundo». Entonces, si no cambian las suposiciones falsas que tenemos a causa del pecado y el sistema mundano en el cual vivimos (a fin de que se ajusten al punto de vista bíblico), tampoco cambiará nuestra conducta y nuestros sentimientos. Así, Crabb concuerda con otros psicólogos en que «la forma en que una persona percibe lo que ocurre tiene mucho que ver con sus reacciones emocionales y de conducta». Afirma que «la forma en que una persona evalúa mentalmente un evento determina cómo se siente con respecto a ese evento y cómo actuará en respuesta al mismo».

• **Explicación:** Con referencia a las emociones Crabb afirma que hay algunos sentimientos negativos que son aceptables y otros que no. Además ofrece la siguiente prueba para evaluar dichas emociones: las emociones que estorban el desarrollo o impide la expresión de compasión provienen del pecado. Por otro lado, afirma que «el principal sentimiento en una vida espiritual centrada en Cristo es una compasión profunda, preocupada por el bien de los demás». Además afirma que tanto el Señor como también el apóstol Pablo sintieron emociones dolorosas y que por lo tanto éstas no son incompatibles con la vida abundante. Afirma que «la fe cristiana no promete una vida de perenne risa y alegría».

• **Explicación:** Jeremías 17.9 dice que «engañoso es el corazón más que todas las cosas, y perverso; ¿quién lo conocerá?» Crabb afirma que el aspecto de consejería que trata de «explorar el «sistema de supuestos» de una persona envuelve echar luz sobre una forma de pensar que hasta el momento ha estado sumergida en la oscuridad». Enseña que las personas resisten el descubrirse a uno mismo y se prestan fácilmente al autoengaño. Afirma que Dios posee el privilegio especial de explorar «las cámaras interiores de la personalidad». Por lo tanto, el consejero debe depender del Espíritu Santo y de Su obra en el aconsejado. Escribe que «sin Su asistencia, nadie percibe ni acepta la verdad acerca de su enfoque egocéntrico y errado de la vida».

Expresión

a. El alumno redactará tres principios basados en las enseñanzas de la lección que sean útiles para su trabajo y/o ministerio y que sean compatibles con las enseñanzas de las Escrituras. [Nota: Estos principios pueden servir para la realización del proyecto requerido para aprobar esta materia.]

b. El estudiante (junto con sus compañeros y el facilitador) explorará maneras creativas para comunicar algunos de los principios de la lección a otros.

c. Antes de concluir la lección el alumno orará por su iglesia y cualesquiera contactos evangelísticos o creyentes conocidos que necesiten ayuda.

Lección 5

Diez preguntas

1. De acuerdo a Crabb, ¿por qué es importante conocer cómo se desarrollan o producen los problemas? ¿Qué problema piensa él que existe en la manera que muchos practicantes realizan la consejería?

2. ¿Cuál representa el concepto principal en el modelo de consejería de Crabb? ¿Qué distinción hace en el concepto? ¿Qué distinción hace Crabb entre las necesidades primarias y secundarias y las necesidades y los deseos? ¿Cómo relaciona él dichos conceptos a la vida cristiana? ¿Estás de acuerdo con su planteamiento?

3. De acuerdo al autor, ¿cuándo es que alguien puede comenzar a vivir una vida íntegra, vibrante, y plena?

4. ¿Cuál es el segundo concepto importante en el modelo de comprensión de problemas de Crabb? ¿Cómo se relaciona dicho concepto con la dirección que decida tomar en mi vida y las suposiciones básicas?

5. ¿Qué modelo de conducta humana presenta Crabb y qué dos resultados posibles explica?

6. De acuerdo al doctor Crabb, ¿cuál es el elemento principal detrás de los problemas psicológicos?

7. ¿Qué tres clases de obstáculos señala Crabb, y cuáles son las consecuencias respectivas más probables de cada una?

8. De acuerdo al doctor Crabb, ¿qué diferencia hay entre la preneurosis y la neurosis?

9. ¿Cómo define nuestro texto la psicosis y en qué difiere de la neurosis?

10. ¿Cómo aplica el doctor Crabb el concepto de los obstáculos y la culpabilidad, el resentimiento, y la ansiedad a los síntomas físicos y el funcionamiento sexual?

Dibujos explicativos

Estos dibujos han sido diseñados a fin de proveerle una manera sencilla de organizar y memorizar cuatro puntos esenciales del capítulo. Tome una hoja de papel cualquiera y reproduzca los dibujos entre cinco a siete veces mientras piensa sobre le significado de cada cuadro. Entonces tome una hoja en blanco y reprodúzcalo de memoria junto con una breve explicación de su significado. hemos provisto estas sencillas ilustraciones principalmente para aquellos que piensan que no saben dibujar bien. Si tiene talento para el dibujo (o deseos de dibujar) cree sus propios diseños a fin de memorizar los puntos principales del capítulo.

Gráficos de los cuatro puntos principales

• **Explicación:** Para Crabb, el primer concepto en su filosofía de consejería es el concepto de la *necesidad*. Él hace una distinción entre las necesidades primarias (significancia y seguridad, en su sistema) y las secundarias (aquellas que se piensa llenarán nuestras necesidades y que pueden haber sido aprendidas de nuestra cultura). Crabb busca enseñar al aconsejado que la significancia y la seguridad representan necesidades legítimas que sólo Jesús y aquello que Él ofrece pueden satisfacer. Por otro lado, él piensa que las necesidades secundarias o adquiridas pueden representar cosas agradables para nosotros pero no necesarias para que funcionemos como personas con valor personal. Crabb considera que estas necesidades secundarias pueden ser desechadas si crean problemas o si existe otra manera de cumplir las necesidades primarias que no traiga complicaciones.

• **Explicación:** Crabb tiene un segundo concepto en su modelo a seguir para la consejería, este es la *motivación* o el impulso para hacer algo. De acuerdo a Crabb la motivación irá en dirección de aquello que *pensamos* cumplirá nuestras necesidades (no necesariamente lo que en realidad lo logrará). En su opinión, los problemas se desarrollan en la acción dirigida hacia la meta. Si la persona busca alcanzar una meta incorrecta, aun cuando se logre, está resultará ya sea en satisfacción parcial, un sentido de vacío, o en los casos peores el desespero existencial y el suicidio (al reconocer que el cumplimiento de todos los sueños aun no ha traído la satisfacción plena). Así, sólo Jesucristo, y aquello que Él ofrece, puede brindar satisfacción.

• **Explicación:** En el modelo de consejería de Crabb, los problemas resultan cuando no obstante los mejores esfuerzos de las personas, hay obstáculos que frustran el alcanzar la meta (que corresponde a su supuesto básico). Crabb señala tres obstáculos en particular, junto con lo que él piensa son las tres emociones negativas principales que resultan del fracaso o frustración: metas inalcanzables que llevan al sentimiento de culpa; circunstancias externas que estorban el logro y resultan en resentimiento; y temor al fracaso que trae ansiedad. (La primera letra de cada obstáculo corresponde a la iniciales **mct** del dibujo.) Por esto para Crabb será importante descubrir que emoción problemática siente el aconsejado a fin de descubrir la meta que el comportamiento problemático ha estado intentando alcanzar, y cambiar el supuesto básico de la persona.

• Explicación: Crabb afirma que la preneurosis, la neurosis y la psicosis tiene que ver con el grado de alejamiento de la realidad. Él explica la preneurosis como el estado en el que el afectado trata de vencer los obstáculos que estorban la realización de sus metas. En dicha condición, tal vez la persona fracasa, pero sigue intentando. Además, puede ser que alcance aquello que lo haga sentir bien y le provea una medida real de satisfacción (aunque no alcance aquello que sólo una relación con Jesucristo puede proveer). La neurosis describe a aquella persona que crea problemas a fin de proteger su persona o su valor personal frente a los fracasos. La psicosis tiene que ver con una ruptura con la realidad a fin de (supuestamente) no experimentar más dolor. Crabb hace recordar de nuevo que agradar a Dios representa la única meta que vale la pena. [Nota: Crabb explica que hay personas no creyentes que viven con un alto nivel de satisfacción, tanto que no sienten necesidad para Dios. Aun así, el cristianismo ofrece la única respuesta para la culpabilidad y condenación eterna. No importa lo bien que se sienta la persona, necesita un Salvador. Y, no hay que esperar hasta que alguien se sienta mal para presentar a Jesús como Aquel que murió por nuestros pecados y ofrece vida eterna gratuita a todos los que en Él creen.]

Expresión

a. El alumno redactará tres principios basados en las enseñanzas de la lección que sean útiles para su trabajo y/o ministerio y que sean compatibles con las enseñanzas de las Escrituras. [Nota: Estos principios pueden servir para la realización del proyecto requerido para aprobar esta materia.]

b. El estudiante (junto con sus compañeros y el facilitador) explorará maneras creativas para comunicar algunos de los principios de la lección a otros.

c. Antes de concluir la lección el alumno orará por su iglesia y cualesquiera contactos evangelísticos o creyentes conocidos que necesiten ayuda.

Lección 6

Capítulo 8

Diez preguntas

1. ¿Qué papel juegan los valores en la consejería cristiana en contraste con la secular?

2. De acuerdo a Crabb, ¿qué es lo principal que debemos cambiar en el aconsejado? ¿Cómo lo aplica en el ejemplo de la esposa que deseaba que su esposo le prestará más atención?

3. ¿Qué quiere decir el doctor Crabb con el concepto de la «ansiedad básica»?

4. ¿Qué propone Crabb para aconsejados que no están experimentando «ansiedad básica»?

5. ¿Qué principio está detrás de la tarea que Crabb le asignó al hombre que no sentía atracción sexual hacia su esposa?

6. ¿Qué quiere decir Crabb con el concepto de la culpa [culpabilidad] falsa?

7. ¿Qué diferencia hace el doctor Crabb entre el enojo justificado y el pecaminoso? ¿Concuerda usted con dicha distinción?

8. De acuerdo a la enseñanza de Jay Adams, ¿cuáles son las dos maneras erróneas de tratar con el resentimiento y el enojo? ¿Cuál representa la mejor manera para manejar el enojo?

9. ¿Qué tres clases de tratamiento aprueba el doctor Crabb para la ansiedad? ¿Cuál o qué combinación prefiere?

10. ¿Qué resumen provee Crabb de su filosofía de consejería?

Dibujos explicativos

Estos dibujos han sido diseñados a fin de proveerle una manera sencilla de organizar y memorizar cuatro puntos esenciales del capítulo. Tome una hoja de papel cualquiera y reproduzca los dibujos entre cinco a siete veces mientras piensa sobre le significado de cada cuadro. Entonces tome una hoja en blanco y reprodúzcalo de memoria junto con una breve explicación de su significado. hemos provisto estas sencillas ilustraciones principalmente para aquellos que piensan que no saben dibujar bien. Si tiene talento para el dibujo (o deseos de dibujar) cree sus propios diseños a fin de memorizar los puntos principales del capítulo.

Gráficos de los cuatro puntos principales

• **Explicación:** Tanto la consejería cristiana como también la secular tienen valores y se preocupan por el bienestar del aconsejado. No obstante, miran ambos conceptos desde diferentes puntos de vista. El consejero no cristiano tal vez sugiera algo que logrará que el aconsejado se sienta *mejor* pero que no cumple con lo que Dios ordena (y por lo tanto no es un buen consejo). Crabb cita Proverbios 4.12: «Hay camino que al hombre le parece derecho; pero su fin es camino de muerte». Así, la meta final de toda consejería secular consiste en hacer que el aconsejado se sienta bien sin miras a valores absolutos como aquellos que el creyente descubre en las Escrituras. Por otro lado, el consejero cristiano reconoce valores absolutos y trata de que el aconsejado tenga una relación mejor con Dios (aunque tal vez incluya dificultad y sufrimiento).

• **Explicación:** El doctor Crabb investiga el área que el consejero debe tratar de cambiar en el aconsejado. Explora los síntomas, el comportamiento, las necesidades, y la motivación. Crabb afirma que debemos tratar de cambiar el supuesto básico de la persona para conformarlo con las Escrituras. Piensa que las necesidades no pueden ser cambiadas (son iguales para todos de acuerdo a su concepto), ni tampoco la motivación en sí (todos la tenemos). Crabb sí piensa que debemos cambiar el comportamiento, pero sobre la base de pensar de manera correcta. De acuerdo a Crabb, si cambiamos la forma de pensar, también cambia el supuesto básico y así las metas y el comportamiento.

• **Explicación:** Crabb afirma que la «ansiedad básica» resulta de tratar de cumplir con una meta que los esfuerzos responsables no garantizan. Las metas que se incluyen en esta categoría son aquellas que dependen de lo que otras personas hagan si han de ser realizadas. Dichas metas no son inalcanzables en sí, pero no hay *garantía* que se realicen. Por otro lado, la situación en la cual no hay ansiedad básica (la persona no está tratando de alcanzar metas que debe y puede alcanzar con la ayuda de Dios) requiere exhortación que anime o instruya a la persona a entrar en acción. Dicha persona está actuando de manera irresponsable y esto produce culpa no neurótica, en lugar de ansiedad básica.

enojo **3** enterrar
expresar
encaminar

• **Explicación:** Las Escrituras reconocen que a veces nos vamos a enojar. Por cierto, Pablo escribe: «Airaos, pero no pequéis; no se ponga el sol sobre vuestro enojo» (Efesios 4.26).

Crabb (en parte siguiendo a Adams) enseña tres maneras de tratar con el enojo, dos negativas y una positiva. Las maneras negativas constan de ya sea enterrar el enojo y tal vez guardar resentimiento silencioso, o *expresarlo* de manera descontrolada. Una mejor opción se encuentra en *encaminar* el enojo para cambiar la situación que lo causó. Esto es buscar manera de usarlo como vehículo para realizar cambios deseables.

Expresión

a. El alumno redactará tres principios basados en las enseñanzas de la lección que sean útiles para su trabajo y/o ministerio y que sean compatibles con las enseñanzas de las Escrituras. [Nota: Estos principios pueden servir para la realización del proyecto requerido para aprobar esta materia.]

b. El estudiante (junto con sus compañeros y el facilitador) explorará maneras creativas para comunicar algunos de los principios de la lección a otros.

c. Antes de concluir la lección el alumno orará por su iglesia y cualesquiera contactos evangelísticos o creyentes conocidos que necesiten ayuda.

Lección 7

Diez preguntas

1. ¿Cómo caracteriza Crabb la filosofía de consejería de Adams, y qué crítica tiene de la misma? ¿En qué está de acuerdo con Adams?

2. ¿Qué palabra parece preferir Crabb para su filosofía de consejería y que significados puede tener?

3. ¿Qué no quiere Crabb que pensemos de su método aunque abarque siete pasos determinados? ¿Cómo describe él la manera que usa para tener interacción con la diversa clase de aconsejados que trata?

4. De acuerdo al doctor Crabb, ¿de qué tres maneras presentan los aconsejados el problema por el cual llegan buscando ayuda? ¿Qué piensa Crabb que el consejero debe tratar de descubrir, y qué cinco categorías descriptivas usa para categorizar las emociones negativas?

5. ¿Qué sugiere Crabb que se haga en el evento de que el aconsejado presente su problema como algo en sus circunstancias o cómo algo que trata con la conducta? ¿Qué proceso usaría él y qué piensa usted de esto?

6. ¿Qué opina Crabb acerca de la consejería que permanece en el campo de las emociones, y en qué concuerda con Adams al respecto?

7. ¿Qué sugiere Crabb como un segundo paso en la consejería y qué método sugiere para ayudar a realizarlo? ¿Qué opina usted de esto?

8. El doctor Crabb afirma que el tercer paso da lugar al cuarto en el cual comienza la real labor de la consejería. ¿Cuáles son dichos pasos y qué cuatro sugerencias presenta Crabb con referencia al tercero?

9. ¿Cuáles son los pasos cinco y seis? ¿Cómo se relacionan estos pasos al tercero y cuarto?

10. ¿Cuál representa el séptimo paso en el proceso sugerido por Crabb, y cómo se relaciona a la comunión del aconsejado con Dios?

Dibujos explicativos

Estos dibujos han sido diseñados a fin de proveerle una manera sencilla de organizar y memorizar cuatro puntos esenciales del capítulo. Tome una hoja de papel cualquiera y reproduzca los dibujos entre cinco a siete veces mientras piensa sobre le significado de cada cuadro. Entonces tome una hoja en blanco y reprodúzcalo de memoria junto con una breve explicación de su significado. hemos provisto estas sencillas ilustraciones principalmente para aquellos que piensan que no saben dibujar bien. Si tiene talento para el dibujo (o deseos de dibujar) cree sus propios diseños a fin de memorizar los puntos principales del capítulo.

Gráficos de los cuatro puntos principales

• **Explicación:** Crabb compara su filosofía de aconsejar con una que enfatiza la exhortación, la identificación de comportamiento pecaminoso, el arrepentimiento, y la obediencia a principios bíblicos. Crabb afirma que su método puede incorporar todas estas facetas pero que dicho acercamiento enfatiza más lo externo que lo interno. Él también está en contra de la exhortación como lo principal en todos los casos. Piensa que a veces la consolación y el animar son lo que la persona necesita más. Así, Crabb prefiere la palabra «parakaleo» para describir su filosofía de aconsejar. Dicha palabra incluye los conceptos de animar, consolar, exhortar y amonestar. De manera que para él, las diferentes situaciones demandan diversas formas de enfrentar el problema.

• **Explicación:** El método del doctor Crabb incluye siete pasos que sugiere para el proceso de ayudar a las personas (cuya meta abarca que el aconsejado agrade a Dios y madure en la fe). Pero aunque el presenta siete pasos no quiere que se piense en su propuesta para la consejería como algo mecánico. Al contrario, Crabb afirma que la consejería es *relacio-*

narse a otros. Él enumera diferentes disposiciones que asume a fin de ayudar a personas en diversas circunstancias: profesional, didáctico, amistosa. Así, el proceso de consejería no consiste de llevar a una persona a través de ciertos pasos en forma mecánica sino evaluar cada situación y enfrentarla de acuerdo a las necesidades específicas del caso.

• **Explicación:** Crabb provee una explicación detallada del proceso de consejería que él apoya. En forma de síntesis, podemos pensar en los siete pasos de la siguiente manera: 1. identificar la emoción problemática; 2. identificar la conducta problemática; 3. identificar el pensamiento problemático; 4. sugerir un cambio de supuestos (para que se conforme a la Biblia); 5. buscar que la persona se comprometa a comportamiento que cae en línea con sus nuevos supuestos (basados en la Biblia); 6. que la persona lo haga; y 7. que el aconsejado reconozca las nuevas emociones que tiene por haber obedecido en el poder del Espíritu.

• **Explicación:** Hay dos técnicas que Crabb propone como compatibles con su método de consejería: la técnica de primeros recuerdos; y la técnica de la grabadora. La primera se usa para ayudar a discernir la meta que la persona está tratando de alcanzar con su conducta problemática y consiste de que el aconsejado haga memoria de sus primeros recuerdos. La segunda se usa para inculcar en el aconsejado la nueva manera bíblica de pensar (no obstante los sentimientos que tenga al principio). Después que el comportamiento se ajuste a lo que dice la Biblia, los nuevos sentimientos vendrán.

Expresión

a. El alumno redactará tres principios basados en las enseñanzas de la lección que sean útiles para su trabajo y/o ministerio y que sean compatibles con las enseñanzas de las Escrituras. [Nota: Estos principios pueden servir para la realización del proyecto requerido para aprobar esta materia.]
b. El estudiante (junto con sus compañeros y el facilitador) explorará maneras creativas para comunicar algunos de los principios de la lección a otros.
c. Antes de concluir la lección el alumno orará por su iglesia y cualesquiera contactos evangelísticos o creyentes conocidos que necesiten ayuda.

Lección 8

Diez preguntas

1. ¿Cuáles son las tres razones presentadas en el texto que están a favor del entrenamiento de consejeros en la iglesia?

2. ¿Cuáles son los tres niveles de consejería que propone Crabb en su modelo y quiénes la realizarían?

3. ¿Qué provecho puede traer al cuerpo de Cristo el comunicar nuestro amor y preocupación por otros creyentes?

4. ¿Cómo describe Crabb a los «pacientes» del consejero de nivel I y qué advertencias les da a los consejeros con referencia a su propio comportamiento como también al comportamiento de aquellos que usan estrategias infantiles para buscar atención?

5. ¿Qué afirmó Francis Schaeffer acerca de la batalla principal en círculos evangélicos y qué relación tiene a la consejería?

6. De acuerdo a Crabb, ¿cuáles son algunas de las diferentes fuentes a las cuales acudimos cuándo tenemos problemas? ¿Qué debilidades tienen, y cómo se compara la Biblia a ellas?

7. Además de la destreza en las relaciones personales, ¿cuál es el requisito más importante que deben cumplir aquellos que desean aconsejar al nivel II?

8. Además del requisito principal tratado en la pregunta anterior, ¿En qué tres áreas del conocimiento deberían estar capacitados los consejeros del nivel II?

9. ¿Qué caracteriza la consejería del nivel III y cuánto tiempo de entrenamiento piensa Crabb que requerirían los consejeros a este nivel?

10. ¿Con qué dos proposiciones explica Crabb el concepto básico de su consejería?

Dibujos explicativos

Estos dibujos han sido diseñados a fin de proveerle una manera sencilla de organizar y memorizar cuatro puntos esenciales del capítulo. Tome una hoja de papel cualquiera y reproduzca los dibujos entre cinco a siete veces mientras piensa sobre le significado de cada cuadro. Entonces tome una hoja en blanco y reprodúzcalo de memoria junto con una breve explicación de su significado. hemos provisto estas sencillas ilustraciones principalmente para aquellos que piensan que no saben dibujar bien. Si tiene talento para el dibujo (o deseos de dibujar) cree sus propios diseños a fin de memorizar los puntos principales del capítulo.

Gráficos de los cuatro puntos principales

• **Explicación:** Crabb provee tres razones para el entrenamiento de la iglesia para el trabajo de consejería: la demanda creciente de personas capacitadas para aconsejar; la necesidad de trabajar con cada creyente de manera personal e individual; y las limitaciones del equipo pastoral en tratar de cuidar de todas las personas. Crabb no aboga aquí a favor de deshacernos de los consejeros profesionales sino a favor de entrenar al Cuerpo de Cristo y usar los recursos del mismo para promover madurez en los creyentes. Cualquier programa exitoso de consejería requiere una participación activa del Cuerpo, la Iglesia, que sea de beneficio para los aconsejados.

• **Explicación:** Crabb propone tres niveles de consejería en su modelo para integrar la misma a la vida corporativa de la iglesia. El primer nivel tiene que ver con el *estímulo* proporcionado por todos los miembros de la congregación y dirigido hacia los sentimientos problemáticos de las personas. El segundo nivel tiene que ver con la *exhortación*. En el modelo de Crabb esta función le corresponde más a pastores, líderes, y maestros de escuela dominical y tiene que ver con la conducta. [Nota: Hebreos 10.24-25 parece indicar que la exhortación es algo que todo creyente debe practicar.] Por fin, el *esclarecimiento* trata con pensamientos problemáticos que Crabb recomienda sean tratado por aquellos con entrenamiento especial.

• **Explicación:** Con referencia al estímulo que en el sistema de Crabb representa responsabilidad de todo creyente, él afirma que el «saber que alguien me quiere» fortalece a otros y les capacita para creer que Dios les ama. Dicha respuesta resulta del *interés sincero y cariño* que todo creyente puede expresar hacia otros. Crabb ofrece dos avisos con referencia a la consejería a este nivel: 1. no debemos andar buscando «víctimas»; y 2. debemos cuidar de hermanos y hermanas que andan buscando atención sin querer tomar responsabilidad por sus acciones.

• **Explicación:** Crabb presenta una síntesis de dos puntos de su filosofía de consejería. Él afirma que las personas necesitan significación (o sentido) y seguridad (o amor) de manera desesperada. El segundo concepto aboga que el Señor Jesucristo «es completamente suficiente» para satisfacer dichas necesidades. La felicidad llega con glorificar a Dios, agradarle y servirle. La tarea del consejero está en ayudar a conducir al aconsejado hacia dichos fines para que alcance la madurez en Cristo. En el pensamiento de Crabb, todos necesitan valor personal. Y, la significación y la seguridad son las fuentes que llenan o cumplen dicho valor. Las personas tratan de cumplir esas necesidades por medio de comportamiento dirigido hacia una meta que corresponde a su supuesto básico. La tarea del consejero, en su concepto, es que el aconsejado vea lo que está haciendo, cambie su manera de pensar (y así sus supuestos básicos) para que se conforme a la enseñanza de las Escrituras, y entonces cambie sus sentimientos y comportamiento.

Expresión

a. El alumno redactará tres principios basados en las enseñanzas de la lección que sean útiles para su trabajo y/o ministerio y que sean compatibles con las enseñanzas de las Escrituras. [Nota: Estos principios pueden servir para la realización del proyecto requerido para aprobar esta materia.]

b. El estudiante (junto con sus compañeros y el facilitador) explorará maneras creativas para comunicar algunos de los principios de la lección a otros.

c. Antes de concluir la lección el alumno orará por su iglesia y cualesquiera contactos evangelísticos o creyentes conocidos que necesiten ayuda.

Manual para el facilitador

Introducción

Este material se preparó para ser usado por el facilitador de un grupo o peña. Dicho facilitador se encargará de orientar a un grupo de cinco a diez estudiantes a fin de que completen el curso. La tarea demandará esfuerzo de su parte, ya que, aun cuando el facilitador no es el instructor en sí (el libro de texto sirve de «maestro»), debe conocer bien el material, animar y dar aliento al grupo, y modelar la vida cristiana delante de los miembros de la peña.

La recompensa del facilitador vendrá, en parte, del buen sentir que experimentará al ver que está contribuyendo al crecimiento de otros, del privilegio de entrenar a otros y del fruto que llegará por la evangelización. El facilitador también debe saber que el Señor lo recompensará ampliamente por su obra de amor.

A continuación encontramos las tres facetas principales del programa FLET para el estudio en grupo: las lecciones, las reuniones y las expresiones.

1. **Las lecciones:** Ellas representan el aspecto del programa del cual el alumno es plenamente responsable. Sin embargo, aunque el estudiante debe leer el capítulo indicado y responder las preguntas, también debe reconocer que necesitará la ayuda de Dios para sacar el mayor provecho de cada porción del texto. Usted, como facilitador, debe informarles a los estudiantes que la calidad de la reunión será realzada o minimizada según la calidad del interés, esfuerzo y comunión con Dios que el alumno tenga en su estudio personal. Se ofrecen las siguientes guías a fin de asegurar una calidad óptima en las lecciones:

a. El alumno debe tratar (si fuese posible) de dedicar un tiempo para el estudio a la misma hora todos los días. Debe asegurarse de tener a la mano todos los materiales que necesite (Biblia, libro de texto, cuaderno, lápices o bolígrafos); que el lugar donde se realice la tarea tenga un ambiente que facilite el estudio con suficiente luz, espacio tranquilidad y temperatura cómoda. Esto puede ayudar al alumno a desarrollar buenos hábitos de estudio.

b. El alumno debe proponerse la meta de completar una lección por semana (a no ser que esté realizando otro plan, ya sea más acelerado o más lento, véase la página 212-213).

c. El alumno debe repasar lo que haya aprendido de una manera sistemática. Un plan factible es repasar el material al segundo día de estudiarlo, luego el quinto día, el décimo, el vigésimo y el trigésimo.

2. **Las reuniones:** En las reuniones o peñas, los estudiantes comparten sus respuestas, sus dudas y sus experiencias educacionales. Para que la reunión sea grata, de provecho e interesante se sugiere lo siguiente:

a. La reunión debe tener entre cinco y diez participantes: La experiencia ha mostrado que el número ideal de alumnos es de cinco a diez. Esta cantidad asegura que se compartan suficientes ideas para que la reunión sea interesante como también que haya suficiente oportunidad para que todos puedan expresarse y contribuir a la dinámica de la reunión.

También ayuda a que el facilitador no tenga muchos problemas al guiar a los participantes en una discusión franca y espontánea, aunque también ordenada.

b. **Las reuniones deben ser semanales:** El grupo o peña debe reunirse una vez a la semana. Las reuniones deben ser bien organizadas a fin de que los alumnos no pierdan su tiempo. Para lograr esto se debe comenzar y concluir a tiempo. Los estudiantes pueden quedarse más tiempo si así lo desean, pero la reunión en sí debe observar ciertos límites predeterminados.
De esta manera los estudiantes no sentirán que el facilitador no los respeta a ellos ni a su tiempo.

c. **Las reuniones requieren la participación de todos.** Esto significa no solo que los alumnos no deben faltar a ninguna de ellas, sino también que todos participen en la discusión cuando asistan. El cuerpo de Cristo, la Iglesia, consiste de muchos miembros que se deben ayudar mutuamente. La reunión o peña debe proveer un contexto idóneo para que los participantes compartan sus ideas en un contexto amoroso, donde todos deseen descubrir la verdad, edificarse y conocer mejor a Dios. Usted, como facilitador, debe comunicar el gran valor de cada miembro y de su contribución particular al grupo.

3. **Las expresiones:** Esta faceta del proceso tiene que ver con la comunicación creativa, relevante, y eficaz del material que se aprende. La meta no es sencillamente llenar a los estudiantes de conocimientos, sino prepararlos para utilizar el material tanto para la edificación de creyentes como para la evangelización de los no creyentes. Es cierto que no todo el material es «evangelístico» en sí, pero a veces se tocan varios temas durante el proceso de la evangelización o del seguimiento y estos conocimientos tal vez ayuden a abrir una puerta para el evangelio o aun mante-

nerla abierta. Las siguientes consideraciones servirán para guiar la comunicación de los conceptos:

a. La comunicación debe ser creativa: La clave de esta sección es permitir que los alumnos usen sus propios talentos de manera creativa. No todos tendrán ni la habilidad ni el deseo de predicar desde un púlpito. Pero tal vez algunos tengan talentos para escribir poesías, canciones, o coros, o hacer dibujos o pinturas que comuniquen las verdades que han aprendido. Otros quizás tengan habilidades teatrales que pueden usar para desarrollar dramatizaciones que comuniquen principios cristianos de manera eficaz, educativa y entretenida. Y aun otros pueden servir de maestros, pastores o facilitadores para otros grupos o peñas. No les imponga límites a las diversas maneras en las cuales se puede comunicar la verdad de Dios.

b. La comunicación debe ser clara: Las peñas proveen un contexto idóneo para practicar la comunicación de las verdades cristianas. En este ambiente caracterizado por el amor, el aliento y la dirección se pueden hacer «dramatizaciones» en las cuales alguien formule «preguntas difíciles», mientras otro u otros tratan de responder como si fuera una situación real. Después los demás en la peña pueden evaluar tanto las respuestas que se dieron como la forma en la cual se desenvolvió el proceso y el resultado. La evaluación debe tomar en cuenta aspectos como la apariencia, el manejo del material, y el carácter o disposición con que fue comunicado. Se puede hacer una dramatización, algo humorística, donde un cristiano con buenas intenciones, pero no muy «presentable», trata de comunicarse con un incrédulo bien vestido, perfumado y limpio. Después, la clase puede participar en una discusión amigable acerca del papel de la apariencia en la evangelización.

c. **La comunicación debe reflejar el carácter cristiano.** Usted como facilitador debe modelar algunas de las características cristianas que debemos reflejar cuando hablemos con otros acerca de Jesucristo y la fe cristiana. Por ejemplo, la paciencia, la humildad y el dominio propio deben ser evidentes en nuestras conversaciones. Debemos también estar conscientes de que dependemos de Dios para que nos ayude a hablar con otros de manera eficaz. Sobre todo, debemos comunicar el amor de Dios. A veces nuestra forma de actuar con los no cristianos comunica menos amor que lo que ellos reciben de sus amistades que no son cristianas. Las peñas proveen un contexto amigable, eficaz y sincero para evaluar, practicar y discutir estas cosas.

Cada parte del proceso ya detallado contribuye a la que le sigue, de manera que la calidad del proceso de la enseñanza depende del esfuerzo realizado en cada paso. Si la calidad de la lección es alta, esto ayudará a asegurar una excelente experiencia en la reunión, ya que todos los estudiantes vendrán preparados, habiendo hecho buen uso de su tiempo personal. De la misma manera, si la reunión se desenvuelve de manera organizada y creativa, facilitará la excelencia en las expresiones, es decir, las oportunidades que tendremos fuera de las reuniones para compartir las verdades de Dios. Por lo tanto, necesitaremos la ayuda de Dios en todo el proceso a fin de que recibamos el mayor provecho posible del programa.

Instrucciones específicas

Antes de la reunión: *Preparación*

A. Oración: Es la expresión de nuestra dependencia de Dios.

1. Ore por usted mismo.
2. Ore por los estudiantes.
3. Ore por los que serán alcanzados e impactados por los alumnos.

B. Reconocimiento

1. Reconozca su identidad en Cristo (Romanos 6—8).
2. Reconozca su responsabilidad como maestro o facilitador (Santiago 3.1-17).
3. Reconozca su disposición como siervo (Marcos 10.45; 2 Corintios 12.14-21).

C. Preparación

1. Estudie la porción del alumno sin ver la guía para el facilitador, es decir, como si usted fuese uno de los estudiantes.
   a. Tome nota de los aspectos difíciles, así se anticipará a las preguntas.
   b. Tome nota de las ilustraciones o métodos que le vengan a la mente mientras lee.
   c. Tome nota de los aspectos que le sean difíciles a fin de investigar más usando otros recursos.
2. Estudie este manual para el facilitador.
3. Reúna otros materiales, ya sea para ilustraciones, aclaraciones, o para proveer diferentes puntos de vista a los del texto.

Durante la reunión: *Participación*

Recuerde que el programa FLET sirve no solo para desarrollar a aquellos que están bajo su cuidado como facilitador, sino también para edificar, entrenar y desarrollarlo a usted mismo. La reunión consiste de un aspecto clave en el desarrollo de todos los participantes, debido a las dinámicas de la reunión. En la peña, varias personalidades interactuarán, tanto unas con otras, como también ambas con Dios. Habrá personalidades diferentes en el grupo y, junto con esto, la posibilidad para el conflicto. No le tenga temor a esto. Parte del curriculum será el desarrollo del amor cristiano. Tal vez Dios quiera desarrollar en usted la habilidad de resolver conflictos entre hermanos en la fe. De cualquier modo, nuestra norma para solucionar los problemas es la Palabra inerrante de Dios. Su propia madurez, su capacidad e inteligencia iluminadas por las Escrituras y el Espíritu Santo lo ayudarán a mantener un ambiente de armonía. Si es así, se cumplen los requisitos del curso y, lo más importante, los deseos de Dios. Como facilitador, debe estar consciente de las siguientes consideraciones:

A. El tiempo u horario

1. La reunión debe ser siempre el mismo día, a la misma hora, y en el mismo lugar cada semana, ya que eso evitará confusión. El facilitador siempre debe tratar de llegar con media hora de anticipación para asegurarse de que todo esté preparado para la reunión y para resolver cualquier situación inesperada.

2. El facilitador debe estar consciente de que el enemigo a veces tratará de interrumpir las reuniones o traer confusión. Tenga mucho cuidado con cancelar reuniones o cambiar horarios. Comunique a los participantes en

la peña la responsabilidad que tienen unos con otros. Esto no significa que nunca se debe cambiar una reunión bajo ninguna circunstancia. Más bien quiere decir que se tenga cuidado y que no se hagan cambios innecesarios a cuenta de personas que por una u otra razón no pueden llegar a la reunión citada.

3. El facilitador debe completar el curso en las semanas indicadas (o de acuerdo al plan de las otras opciones).

B. El lugar

1. El facilitador debe asegurarse de que el lugar para la reunión esté disponible durante las semanas correspondientes al término del curso. También deberá tener todas las llaves u otros recursos necesarios para utilizar el local.

2. Debe ser un lugar limpio, tranquilo y tener buena ventilación, suficiente luz, temperatura agradable y espacio a fin de poder sacarle provecho y facilitar el proceso educativo.

3. El sitio debe tener el mobiliario adecuado para el aprendizaje: una mesa, sillas cómodas, una pizarra para tiza o marcadores que se puedan borrar. Si no hay mesas, los estudiantes deben sentarse en un círculo a fin de que todos puedan verse y escucharse. El lugar completo debe contribuir a una postura dispuesta para el aprendizaje. El sitio debe motivar al alumno a trabajar, compartir, cooperar y ayudar en el proceso educativo.

C. La interacción entre los participantes

1. Reconocimiento:
   a. Saber el nombre de cada persona.

b. Conocer los datos personales: estado civil, trabajo, nacionalidad, dirección, teléfono.

c. Saber algo interesante de ellos: comida favorita, cumpleaños, etc.

2. Respeto para todos:

a. Se deben establecer reglas para la reunión: Una persona habla a la vez y los demás escuchan.

b. No burlarse de los que se equivocan ni humillarlos.

c. Entender, reflexionar o pedir aclaración antes de responder lo que otros dicen.

3. Participación de todos:

a. El facilitador debe permitir que los alumnos respondan sin interrumpirlos. Debe dar suficiente tiempo para que los estudiantes reflexionen y compartan sus respuestas.

b. El facilitador debe ayudar a los alumnos a pensar, a hacer preguntas y a responder, en lugar de dar todas las respuestas él mismo.

c. La participación de todos no significa necesariamente que tienen que hablar en cada sesión (ni que tengan que hablar desde el principio, es decir, desde la primera reunión), más bien quiere decir, que antes de llegar a la última lección todos los alumnos deben sentirse cómodos al hablar, participar y responder sin temor a ser ridiculizados.

Después de la reunión: *Evaluación y oración*
A. Evaluación de la reunión y la oración:

1. ¿Estuvo bien organizada la reunión?
2. ¿Fue provechosa la reunión?
3. ¿Hubo buen ambiente durante la reunión?

4. ¿Qué peticiones específicas ayudarían a mejorar la reunión?

B. Evaluación de los alumnos:

1. En cuanto a los alumnos extrovertidos y seguros de sí mismos: ¿Se les permitió que participaran sin perjudicar a los más tímidos?

2. En cuanto a los alumnos tímidos: ¿Se les animó a fin de que participaran más?

3. En cuanto a los alumnos aburridos o desinteresados: ¿Se tomó especial interés en descubrir cómo despertar en ellos la motivación por la clase?

C. Evaluación del facilitador y la oración:

1. ¿Estuvo bien preparado el facilitador?

2. ¿Enseñó la clase con buena disposición?

3. ¿Se preocupó por todos y fue justo con ellos?

4. ¿Qué peticiones específicas debe hacer al Señor a fin de que la próxima reunión sea aun mejor?

Ayudas adicionales

1. **Saludos:** Para establecer un ambiente amistoso, caracterizado por el amor fraternal cristiano, debemos saludarnos calurosamente en el Señor. Aunque la reunión consiste de una actividad más bien académica, no debe adolecer del amor cristiano. Por lo tanto, debemos cumplir con el mandato de saludar a otros, como se encuentra en la mayoría de las epístolas del Nuevo Testamento. Por ejemplo, 3 Juan concluye con las palabras: La paz sea contigo. Los amigos te saludan. Saluda tú a los amigos, a cada uno en particular. Saludar provee una manera sencilla, pero importante, de cumplir con los principios de autoridad de la Biblia.

2. **Oración:** La oración le comunica a Dios que estamos dependiendo de Él para iluminar nuestro entendimiento, calmar nuestras ansiedades y protegernos del maligno. El enemigo intentará interrumpir nuestras reuniones por medio de la confusión, la división y los estorbos. Es importante reconocer nuestra posición victoriosa en Cristo y seguir adelante. El amor cristiano y la oración sincera ayudarán a crear el ambiente idóneo para la educación cristiana.

3. **Creatividad:** El facilitador debe esforzarse por emplear la creatividad que Dios le ha dado tanto para presentar la lección como para mantener el interés durante la clase completa. Su ejemplo animará a los estudiantes a esforzarse en comunicar la verdad de Dios de manera interesante. El Evangelio de Marcos reporta lo siguiente acerca de Juan el Bautista: Porque Herodes temía a Juan, sabiendo que era varón justo y santo, y le guardaba a salvo; y oyéndole, se quedaba muy perplejo, pero le escuchaba de buena gana (Marcos 6.20). Y acerca de Jesús dice: Y gran multitud del pueblo le oía de buena gana (Marcos 12.37b). Notamos que las personas escuchaban «de buena gana». Nosotros debemos esforzarnos para lograr lo mismo con la ayuda de Dios. Se ha dicho que es un pecado aburrir a las personas con la Palabra de Dios. Hemos provisto algunas ideas que se podrán usar tanto para presentar las lecciones como para proveer proyectos adicionales útiles para los estudiantes. Usted puede modificar las ideas o crear las suyas propias. Pídale ayuda a nuestro Padre bondadoso, todopoderoso y creativo a fin de que lo ayude a crear lecciones animadas, gratas e interesantes.

Conclusión

El beneficio de este estudio dependerá de usted y de su esfuerzo, interés y relación con Dios. Si el curso resulta una experiencia grata, educativa y edificadora para los estudiantes, ellos querrán hacer otros cursos y progresar aun más en su vida cristiana. Que así sea con la ayuda de Dios.

Estructura de la reunión

1. Oración e introducción: Comience la reunión con intercesión. Dé la bienvenida a los alumnos y ore para que el Señor calme las ansiedades, abra el entendimiento, y se obre en las vidas de los estudiantes y el facilitador. Con anticipación seleccione una de las introducciones sugeridas (véase el Manual para el facilitador), o cree su propia introducción original.

2. Interacción con las Diez preguntas: Comparta con los alumnos algunas de las preguntas de la lección junto con las respuestas. No es necesario tratarlas todas. Más bien se pueden considerar aquellas que dieron más dificultad, que fueron de mayor edificación. o que expresan algún concepto con el cual están en desacuerdo. Traten de alcanzar algunas conclusiones (aun si son tentativas).

3. Interacción con la sección Expresión: Queremos que los alumnos expresen sus conocimientos tanto en conducta como también en comunicación con otros, ambos creyentes y no creyentes. También esperamos que expresen sus peticiones y pensamientos íntimos a Dios. Asegúrese de

permitir que varios estudiantes compartan los principios que desarrollaron y descubrieron. Anime a los alumnos a ayudarse mutuamente en mejorar la expresión de dichos principios (hacerlos más concisos, creativos, o precisos). También asegúrese de hablar acerca de cualesquiera contactos evangelísticos o de edificación cristiana que haya tenido durante la semana. Deseamos que los alumnos hagan lo correcto, y que no solo hablen de hacerlo. Por último, asegúrese de que uno, o varios, oren por el grupo de estudio, las iglesias o iglesia representada, y las personas con las quienes se está teniendo interacción evangelística o de edificación cristiana.

4. Conclusión y oración: Concluya la lección con una nota de ánimo y esperanza como también gratitud por los buenos esfuerzos de los alumnos y ánimo para aquellos que necesitan ser motivados y alentados. Por fin, pida que alguien ore por la iglesia y su liderazgo, los estudiantes, la comunidad que desean alcanzar. Incluya las necesidades específicas sacadas a relucir en la reflexión concerniente la sección Expresión.

[Nota: Asegúrese de coleccionar las tareas semanales al principio de la lección. Después de la reunión asegure que el alumno haya cumplido con las tareas que se piden (tres preguntas, cuatro conceptos y tres principios. Véase la página 215-216). El trabajo debe evidenciar reflexión, precisión bíblica, y coherencia. Se otorgará 10 puntos por cada pregunta, concepto y principio que el estudiante haya completado, de manera que el estudiante que cumpla con todo lo que se pide recibirá una calificación de 100. El estudiante será informado del puntaje obtenido en esta área.

Calificaciones

Todas las tareas deberán enviarse a la sede de FLET junto con el examen final.

Cada tarea será calificada de acuerdo con la manera en que respondió o en que hizo su trabajo, y según el porcentaje de la tarea completada. La mejor calificación equivale a 100 puntos. Menos de 60 equivale al fracaso.

Lección 1

Introducción y capítulo 1

Sugerencias para comenzar la clase

1. Comience la lección diciendo algo así: «El doctor Crabb habla de la «verdadera aceptación» y el «profundo compañerismo» como características de la vida de grupo eficaz. ¿Qué obstáculos enfrentamos en nuestras iglesias que impiden que se desarrollen la aceptación y el compañerismo? ¿Qué podemos hacer para promover estas realidades en nuestras iglesias? ¿Qué papel juegan los chismes y la manipulación en el desarrollo de estos valores?» Después de un tiempo de interacción sincera y avivada prosigan con el resto de la lección.

2. El doctor Crabb aboga a favor de la consejería realizada en el contexto de la misma iglesia local y las relaciones «unos a otros» amorosas en las cuales los creyentes deben participar («amaos los unos» [Romanos 13.8], «sed benignos unos con otros, misericordiosos, perdonándoos unos a otros, como Dios también os perdonó a vosotros en Cristo» [Efesios 4.32], «animaos unos a otros, y edificaos unos a otros, así como lo hacéis» [1 Tesalonicenses 5.11]). Comparta algunos de estos versículos con la clase (use una concordancia para descubrir otros versículos que describen las relaciones «unos a otros») y pida a los alumnos que compartan ideas específicas acerca de cómo podemos promover dichas rela-

ciones en la iglesia. Después de que varios hayan contribuido, pasen al próximo paso de la lección.

3. Comience la clase con la siguiente observación: «Las dinámicas favorecedoras de las relaciones fraternales en la iglesia demandan transparencia, confianza, y seguridad de mantener en reserva asuntos privados. De manera que algunos temen las relaciones cercanas y el compañerismo profundo en la iglesia a causa del chisme. ¿Qué podemos hacer para aliviar dicho problema?» Después de que varios opinen, prosigan con la lección.

4. Desarrolle su propia idea creativa para comenzar y presentar la lección.

Comprobación para las Diez preguntas

1. El doctor Crabb escribió el libro para investigar y reflexionar sobre un modelo de consejería que pudiera ser integrado con el funcionamiento de la iglesia local.

2. Crabb opina que cualquier método de consejería que sea verdaderamente bíblico funcionará mejor cuando se realiza en el contexto de la iglesia local, esto es en la comunidad del cuerpo de creyentes.

3. Crabb señala conceptos que enfatizan la vida corporal o comunitaria de la iglesia tales como la «vida de cuerpo», el compañerismo *koinonía*, y el amor *agape*. Él señala la relevancia de dichos conceptos en iglesias impersonales y superficiales en su vida como comunidad.

4. El doctor Crabb piensa que las realidades de la verdadera aceptación y el profundo compañerismo con el Señor y con otros creyentes saca a relucir problemas profundos y de larga duración. Cuando esto ocurre, el doctor Crabb piensa que en lugar de recomendar inmediatamente a dichas personas a un profesional [sin dudas hay casos como intentos de suicidio, adicción a las drogas, abuso sexual e incesto que los deben tratar profesionales], debemos usar los recursos y el potencial sanador de la misma iglesia. De manera que el hermano o hermana con problemas puede recibir buen consejo y a la vez el amor y beneficio de la interacción amorosa entre creyentes. Según Crabb no debemos separar la consejería de la comunión e interacción de creyentes en la iglesia. También está a favor de buscar creyentes maduros que pueden amar porque conocen el amor de Cristo y desean sobre todo conocerle y entrenarlos en consejería.

5. En vista de la contribución de la «vida de cuerpo» de la iglesia, Crabb propone dos funciones para los consejeros profesionales: 1. entrenar a creyentes en la iglesia local dotados para aconsejar; y 2. ofrecer «recursos de apoyo» cuando sea necesario. Una tercera función pudiera ser el simple hecho de aconsejar en aquellos casos difíciles para cual los creyentes en la iglesia no han sido capacitados.

6. El texto enfoca la consejería en tres categorías: 1. Aquella que todo creyente debe realizar en el ministerio de animar a otros y ayudar (en especial a otros creyentes), esto es relacionarse «unos a otros» como está escrito en la Palabra de Dios; 2. la oportunidad especial de poder enseñar principios para vivir que le pertenece a pastores,

ancianos y otros líderes de la iglesia; y 3. el tratar con problemas difíciles que requiere entrenamiento específico para un ministerio especializado.

7. El texto señala como primera responsabilidad el agradar a Dios por encima de nuestra propia felicidad. El creyente debe glorificar a Dios y «disfrutar de Él». La felicidad entonces representa un subproducto de la obediencia. De manera que la meta de la consejería genuina consiste en liberar a las personas para que puedan adorar a Dios y servirle.

8. El doctor Crabb señala dos aspectos de la madurez cristiana: 1. el obedecer en forma inmediata en la situación dada; 2. el crecimiento del carácter a largo plazo. A estos le pudiéramos agregar el conocer las Escrituras (no podemos hacer lo que Dios dice sin saber lo que Él nos ha comunicado en la Biblia), participación plena en la iglesia, el Cuerpo de Cristo (ministrar a otros y dejar que se nos ministre a nosotros), e interacción sabia en y con el mundo (saber cómo vivir en el mundo sin vivir como el mismo), y otros.

9. Nuestro texto afirma que la base para la vida cristiana consiste de una comprensión de la justificación. La cual se trata de que nuestra aceptación fundamental con Dios depende de la obra expiatoria de Jesucristo a nuestro favor y no de nuestras obras para alcanzarla. Dicha verdad facilita que sirvamos con el amor como motivación principal. El saber que hemos sido aceptados por Dios Padre a base de lo que Jesús hizo por nosotros enfoca nuestra motivación en el amor. La certeza del amor de Dios para nosotros nos libera para servir motivados por el amor.

10. Para el doctor Crabb «entrar» tiene que ver con motivar a un aconsejado cristiano que se ha alejado del camino de la justicia o que no ha respondido de manera bíblica a las circunstancias que está enfrentando. Es decir, «entrar» para Crabb hace referencia a la obediencia del creyente no al inicio a la vida cristiana por un no creyente. Trata de la santificación y no de la justificación. Por tanto, «entrar» depende de la base de justificación que ya fue colocada cuando se creyó en Jesucristo. «Subir» hace referencia al proceso y crecimiento de madurez de carácter.

Sugerencias para proyectos adicionales

1. El alumno puede hacer un estudio de *un* libro del Nuevo Testamento a fin de descubrir algo de cómo los creyentes de la iglesia primitiva solucionaban los problemas morales/doctrinales que surgían en la iglesia. El estudiante debe usar los principios del estudio inductivo de la Biblia, descubrir las enseñanzas escriturales, y diseñar por lo menos tres maneras eficaces, prácticas y creativas de aplicarlas en la iglesia local. [Nota: Sugerimos 1 Corintios, Gálatas, o 1 Timoteo.]

2. El doctor Crabb saca a relucir la importancia de la justificación como base para la vida cristiana. El alumno debe hacer un estudio de la doctrina de la justificación en la Epístola de Pablo a los Romanos. El estudio debe enfocarse en la sección 3.21—4.25 de la epístola, incluir una definición bíblica de la palabra, y presentar por lo menos tres maneras en la cual una comprensión correcta de la doctrina puede ayudar a personas (creyentes o no creyentes) que necesitan ayuda.

3. El alumno puede explorar los conceptos de «entrar» y «subir» definidos por Crabb y desarrollar un proyecto que responda a las siguientes preguntas: 1. ¿Qué significa la terminología de «entrar y subir» en el contexto del pensamiento de Crabb y cómo se relacionan a la justificación y glorificación?; 2. ¿Está de acuerdo con el enfoque del autor? (Explique en qué concuerda y en qué no); 3. ¿En qué maneras prácticas podemos animar a creyentes a «entrar» y «subir»?

4. Un proyecto original, creativo y relevante aprobado por el director de estudios o el decano de FLET.

NOTA: Si el proyecto seleccionado corresponde a un ensayo, este debe constar de entre 7 y 10 páginas escritas a máquina en doble espacio. El proyecto debe cumplir los siguientes requisitos:

a. Debe tener conexión relevante con el tema de este texto. Para este curso se aceptaría un tema como: «Sugerencias para la consejería prematrimonial en la iglesia local». Por otro lado, un tema como: «Mi Biblia y yo» no cumpliría con los requisitos del curso.

b. Debe requerir investigación en textos, artículos, o entrevistas con autoridades reconocidas (por ejemplo, una entrevista a un consejero profesional). Es decir, el tema o ensayo debe incluir interacción con las ideas de otras personas calificadas y educadas en el área y no sólo las ideas del alumno. Sin dudas, el estudiante debe estudiar, reflexionar en, y desarrollar sus propias ideas, pero debe considerara lo que otros dicen en el proceso.

c. Debe recibir la aprobación del director de estudios o del decano de FLET (véase la página 212 para obtener la dirección de las oficinas, número telefónico y/o dirección electrónica).

Lección 2

Capítulo 2

Sugerencias para comenzar la clase

1. Comience la lección con una introducción algo como lo siguiente: «La lección de hoy trata la pregunta de la integración entre la verdad bíblica y la psicología secular. Queremos que varios de ustedes opinen al respecto. ¿Puede un consejero bíblico utilizar algunos principios de la psicología secular? ¿Tienen ellos algo que enseñarnos o debemos rechazar todo lo que dicen porque son no creyentes? ¿Existe alguna manera de evaluar las teorías de los psicólogos no cristianos? ¿El mero hecho de que son no creyentes garantiza que sólo dicen falsedades o que no hayan descubierto algo beneficioso? ¿Qué peligros existen en leer obras de psicólogos no creyentes? ¿Hay algún peligro en no leerlos?» Permita que varios opinen y prosiga con el resto de la lección.

2. Lea la siguiente cita de Crabb como introducción: «Cuando Moisés liberó a los hijos de Israel de la esclavitud en Egipto se llevó con toda libertad de los bienes de los egipcios para mantener al pueblo de Dios durante su viaje a la Tierra Prometida». Explique que Crabb usa este hecho histórico para ilustrar su concepto preferido de integración. Entonces pida que varios respondan a preguntas como las siguientes: ¿Qué diferencia hay entre llevarse bienes materiales de los egipcios y adoptar ideas en el campo espiritual y psicológico? ¿Cómo se relaciona a este

asunto el principio que afirma que «toda verdad es realmente verdad de Dios»? ¿Será que los «egipcios» nos han «despojado» a nosotros (en el sentido de aquello que es verdad universal y consecuente con Dios) y no vice versa? Pasen al resto de la lección después de varios minutos de discusión.

3. Antes de que la lección comience (y los alumnos lleguen) escriba la siguiente cita de nuestro texto en la pizarra (o algún lugar visible): «Toda verdad es realmente una verdad de Dios». Pida a los alumnos que reflexionen acerca de la misma y permita que varios ofrezcan sus pensamientos al respecto. Haga preguntas como las siguientes: ¿Puede existir alguna verdad o principio verídico que no tenga a Dios como su fuente última o que no concuerde con Su carácter? ¿Es posible que un no creyente descubra principios que son verdaderos y que concuerdan con la revelación bíblica? Como grupo, reflexionen en estas preguntas y entonces sigan adelante con el resto de la lección.

4. Desarrolle su propia idea creativa para comenzar y presentar la lección.

Comprobación para las diez preguntas

1. El problema de la integración se encuentra en las prioridades respectivas de la verdad bíblica y la consejería secular. La verdad bíblica tiene a Jesucristo como preeminente y la psicología secular tiene al hombre como lo principal.

2. El doctor Crabb presenta cuatro puntos de vista acerca de la integración: a. separados pero iguales (hay cosas

que le pertenecen sólo al cristianismo y otras que corresponden exclusivamente al campo de expertos profesionales sin miras a la Biblia); b. ensalada mixta (combinación de la Biblia y conceptos de la psicología, pero sin suficiente evaluación crítica de la última a la luz de la primera); c. nadamasquismo (sólo los principios y realidades bíblicas como Jesucristo, las Escrituras, la gracia, y la fe); d. despojar a los egipcios (tomar de la psicología aquello compatible con la revelación bíblica).

3. Con referencia a la posición «separados pero iguales» Crabb piensa que existe una relación entre los problemas psicológicos y asuntos como la culpabilidad, la ansiedad, y otros con los cuales las Escrituras sí tratan. Respecto a la «ensalada mixta» él considera que esta posición no hace suficiente evaluación a la luz de las Escrituras. Esto es, no trata de manera suficientemente crítica con las presuposiciones seculares detrás de los conceptos de la psicología secular.

4. El doctor Crabb concuerda con los nadamasquistas en los siguientes puntos: la autoridad de las Escrituras; el énfasis en la responsabilidad personal; la realidad del pecado; y la necesidad de la obra redentora de Jesucristo.

5. El doctor Crabb señala lo que en su opinión representan dos debilidades: a. la insistencia en que la psicología no tiene nada que ofrecer; b. el reducir el «arte de aconsejar» a descubrir el pecado y exigir cambios de manera autoritaria.

6. Crabb concuerda que la represión y la confrontación tienen «un lugar real y a menudo necesario» en la consejería pero advierte que siempre deben realizarse en el contexto de la aceptación. Si no comunicamos la corrección en dicho contexto, «la corrección autoritaria producirá rebelión o una conformidad forzada». De manera que el doctor Crabb recomienda que la corrección tome lugar en un ambiente de aceptación y amor.

7. Crabb define las «capas defensivas» como aquellas acciones o disposiciones protectoras que la persona usa para recluirse, esconderse, y protegerse. El aboga a favor de comunicar amor a la persona (lo cual se puede realizar por una variedad de métodos). Crabb piensa que la consejería debe usarse para quitar las «capas» una por una hasta llegar a alcanzar la persona genuina que se encuentra debajo de las mismas a fin de presentarle las verdades bíblicas idóneas para la situación particular.

8. El peligro sencillo en «despojar a los egipcios» se encuentra en adoptar filosofías antibíblicas en nuestra consejería. Crabb mismo dice que «es terriblemente fácil admitir dentro de nuestro pensamiento conceptos que pueden comprometer el contenido bíblico».

9. Crabb sugiere cuatro principios (informados por un artículo escrito por McQuilkin): a. Concordar que la psicología debe estar bajo la autoridad de las Escrituras; b. Insistir en la autoridad e infalibilidad de las Escrituras; c. Usar la Biblia como el «control funcional» sobre su pensamiento; d. «Evidenciar un verdadero interés en el contenido de las Escrituras». Las respuestas a la última parte variarán de acuerdo al alumno.

10. Las Escrituras representan la verdad revelada. La verdad descubierta consiste de datos que se descubren que son coherentes con la revelación escrita de Dios, la Biblia. La verdad descubierta que es compatible con la verdad revelada la podemos usar en la consejería. No obstante, Crabb advierte que los psicólogos seculares a veces descubren verdades que mezclan con conceptos erróneos.

Sugerencias para proyectos adicionales

1. El alumno puede hacer una investigación más profunda, reflexiva, y crítica de los cuatro puntos de vista acerca de la integración presentadas en el capítulo. Por ejemplo, el estudiante debe reflexionar acerca de la evaluación del análisis transaccional que aparece en las páginas 33-35. ¿Es cierto que la Biblia concuerda con la división de Padre, Adulto, y Niño como descripción para la personalidad? ¿Podemos decir que conforme a las Escrituras «Niño» concuerda con la «naturaleza pecaminosa» cuando los niños aparecen en luz positiva en los Evangelios? ¿En realidad podemos representar a la conciencia como «Padre» en la personalidad cristiana? De manera que para completar esta tarea el estudiante debe hacer preguntas profundas y tratar de responder a ellas desde una perspectiva bíblica.

2. El estudiante puede escribir un ensayo que defienda la siguiente proposición que aparece en nuestro texto: «Toda verdad es realmente una verdad de Dios» y la relacione a la consejería bíblica. El ensayo debe tratar la cuestión de qué método se puede usar para evaluar si una teoría en la psicología (ya sea en el campo secular o cristiano) con-

cuerda con la enseñanza bíblica. Además, el alumno debe prestar énfasis especial a la pregunta de la preparación de consejeros cristianos en estudios bíblicos. Por ejemplo, ¿cómo podrá el consejero bíblico evitar el peligro inherente en el método «ensalada mixta» si no conoce las Escrituras de manera suficiente para poder ver las deficiencias en alguna teoría de la psicología secular? De manera que el ensayo debe incluir una defensa de la proposición, una explicación de cómo un consejero cristiano puede evaluar teorías, y cómo prepararlos con el conocimiento bíblico necesario para que puedan discernir los beneficios y peligros de diferentes filosofías, métodos y presuposiciones.

3. El alumno puede hacer una evaluación a la luz de las Escrituras de las enseñanzas, filosofía o métodos de uno de los siguientes escritores y practicantes en el campo secular de consejería: Albert Ellis, Salvador Minuchin, u otro personaje reconocido en el campo de consejería). El proyecto incluye lo siguiente: a. lectura de un texto escrito por uno de los consejeros mencionados; b. un resumen de la filosofía y método básico del autor; c. una evaluación del pensamiento o contribución del libro a la luz de la enseñanza bíblica; d. la reacción personal del estudiante a aquello que leyó.

4. Un proyecto original que cumpla con los siguientes tres requisitos:

   a. Debe tener conexión relevante con el tema de este texto. Para este curso se aceptaría un tema como: «Sugerencias para la consejería prematrimonial en la iglesia local». Por otro lado, un tema como: «Mi Biblia y yo» no cumpliría con los requisitos del curso.

b. Debe requerir investigación en textos, artículos, o entrevistas con autoridades reconocidas (por ejemplo, una entrevista a un consejero profesional). Es decir, el tema o ensayo debe incluir interacción con las ideas de otras personas calificadas y educadas en el área y no sólo las ideas del alumno. Sin dudas, el estudiante debe estudiar, reflexionar, y desarrollar sus propias ideas, pero debe considerar lo que otros dicen en el proceso.

c. Debe recibir la aprobación del director de estudios o del decano de FLET (véase la página 212 para obtener la dirección de las oficinas, número telefónico y/o dirección electrónica).

Lección 3

Capítulos 3 y 4

Sugerencias para comenzar la clase

1. Introduzca la lección con el siguiente desafío: «El doctor Crabb aboga que el «valor personal» representa la necesidad básica de las personas y que la «significación» y la «seguridad» contribuyen a la misma. ¿Cómo sabe Crabb que esto representa la realidad? ¿Cómo sabemos por cierto que la significación es la necesidad básica o que hay tal necesidad? ¿Qué diríamos si alguien dijera algo cómo: «¿El reconocimiento de que somos criaturas y que Dios es Creador representa la necesidad básica del hombre?»» Permita que varios expresen sus opiniones y que las respalden con buenas razones. Después de algunos minutos de interacción pasen a la próxima porción de la lección.

2. Comience la lección con una pequeña encuesta: «El doctor Crabb afirma que ambos las mujeres y los hombres usan las vías de la significación y la seguridad para alcanzar el valor personal. Sin embargo, piensa que los hombres dependen más en la significación y las mujeres más en la seguridad. ¿Están de acuerdo, sí o no, y por qué?» Permita que todos ofrezcan una breve respuesta y prosigan con el resto de la lección.

3. Antes de que comience la lección, escriba en la pizarra la jerarquía de necesidades de acuerdo a Maslow. Permita

que todos los alumnos la lean y reflexionen sobre ella. Entonces pregunte si están de acuerdo con ella o no. Permita que los estudiantes expresen sus opiniones y pensamientos sinceros. Después de un tiempo de interacción avivada pasen a la próxima parte de la reunión.

4. Desarrolle su propia idea creativa para comenzar y presentar la lección.

Comprobación para las diez preguntas

1. El doctor Crabb afirma que el sentido de valor representa la necesidad principal de las personas. Más allá, aboga que la significación (el propósito) y la seguridad (amor y aceptación incondicional) representan las dos fuentes que llenan o cumplen dicha necesidad de ser alguien valioso. Con referencia a una justificación bíblica para esas afirmaciones, Crabb se apoya en la experiencia de Adán y Eva antes de la caída pero no provee validación directa. El piensa que antes de la Caída tanto Adán como Eva tenían significación y seguridad y que la entrada del pecado amenazó ambas. [Nota: el alumno debe reflexionar en el concepto de las «necesidades» en la consejería. Es posible enfocar las «necesidades» en términos de lo que debemos hacer ante Dios. Es decir, es necesario amarle y adorarle, obedecerle, orar, relacionarnos con Él y con otros, y otras cosas que debemos hacer. De manera que las «necesidades» no se conciben como si fuesen vacíos en las personas que deben ser llenos sino cómo responsabilidades que debemos cumplir.]

2. Crabb explica que en la mayoría de casos el comportamiento neurótico resulta de «intentos de presentar excusas por la falta del éxito». La persona misma crea problemas a fin de que sirvan como excusas para el fracaso.

3. Crabb piensa que los problemas se desarrollan cuando las necesidades básicas de significación y seguridad se ven amenazadas. Él escribe que «todos tenemos necesidad de ser algo y de seguridad para funcionar con efectividad».

4. El doctor Crabb afirma sin equivocación que «Cristo no me autoriza a vivir negligentemente». Está a favor de ambas la aceptabilidad y la responsabilidad. La primera sirve como base para la segunda. De manera que el hecho de que hemos sido aceptados eternamente (en base de la muerte de Jesucristo, el perfecto Cordero de Dios a nuestro favor) no quiere decir que todas nuestras acciones ahora califican de aceptables. De manera que la aceptabilidad no sirve como autorización para pecar. Al contrario, el amor de Dios hacia nosotros debe motivarnos a agradarlo a Él con nuestras vidas. Así, la aceptabilidad sirve como base para la responsabilidad y no como motivo para deshacernos de la misma.

5. Crabb presenta las siguientes cinco proposiciones: a. Somos motivados a satisfacer las necesidades que tenemos; b. la palabra motivación hace referencia a la energía que da lugar a las diferentes conductas específicas; c. Lo que pensamos que va a satisfacer la necesidad que sentimos se convierte en meta; d. La ansiedad resulta de no alcanzar (o creer que no podemos alcanzar) la meta que satisfará la necesidad; e. Toda conducta resulta de alguna motivación.

6. Maslow abogó a favor de la siguiente jerarquía de necesidades: a. físicas requeridas para mantenernos vivos; b. seguridad, en el sentido de que tenemos certeza de que mañana podamos llenar las necesidades físicas; c. amor; d. propósito; e. autorrealización, el desarrollo de sí mismo para llegar a ser una persona plena, creativa y auto-expresiva). Lo esencial de la teoría se encuentra en que de acuerdo a Maslow piensa que las personas no serán motivadas a cumplir o llenar las necesidades más altas hasta no satisfacer primero las más bajas.

7. Crabb parece concordar con la idea de que descubrimos una buena indicación de nuestra salud mental en la expresión genuina de beneficiar a otros.

8. El doctor Crabb opina que sólo podemos ser personas plena con Dios. De manera que aunque hay no creyentes que hacen obras humanitarias comendables, Crabb piensa que el centro motivacional de ellos está manchado con el deseo de cumplir o llenar sus propias necesidades. Así, los creyentes debemos tener las motivaciones y las acciones más puras en el mundo. No obstante muchas veces funcionamos como lo hace alguien sin Dios, motivados por intereses egocéntricos.

9. Crabb dice que los creyentes deben creer las promesas de Dios y así ser librados de una vida egocéntrica. Por fe pueden vivir confiados de que el Señor proveerá para ellos. Así pueden enfocarse en la adoración y el servicio sabiendo que Dios cuidará de sus necesidades.

10. Para vivir como Dios quiere que vivamos debemos estar convencidos de la autoridad plena de las Escrituras inspiradas, autoritativas, inerrantes y confiables. Cuando los valores del mundo nos presionan debemos regresar a la Palabra y recibir su concepto y reconocer que no hemos estado percibiendo las cosas de manera correcta. La Palabra de Dios correctamente interpretada siempre nos provee con un retrato de la realidad.

Sugerencias para proyectos adicionales

1. El alumno puede realizar un proyecto que tenga como fin desarrollar criterios para poder discernir o comprobar el concepto de necesidad en la consejería. Esto es, el estudiante debe escribir una serie de preguntas o algún método para poder evaluar la validez de las presentaciones que dependen del concepto de las necesidades. Por ejemplo, el alumno debe tener un método por el cual puede responder a preguntas como las siguientes: ¿Cómo se define el concepto de necesidad?, ¿Cómo se puede saber cuántas necesidades hay? (Por ejemplo, si alguien dice algo como lo siguiente: «Para que la persona tenga salud emocional debe salir con frecuencia al campo para estar cerca de la hierba, los árboles y la tierra. Así, podemos llenar la necesidad de establecer contacto con nuestro origen, esto es estar cerca a la tierra de la cual vivimos», ¿cómo podemos comprobar si existe o no la necesidad de regresar con frecuencia a nuestro origen?) De manera que debemos tener algún mapa para guiarnos en la respuesta de preguntas cómo estas.

2. El alumno puede realizar un ensayo investigativo que explore las siguientes observaciones y preguntas: De acuerdo al doctor Crabb, Freud pensaba que las necesidades de poder y placer eran primarias. El doctor Crabb califica éstas como «necesidades egoístas». Pero, ¿en realidad son necesariamente egoístas el poder y el placer a la luz de las Escrituras? En Génesis leemos que Dios creó al hombre para ejercer señorío (Génesis 1.26-31). Además, Dios le proveyó todo lo bueno (incluso una compañera idónea) sin duda en parte para su placer. El pecado nos corrompió para que ahora ejerzamos poder de manera indebida (en rebelión contra Dios y aborrecimiento hacia los hombres) y busquemos el placer de formas corruptas (sexo ilícito, drogas, borracheras). No obstante, ¿podemos decir que el poder y el placer en sí son malos? De manera que el propósito de este proyecto no descansa en abogar a favor de Freud y sus teorías sino en investigar la relación del poder y el placer con respecto al comportamiento del hombre y reflexionar acerca del enfoque que le da Crabb.

3. El estudiante puede hacer un estudio de la jerarquía de necesidades desarrollada por Maslow. Debe incluir respuestas a preguntas como las siguientes: ¿Cómo sabe Maslow que esta jerarquía en realidad representa la verídica o aun cómo sabe que existe una jerarquía?, Si existe tal jerarquía de necesidades, ¿cómo sabemos que es la misma para todos los seres humanos? ¿Debemos los creyentes adoptar la jerarquía de Maslow y qué justificación bíblica podemos usar? Para cumplir con esta tarea, el alumno debe tratar tanto de crear sus propias pregun-

tas investigativos a fin de evaluar la teoría de Maslow, como también de buscar respuestas a las que se han mencionado aquí.

4. Un proyecto original que cumpla con los siguientes tres requisitos:

   a. Debe tener conexión relevante con el tema de este texto. Para este curso se aceptaría un tema como: «Sugerencias para la consejería prematrimonial en la iglesia local». Por otro lado, un tema como: «Mi Biblia y yo» no cumpliría con los requisitos del curso.

   b. Debe requerir investigación en textos, artículos, o entrevistas con autoridades reconocidas (por ejemplo, una entrevista a un consejero profesional). Es decir, el tema o ensayo debe incluir interacción con las ideas de otras personas calificadas y educadas en el área y no sólo las ideas del alumno. Sin dudas, el estudiante debe estudiar, reflexionar y desarrollar sus propias ideas, pero debe considerar lo que otros dicen en el proceso.

   c. Debe recibir la aprobación del director de estudios o el decano de FLET (véase la página 212 para obtener la dirección de las oficinas, número telefónico y/o dirección electrónica).

Lección 4

Capítulo 5

Sugerencias para comenzar la clase

1. Comience la lección con una discusión acerca de lo que Crabb describe cómo la motivación por déficit y por expresión. Permita que los estudiantes reflexionen y opinen acerca de las siguientes preguntas: a. ¿Es posible que un no creyente en alguna ocasión opere de motivación por expresión? (Por ejemplo, en casos en el cual alguien da su vida por otro en una situación de emergencia); b. ¿Puede un creyente operar por completo desde la motivación por expresión?; ¿Por qué parece que algunos no creyentes le ganan a los cristianos en actos de compasión y benevolencia? Después de un tiempo avivado de discusión prosigan con el resto de la lección.

2. Crabb provee una lista de formas de pensar erróneas que aparecen en la página 93. Escriba las ideas erróneas en la pizarra (o instruya a los alumnos que las hallen en sus textos). Entonces pida a los estudiantes que opinen al respecto y que den otras ideas falsas que ellos hayan descubierto ya sea en el pensamiento personal e individual de las personas o de manera corporativa como familia o iglesia (e.g.: «En nuestra familia nunca necesitamos ayuda de nadie» o «Debemos tener la iglesia más grande en la ciudad»). Después de varios minutos de discusión positiva e edificadora continúen con el resto de la clase.

3. Comience la lección leyendo la siguiente cita de Crabb: «Es importante elegir hacer lo que está bien momento a momento. A medida que el cristiano sigue eligiendo el camino de la rectitud, aumenta su capacidad de hacer decisiones correctas frente a la adversidad y a las tentaciones. Se hace un cristiano más fuerte, a quien Dios puede confiar responsabilidades mayores». Pida que varios ofrezcan testimonio de haber visto esta dinámica en la vida de otros (o de ellos mismos), como también que compartan obstáculos a dicha realidad. Después de algunos minutos de reflexión y discusión pasen a la próxima parte de la lección.

4. Desarrolle su propia idea creativa para comenzar y presentar la lección.

Comprobación para las diez preguntas

1. Crabb sugiere que el consejero debe ayudar al aconsejado a pasar de la «motivación por déficit» a la «motivación por expresión».

2. El doctor Crabb ofrece las dos siguientes clarificaciones: a. No podemos reducir a la persona a sólo lo físico, aunque sin dudas hay una relación entre el funcionamiento personal y el material; y b. No debemos perder de vista la «totalidad» de la persona al examinar las «partes».

3. Crabb presenta a la «mente consciente» como el primer elemento en el funcionamiento personal. Explica que la persona tiene conciencia de sí misma y puede hablarse a uno mismo con oraciones proposicionales.

4. El doctor Crabb sostiene que la manera en la cual nosotros percibimos un evento (la manera en la cual lo evaluamos) determina cómo nos sentimos al respecto y cómo actuamos en respuesta a dicho evento.

5. Crabb sigue la definición provista por Vine y define «nous» como el «asiento de la conciencia reflexiva». El término «nous» abarca las funciones de percibir, comprender, sentir, juzgar, y determinar.

6. El doctor Crabb define la «mente inconsciente» como el asiento de suposiciones básicas o de nuestros valores. Dichas «suposiciones básicas» representan lo que creemos con «firmeza y emoción». Desde el punto de vista de Crabb estas suposiciones tienen que ver con cómo mejor llenar o cumplir las necesidades de significación y seguridad. Además, él piensa que todos hemos sido programados para pensar que podemos llenar mejor nuestras necesidades sin Dios. Más allá la carne resulta ser muy receptiva a dichas falsas nociones.

7. Es de ayuda descubrir qué «sistema de supuestos» la persona tiene y cómo influye en su comportamiento. No obstante, esto representa una tarea difícil ya que a muy pocos les gusta enfrentar las revelaciones negativas acerca de sí mismos. Crabb afirma que no hay nada más fácil que el autoengaño. También expresa que el descubrirse a uno mismo es muy penoso ya que «hiere nuestro orgullo y empaña la buena opinión que tenemos de nosotros mismos». Ya que es difícil descubrir estos supuestos, el consejero necesita de la obra iluminadora del Espíritu Santo. Crabb afirma que sin Él nadie percibirá ni aceptará la verdad acerca de sí mismo.

8. «Corazón» para Crabb resulta un poco difícil de definir. No obstante la caracteriza (con respaldo de Vine) como la totalidad de la actividad mental y emocional de la persona, o la dirección básica que la persona selecciona para sí misma.

9. Crabb define «voluntad» como la capacidad para escoger. Además, explica que las personas deciden hacer lo que les parece tener más sentido. Enfatiza que la obediencia no sigue de forma automática a la comprensión. Más bien, considera que nuestras percepciones nos proveen de las diversas opciones entre las cuales podemos escoger. De manera que, debemos usar nuestra voluntad para tomar decisiones responsables conforme a los principios provistos en las Escrituras.

10. El doctor Crabb afirma que la consejería trata de intentar motivar a las personas a pensar de la manera correcta a fin de que decidan comportarse de manera correcta, y así experimentar emociones positivas como resultado.

Sugerencias para proyectos adicionales

1. El alumno puede hacer un estudio investigativo de las palabras bíblicas tratadas en esta lección con implicaciones para la comprensión de la personalidad humana (por ejemplo, nous, kardía, boule, thelema). Para cumplir los requisitos el estudiante debe hacer lo siguiente: a. Buscar todas las ocurrencias de la palabra en el Nuevo Testamento con la ayuda de una concordancia que indica qué término aparece en el idioma original; b. investigar la palabra en cada contexto en el cual aparece y tomar notas de cómo se

usa; c. escribir un ensayo que describa las diferentes (o similares) maneras en las cuales se usa la misma.

2. El estudiante puede hacer una evaluación del papel de la comprensión (o conocimiento), las emociones, y la conducta en la vida cristiana a nivel personal y también corporativa (como iglesia). La investigación debe incluir una encuesta sencilla con preguntas que ayuden a evaluar factores tales como los siguientes: a. ¿Qué papel juegan las emociones en nuestro comportamiento cristiano ya sea individual o cómo iglesia?; b.¿Qué pensamientos o conocimientos han estado influyendo mi comportamiento ya sea positivo o negativo como individuo o iglesia (en este último caso en la dirección y forma de ser de la iglesia); y c. ¿qué puedo (o podemos) hacer para mejorar la relación entre el conocimiento y las emociones a fin de conseguir mejor comportamiento?

3. El alumno puede desarrollar y presentar un proyecto que investigue o explore programaciones falsas ya sea en las familias, o en la iglesia, o ambas. Crabb provee una lista de dichas falsas programaciones que tenemos como personas individuales en la página 93. Para esta tarea el estudiante enfocará más acerca de la programación del grupo y por cierto el efecto de la misma sobre los individuos en la totalidad ya sea de la familia o la iglesia. El proyecto debe seguir el patrón presentado por Crabb en verbalizar el pensamiento y además una descripción de aquello que dicha programación produce como resultado.

4. Un proyecto original que cumpla con los requisitos de FLET (véase la primera lección para una explicación detallada).

Lección 5

Sugerencias para comenzar la clase

1. Permita que al inicio de la lección los alumnos reflexionen en una, dos o todas de las afirmaciones siguientes que aparecen en nuestro texto:

   «Si un consejero tiene una amplia visión de la manera en que las personas caen en problemas, tendrá más probabilidades de comprender al que acude a él y tratará racionalmente de resolver el problema de acuerdo con una estrategia inteligente y sistemática».

   «Los sujetos a menudo afirmarán que necesitan la aprobación de los demás. Pero no es así. Lo que necesitan en realidad es seguridad».

   «Puedo vivir una vida personalmente plena y de profunda significación sin satisfacer mis deseos, aunque mi vida pueda estar acribillada de angustias. Pablo es un ejemplo. Pero ni Pablo ni yo podemos seguir funcionando en forma efectiva para Cristo si no satisfacemos nuestras necesidades.»

   Los estudiantes deben ya sea defender, refutar, y/o modificarlas de acuerdo a su comprensión actual de la consejería y las Escrituras. Anímelos a que expongan sus argumentos con respaldo bíblico. Después de un tiempo avivado de interacción sigan adelante con el resto de la lección.

2. Pida a los alumnos que reflexionen acerca de lo siguiente: el doctor Crabb (y muchos) hacen una distinción entre las necesidades y los deseos. ¿Es cierto que Dios sólo provee por nuestras necesidades y no por nuestros deseos? ¿Cómo sabemos si lo que tenemos representa una necesidad o un deseo? ¿Cómo podemos diferenciar entre un deseo indebido y uno aceptable? ¿Es posible saber que la significación y la seguridad representan los dos deseos básicos? Después de varios minutos de discusión, prosigan con el resto de la lección.

3. Comience la lección con el siguiente reto: «El doctor Crabb califica la significación y la seguridad como necesidades primarias. Afirma que hay personas que «disfrutan de una buena proporción de prosperidad y felicidad personal. Estas personas no necesitan consultar a los psicólogos. Muchas de ellas no sienten necesidad de Dios. Lo pasan bien sin él. Insistir en que sus necesidades más profundas siguen insatisfechas y en búsqueda de satisfacción cae en oídos sordos. El problema es que cuando todo sale según los planes, la gente se siente realmente bien. Han logrado lo que parece bueno y eso les da satisfacción temporaria. Es difícil convencer a estas personas de que el final de su camino es la muerte personal, una eternidad sin sentido y sin amor». Ahora, ¿es posible convencer a alguien (con la ayuda de Dios), como aquellos que Crabb describe, de su necesidad de redención a pesar de que las cosas temporales le van bien? ¿Es posible que alguien pueda reconocer que necesita un Salvador de

la condenación eterna no obstante que su vida actual esté relativamente libre de problemas? ¿Sólo aquellos que están al borde de la frustración son los únicos que pueden creer en Jesús para vida eterna?» Después de unos minutos de discusión pasen a la próxima sección de la lección.

4. Desarrolle su propia idea creativa para comenzar y presentar la lección.

Comprobación para las diez preguntas

1. Crabb afirma que si el consejero no comprende cómo se producen los problemas la consejería puede convertirse en nada más que una conversación amistosa llena de buenas intenciones. De manera que el doctor Crabb está a favor de que el consejero tenga una «amplia visión de la manera en la cual las personas caen en problemas» ya que así tendrá más probabilidades de comprender al aconsejado y podrá tratar el problema de manera «inteligente y sistemática». Crabb piensa que muchos consejeros se respaldan en algunas técnicas y principios sin reflexionar acerca de por qué dichos métodos o creencias tendrán éxito.

2. Crabb comienza con el concepto de la necesidad. Él hace distinción entre las necesidades físicas y las personales. Las primeras las describe cómo aquellas cosas que necesitamos para mantener la vida física tal como el agua, el aire, y la comida. Las últimas las especifica como propósito y amor (significación y seguridad). Crabb hace diferencia entre las necesidades primarias y las secundarias. Para Crabb, la significación y la seguridad representan necesidades primarias mientras que las formas de tratar

de cumplir o llenar dichas necesidades constan de las secundarias. El doctor Crabb usa el ejemplo del dinero y la comida. La comida representa una necesidad primaria. El dinero no se puede comer (y así no puede satisfacer la necesidad primaria de manera directa), pero sí puede usarse para comprar la comida (y califica como necesidad secundaria). Esto se relaciona a lo que él califica como necesidades y deseos. Para Crabb, la persona puede funcionar bien sin que se cumplan sus deseos, pero no sin que se llenen sus necesidades.

3. De acuerdo a nuestro autor la persona comienza a vivir de manera vibrante, integra, y plena cuando comprende que tiene significación y seguridad en Cristo y comienza a vivir de manera obediente a la luz de dichas realidades. [Sin duda, el creyente no podrá vivir así independiente del poder del Espíritu Santo.]

4. La motivación representa el segundo concepto. Crabb la define como «el impulso de satisfacer mis necesidades». Él afirma que la dirección que tomemos dependerá de lo que nosotros pensamos satisfará nuestras necesidades no necesariamente lo que en realidad las cumplirá. De manera que según el concepto de Crabb nuestras suposiciones básicas juegan un papel significativo en la dirección que tomamos.

5. En el modelo de Crabb las personas tienen dos necesidades (significación y seguridad) que se sienten motivadas a llenar. El supuesto básico de la persona influye la meta que se propone a fin de cumplir con sus necesidades. Si cumple la meta sólo logrará una satisfacción «parcial y

temporaria» ya que fuera de aquello que Jesucristo provee, estas necesidades no se pueden llenar. Esto lleva ya sea a «una sensación vaga de vacío» que a algunos los dirige hacia la muerte o las drogas (cuando han alcanzado todo lo que quieren y aún no quedan satisfechos).

6. Crabb afirma que el elemento clave de los problemas psicológicos se encuentra en algún obstáculo que no permite que la persona alcance la meta que se ha propuesto y que concuerda con sus suposiciones básicas.

7. El doctor Crabb señala los siguientes tres obstáculos y consecuencias respectivas: a. metas inalcanzables que dan lugar a sentimientos de culpa o menosprecio (rebajamiento); b. circunstancias externas que pueden producir resentimiento; y c. temor al fracaso que puede resultar en ansiedad.

8. Crabb explica que la persona preneurótica aún trata de alcanzar la meta que se ha propuesto y evalúa las estrategias que ha estado usando a fin de realizarla. La persona neurótica ha dejado de tratar de alcanzar la meta propuesta y busca proteger lo que queda de su autoestima (después de haber fracasado).

9. Nuestro texto define la psicosis como el estado de aquel que se retrae a la no realidad. Representa una separación total del mundo que causa dolor. Difiere de la neurosis en que representa un paso más allá de la protección a una «ruptura total» con la realidad.

10. Crabb afirma que algunos síntomas físicos pueden ser el resultado directo de estados emocionales no saludables. Con el tiempo, dichos estados pueden causar condiciones físicas negativas como úlceras, dolores de cabeza, o problemas con la piel. Por otro lado, también puede haber disfunción en el área de las relaciones sexuales como consecuencia de emociones negativas.

Sugerencias para proyectos adicionales

1. El alumno puede hacer un estudio del modelo que Crabb propone acerca de cómo se desarrollan los problemas que incluya lo siguiente: a. Una comparación con el pensamiento de otro consejero cristiano; b. Una evaluación de los conceptos de ambos a la luz de las Escrituras; y c. Una explicación de los puntos con los cuales el estudiante esté de acuerdo y desacuerdo.

2. El estudiante puede hacer un proyecto que trate más a fondo las tres emociones negativas mencionadas por el doctor Crabb: la culpabilidad, el resentimiento, y la ansiedad. Para cada emoción negativa el alumno debe enumerar por lo menos tres pasajes bíblicos que ayuden a personas con dichas emociones. También debe desarrollar una pequeña encuesta edificativa que pueda ayudar a las personas con estos problemas. La encuesta debe incluir (después de las preguntas) una explicación de principios específicos de los textos bíblicos que brinden ayuda en situaciones donde se presente el florecimiento de dichas emociones.

3. El alumno puede hacer un estudio de las varios mecanismos de defensa reconocidos. Para completar esta tarea el estudiante debe dar el nombre de dicha defensa (e.g.: proyección), la definición de la misma, y por lo menos una posible respuesta bíblica.

4. Un proyecto original que cumpla con los requisitos de FLET (véase la primera lección para una explicación detallada).

Lección 6

Capítulo 8

Sugerencias para comenzar la clase

1. Comience la lección pidiendo que los alumnos reflexionen en y respondan a la siguiente afirmación de Crabb: «La transformación no depende de renovar nuestros sentimientos, ni nuestra conducta, ni nuestras circunstancias, sino nuestra mente. Unos psicólogos cambian los sentimientos, otros la conducta, otros las circunstancias. Cristo cambia la mente». Anime a los estudiantes a que consideren preguntas como las siguientes: ¿Es posible que un cambio de conducta lleve a un cambio de manera de pensar?, ¿Garantiza un cambio de acción el cambiar la manera de pensar? ¿Es posible que un cambio de circunstancias ayude a alguien sin violar los principios de la Biblia? Después de varios minutos de discusión prosigan a la próxima parte de la lección.

2. En nuestro texto, el doctor Crabb, en el contexto de un hombre que no sentía atracción física hacia su esposa, afirma que el «paso de fe» es «una idea que tiene relevancia no solamente para la obra misionera sino también para el dormitorio». Puede comenzar la lección leyendo el relato del texto (se encuentra en las páginas 149-150) y presentando el siguiente desafío: «En la vida cristiana a veces excluimos a Dios de ciertas áreas de nuestra experiencia. Consideramos que la fe en el Señor sirve para el

domingo y las clases dominicales pero no pensamos cómo el poder de Dios nos puede ayudar en asuntos más «terrenales». ¿Cuáles son algunas de las áreas cotidianas en las cuales tenemos mandamientos de Dios (y el poder correspondiente para cumplir) que como creyentes ignoramos con frecuencia?» Asegure que los estudiantes traten temas tales como el comportamiento en el trabajo, y el matrimonio. Después de un tiempo en que varios opinen y todos reflexionen, pasen a completar el resto de la lección.

3. Comience la clase con una corta dramatización que ilustre las dos maneras incorrectas para tratar con el enojo provistas por el doctor Jay Adams (se encuentran en las páginas 150-151 de nuestro texto). Después de la dramatización pida a los alumnos que sugieran manera alternativas y sanas en las cuales los personajes pudieran haber tratado con su enojo. Después de un tiempo de interacción y reflexión, completen el resto de la lección.

4. Desarrolle su propia idea creativa para comenzar y presentar la lección.

Comprobación para las diez preguntas

1. El consejero cristiano trabaja en el contexto de valores absolutos. Mientras que el consejero no cristiano tal vez sugiere aquello que hace sentir bien a la persona (a pesar de que esté en contra de los valores bíblicos). El creyente tiene que prescribir lo que las Escrituras ordenan sabiendo que esto traerá el beneficio real. [NOTA: Todos vivimos en el contexto de los valores absolutos, pero no toda persona los reconoce.]

2. Crabb piensa que el problema principal de las personas se encuentra en que no están dependiendo de Dios. Por lo tanto, como prioridad él está a favor de cambiar la mente o la forma de pensar de la persona. En el ejemplo de la esposa, Crabb explica que ella está a favor del comportamiento correcto y racional pero que su meta principal debe ser agradar al Señor y ministrar a su esposo (no ganar su afecto principalmente). Crabb afirma que ya sea que el esposo la ame a ella o no, ella puede seguir siendo alguien que puede seguir adelante con Dios.

3. El concepto de la ansiedad básica trata de la ansiedad que resulta cuando alguien trata de cumplir una meta que los esfuerzos responsables no garantizan. Es decir, es una meta tal vez inalcanzable a pesar de que la persona se está esforzando de manera responsable. Esto incluye metas que dependen de las acciones de otras personas. Puede ser que se alcancen dichas metas, pero no existe una garantía.

4. Para la persona que no experimenta la ansiedad básica, Crabb recomienda que comiencen a comportarse de manera responsable con los recursos que Dios ya les ha proporcionado. Según él, la exhortación representa el tratamiento ya que la persona está siendo irresponsable en no alcanzar metas apropiadas que se pueden lograr.

5. El hecho que «Dios no manda nada sin dar la posibilidad de cumplirlo» representa el principio detrás de la tarea que el doctor Crabb. Es decir, Crabb asignó la tarea con plena confianza de que estaba al alcance del hombre porque éste era creyente y el mandamiento provenía de las

Escrituras. De manera que hay muchas cosas dentro de nuestro alcance como creyentes que debemos hacer porque Dios no las ordena y ya nos ha capacitado para las mismas.

6. Crabb explica la culpa falsa en términos de la culpabilidad que uno siente cuando fracasa en no alcanzar una meta inalcanzable. Para él, dicha culpa se alivia con un cambio de metas (para que ahora representen aquellas que sí podemos alcanzar) junto con el correspondiente cambio en la manera de pensar.

7. El doctor Crabb califica el enojo pecaminoso como aquel que se dirige contra alguien «que amenaza nuestras necesidades personales». Por otro lado, piensa que el enojo es justificado si está dirigido hacia un mal moral. La respuesta a la última parte variará de acuerdo al alumno.

8. Jay Adams saca a relucir dos formas incorrectas para manejar el enojo: a. enterrar el enojo y «mantener un resentimiento silencioso»; y b. expresarlo de manera descontrolada. Mejor es expresar de manera honesta lo que sentimos y buscar la manera de convertir ese enojo en vehículo para cambiar la situación que lo provoca. De manera que podemos experimentarlo y manejarlo para que contribuya para el bien y no el mal.

9. Crabb habla de tres tratamientos para la ansiedad: a. drogas tranquilizantes; b. terapia de la conducta (y aquí señala la desensibilización sistemática); y c. promover la madurez cristiana para cambiar los pensamientos erróneos, esto es dejar de pensar que algo que no sea Dios o

aquello que no sea provisto por Él puede llenar nuestras necesidades. El doctor Crabb no está en contra de los primeros dos métodos pero sostiene que siempre se debe promover la meta de madurez cristiana no obstante el uso de los otros recursos.

10. Crabb hace un resumen de su filosofía enfatizando la meta de madurez cristiana. Él dice que logramos la madurez cristiana por medio del cambio de la forma de pensar de la persona a la certeza de que Dios y lo que Él provee pueden llenar nuestras necesidades de significación y seguridad. Él está a favor de motivar al creyente a entrar (comenzar a vivir de acuerdo a lo que Dios quiere) y subir (seguir adelante en el proceso de madurar en la fe). Para Crabb, un cambio de pensamiento es la base de todo.

Sugerencias para proyectos adicionales

1. El estudiante puede realizar un estudio del concepto de la ansiedad básica (o la falta de la misma) con referencia tanto a creyentes individuales como también a la iglesia local. Dicho proyecto debe buscar respuestas a las siguientes preguntas: a. ¿Qué metas se ha propuesto nuestra iglesia que sean inalcanzables o aun antibíblicas?; b. ¿Por qué califican de inalcanzables? ¿En realidad son inalcanzables o es que se necesita un plan para que se conviertan en alcanzables?; y c. ¿Con referencia a cuáles metas alcanzables (para las cuales Dios ya nos ha dado la orden escritural y los recursos para realizarlas) estamos siendo irresponsables? ¿Qué plan o intento hay para cambiar? [Nota: En lugar de la iglesia local, el alumno puede realizar la tarea con referencia a su trabajo o empresa, o a su matrimonio].

2. El alumno puede hacer un estudio de la ansiedad en Mateo 6.25-34 y Filipenses 4.6-9. Para realizar la tarea, el estudiante debe incluir lo siguiente: a. Un estudio de cada pasaje en su contexto de acuerdo a los principios de estudio inductivo de la Biblia (véase R.C. Sproul, *Cómo estudiar e interpretar la Biblia*, pp. 119-131); y b. una explicación de principios aplicables a la vida cristiana descubiertos en los textos; y c. una descripción de una situación posible en la cual puedan ser de ayuda.

3. El estudiante puede hacer un estudio acerca del enojo, la ira, y los iracundos en Proverbios, Efesios y Colosenses (puede incluir otros libros de las Escrituras sin dejar de considerar estos tres). Para realizar la tarea, el estudiante debe incluir lo siguiente: a. Una enumeración de los pasajes que tratan con el tema; b. un estudio de cada texto en su contexto de acuerdo a los principios de estudio inductivo de la Biblia (véase R.C. Sproul, *Cómo estudiar e interpretar la Biblia*, pp. 119-131); y c. una explicación del principio aplicable y una descripción de una situación posible en la cual este pueda ser de ayuda.

4. Un proyecto original que cumpla con los requisitos de FLET (véase la primera lección para una explicación detallada).

Lección 7

Capítulo 9

Sugerencias para comenzar la clase

1. Crabb está en contra de un método de consejería que siempre use la confrontación. Antes de la lección pida a dos de los alumnos que preparen una breve dramatización de un debate entre dos «consejeros», uno que esté a favor de la confrontación y uno que tome la posición de Crabb. El primero puede usar el siguiente argumento: «Sólo aquellos que han sido (o están siendo) irresponsables llegan a necesitar la ayuda de un consejero y por lo tanto necesitan ser confrontados». El segundo puede usar algunos de los argumentos presentado por Crabb en el texto (véase la página 154). Asegure de dejar suficiente tiempo para que los otros opinen acerca de los comentarios de los dos «consejeros». Después de una interacción provechosa sigan adelante con el resto de la lección.

2. Para comenzar la clase lea la siguiente porción de nuestro texto y pida que los alumnos opinen: «Yo creo que la obediencia es absolutamente necesaria para una vida cristiana eficaz. La meta de ENTRAR ... no es otra cosa que obediencia. Y los consejeros *nouthéticos* ... ofrecen materiales excelentes sobre cómo alcanzar esa meta. Sin embargo, dejan de lado el «interior» de la persona que actúa. Para mí, la parte importante del «interior» es el sistema de supuestos de la persona y su evaluación de las situaciones basada en tales

supuestos». Los estudiantes deben tratar con las siguientes preguntas durante su intercambio de ideas: «¿Es posible obedecer sin que la persona a la vez trate con su interior y sus supuestos? ¿Hay que tratar con el interior antes de poder obedecer? ¿Comprender el interior puede ayudar a motivar al aconsejado hacia la obediencia?» Después de una intercambio de ideas prosigan con el resto de la lección.

3. En la página 160 del texto, Crabb sale a favor de la técnica de los primeros recuerdos. Lea la porción que la describe y pida a los estudiantes que opinen al respecto. Permita que aquellos que deseen compartan algunos de sus «primeros recuerdos» y cómo han sido impactado (o no afectados) por ellos. Compartan ideas por unos minutos y sigan para completar las otras porciones de la clase.

4. Desarrolle su propia idea creativa para comenzar y presentar la lección.

Comprobación para las diez preguntas

1. Crabb la caracteriza como un método básicamente confrontacional. Crabb piensa que una postura confrontacional no agota los diferentes métodos o acercamientos en la consejería y hasta pudiera hacer daño en ciertos casos. Crabb concuerda con Adams en que la madurez cristiana representa la meta de la consejería. [Nota: La palabra *noutheteo* aparece en contextos de amor familiar (como de un padre a sus hijos) en pasajes como 1 Corintios 4. De manera que no parece ser completamente preciso caracterizar la acción de amonestar como algo necesariamente áspero o duro.]

2. Crabb tal parece prefiere el concepto provisto por la palabra *parakaleo* que incluye el consolar, exhortar, y amonestar.

3. El doctor Crabb no quiere que pensemos que su método representa algo mecánico. Al contrario explica que la consejería es relacionarse a otros. Crabb enumera diversas maneras en las cuales se relaciona con los aconsejados de acuerdo a sus situaciones específicas (e.g.: con aire profesional, como maestro, de manera amistosa y otras).

4. Crabb afirma que el aconsejado describe el problema ya sea en términos de algún sentimiento, situación externa, o problema de conducta. Él aboga por tratar de descubrir el problema emocional del aconsejado y calificarlo dentro de cinco posibilidades (que para Crabb describen las categorías principales de emociones problemáticas, mientras que las demás son sólo derivaciones): ansiedad, resentimiento, culpa, desesperación, sensación de vacío.

5. Crabb sugiere de nuevo tratar de identificar el problema emocional (en términos de las cinco categorías que propone) a fin de entonces buscar el obstáculo a su meta, definir la misma y examinar la conducta que el aconsejado está usando para alcanzarla. Después Crabb exploraría los supuestos básicos del aconsejado.

6. Crabb concuerda con Adams en que la pregunta significativa es: «¿qué está haciendo usted ahora?» en lugar de: «¿por qué se siente así?». Identificar los sentimientos problemáticos debe dar lugar a considerar la conducta del aconsejado (que para Crabb incluye orientación hacia una meta).

La consejería es más que ayudar a las personas a identificar, comprender y aceptar sus emociones.

7. El segundo paso (después del primero de «identificar los sentimientos problemáticos») consta de «identificar la conducta problemática orientada hacia la meta». Para descubrir la «meta» Crabb sugiere una técnica llamada la «técnica de los primeros recuerdos» para identificar el supuesto básico detrás de la meta. La respuesta a la última parte variará de acuerdo al alumno.

8. El tercer y cuarto paso son identificar el pensamiento problemático y el cambio de supuestos (o clarificación del pensamiento bíblico), respectivamente. Para el tercer paso, Crabb provee cuatro sugerencias: a. Identificar dónde el aconsejado adquirió la creencia a fin de facilitar que el aconsejado la pueda evaluar de manera más objetiva; b. investigar las emociones conectadas con el supuesto (tomando en cuenta las emociones del aconsejado y haciéndole sentir comprendido); c. ofrecer apoyo y estímulo ya que es algo amenazador renunciar a supuestos que se han guardado por largo tiempo; y d. enseñar la técnica de la grabadora para inculcar los supuestos bíblicos.

9. Los pasos cinco y seis son buscar que la persona se comprometa y hacer un plan que concuerde con la nueva manera de pensar, respectivamente. La conexión con los pasos tres y cuatro se encuentra en que con la acción (la obediencia) la persona comienza a comprender mejor la verdad conforme a la cual está ahora actuando.

10. El séptimo paso tiene que ver con que el aconsejado reconozca la obra de Dios en su vida. Deben poder ver lo que experimentan en el camino de la obediencia y comunión con el Señor en contraste con aquellos tiempos cuando no han tenido relaciones armoniosas con Él.

Sugerencias para proyectos adicionales

1. El alumno debe leer y escribir un ensayo en el que dé su evaluación de un texto escrito por Jay Adams. Dicho ensayo debe incluir: a. Puntos en los cuales el estudiante concuerda con Adams; b. Aspectos en los cuales no está de acuerdo; y c. Una comparación con el pensamiento de Crabb.

2. Dos o tres estudiantes pueden representar el papel de consejero y aconsejado ante un problema real en la vida del segundo (después deben cambiar de roles para que todos pasen por ambas experiencias de brindar y recibir consejo). Deben usar el método prescrito por Crabb con el fin de evaluarlo. Ambos el consejero y el aconsejado deben escribir un ensayo que incluya lo siguiente: a. Cómo se siguió el método y una evaluación del mismo; b. Lo que aprendió como consejero; y c. Lo que aprendió como aconsejado.

3. El alumno debe leer un libro adicional de Crabb y escribir un ensayo que presente su evaluación de su método y filosofía de consejería. Dicho ensayo debe incluir: a. Puntos en los cuales el estudiante concuerda con Crabb; b. Aspectos en los cuales no está de acuerdo; y c. Interacción con alumnos que han decidido hacer el proyecto descrito arriba en el punto dos o un bosquejo sencillo de los cambios ya sea en método o filosofía que usted sugeriría.

4. Un proyecto original que cumpla con los requisitos de FLET (véase la primera lección para una explicación detallada).

Lección 8

Capítulo 10

Sugerencias para comenzar la clase

1. Antes de que comience la lección pida a dos de los alumnos que preparen una breve dramatización que ilustre tanto la conversación típica entre hermanos en la iglesia (como ilustrada en la página 175), como también lo que propone Crabb. Asegúrese de dejar tiempo para la reacción y los comentarios de los otros estudiantes. Motive a los alumnos a que exploren las razones por las cuales a veces somos tan superficiales (no hay suficiente tiempo para conversar, falta de confianza en los otros, temor al chisme y otras). Después de una interacción provechosa completen el resto de la lección.

2. Al comienzo de la clase haga recordar a los alumnos de la experiencia del doctor Crabb con las personas divorciadas o nunca casadas con quien habló (véase la página 176-177). Entonces pida a los estudiantes que de manera espontánea piensen en y expresen la mayor cantidad de ideas posibles acerca de maneras en las cuales la iglesia pueda ayudar a las personas divorciadas y solas. Seleccionen a alguien que sirva de secretario(a). Estimule a los estudiantes a que expresen todas las ideas que se les ocurran, y entonces prosigan con el resto de la lección. (Después, pueden entregar la lista a los líderes de la iglesia a fin de que se pueda aplicar algunas o todas las ideas.)

3. El doctor Crabb presenta una enumeración de las cosas que no debemos (o debemos) decir cuándo las personas necesitan estímulo al experimentar sentimientos problemáticos (véase las páginas 179-180). Lea algunas de las frases a voz alta y pida a los alumnos que contribuyan con otras negativas como también positivas. Seleccionen a alguien para que sirva de secretario(a) a fin de preservar las sugerencias para usar en situaciones reales. Después de que varios contribuyan prosigan con el resto de la lección. [Nota: Como alternativa se puede leer uno o ambos casos que aparecen en la páginas 182-186 y permitir que los estudiantes ofrezcan sus sugerencias acerca de cómo resolver los problemas presentados.]

4. Desarrolle su propia idea creativa para comenzar y presentar la lección.

Comprobación para las diez preguntas

1. Crabb presenta tres razones para la capacitación de consejeros en la iglesia: a. la demanda creciente por servicios de aconsejar; b. la necesidad de trabajar con cada creyente de manera individual; y c. la limitación del equipo pastoral para tratar de proveer cuidado para todos.

2. El doctor Crabb propone tres niveles de consejería: a. nivel I que trata del consejo estimulante en relación con sentimientos problemáticos, es un nivel de consejo proporcionado por todos los miembros de la congregación; b. nivel II que tiene que ver con la exhortación relacionada con la conducta indebida, lo practican los líderes así como pastores, ancianos, y maestros de escuela dominical; y c.

nivel III trata del esclarecimiento con referencia a pensamientos problemáticos. La consejería a este nivel está a cargo de aquellos con entrenamiento especial.

3. El doctor Crabb explica que el interés sincero y cariñoso puede prestar una tremenda ayuda a los que tienen angustias personales. Crabb afirma que el «saber que alguien me quiere» da fuerzas y capacita a la persona para creer en el amor que Dios tiene por ellos. El amor del grupo de creyentes da seguridad y ayuda a aquellos que sufren por soledad.

4. El consejero de nivel I puede notar el comportamiento diferente de un hermano o hermana en la fe. Puede notar si la persona está ya sea callada, distante, tensa, sombría o se comporta de una manera diferente a la usual. Crabb anima al consejero del nivel I a que trate de ayudar a la persona pero da dos advertencias: a. no andar buscando víctimas; y b. cuidar de hermanos o hermanas que andan buscando atención sin tomar responsabilidad por sus acciones.

5. En los años 70, Francis Schaeffer afirmó que la batalla principal en círculos evangélicos sería acerca de la autoridad de la Biblia. Dicha cuestión se relaciona a la consejería en que las personas necesitan una fuente autoritativa y confiable para sus decisiones y conducta.

6. Crabb explica que acudimos a las siguientes fuentes: a. el consejo de expertos (que puede ser la opinión falible de hombres; b. el sentido común (que puede ser erróneo); y c. nuestro «juicio interior» que también es limitado y fali-

ble. En relación con estas fuentes, la Biblia es la única completamente confiable.

7. Un conocimiento de las Escrituras es el requisito más importante que debería cumplir el consejero del nivel II.

8. Crabb sugiere que los consejeros del nivel III estén preparados en tres áreas de conocimiento que va más allá del conocimiento de las Escrituras: a. principios básicos para varias facetas de la vida cristiana; b. como reflexionar acerca de una situación problemática y llegar a una estrategia bíblica para encararla; y c. capacidades para entrevistar a las personas.

9. En el concepto de Crabb, el consejero de nivel III trata con las emociones y la conducta, pero pasa más allá para explorar los supuestos erróneos en el pensamiento de las personas acerca de cómo conseguir significación y seguridad. Crabb estima que el consejero a nivel III necesitaría entre 6 meses y un año de entrenamiento con clases semanales de entre dos y media horas y tres.

10. Crabb hace un resumen de su pensamiento afirmando lo siguiente: a. las personas necesitan sentido (significación y seguridad) de manera desesperada; y b. El Señor Jesucristo «es completamente suficiente» para satisfacer esas necesidades.

Sugerencias para proyectos adicionales

1. El estudiante puede (con la ayuda del pastor u otra persona calificada del liderazgo de la iglesia) desarrollar entre una y tres conferencias acerca de un tema de interés tanto para creyentes como también para no creyentes (cómo lidiar con la ansiedad, la depresión, el estrés) junto con respuestas bíblicas para los mismos. La conferencia (con entrada gratuita) puede ser anunciada en la comunidad y usada tanto para la edificación como también la evangelización. Para cumplir el proyecto, el alumno debe hacer una buena investigación sobre el tema, preparar notas para los participantes, y ofrecerles una lista de recursos confiables (incluyendo pasajes de la Biblia).

2. El alumno (con la ayuda del pastor u otra persona calificada del liderazgo de la iglesia) puede iniciar una compilación de libros o recursos para consejería en la congregación local. [Hay muchos libros disponibles y por lo tanto el proyecto representa sólo un comienzo.] Dicha compilación debe presentar información acerca de libros recomendables en las áreas de consejería general, ayuda para familias, consejo matrimonial y pre-matrimonial, ayuda para bebes, niños, adolescentes, personas maduras y ancianos, y temas especiales (drogas, infidelidad matrimonial, el yugo desigual, aborto, suicidio, y otras áreas especializadas). La compilación debe incluir: a. el nombre del libro (o serie); b. una descripción del contenido; c. una evaluación e ideas para la aplicación de los principios que contiene. [Para cumplir con el proyecto el estudiante debe evaluar por lo menos cinco libros.]

3. El estudiante puede desarrollar un programa para enseñar a creyentes en la iglesia local cómo tratar con personas que han sufrido alguna pérdida significativa (muerte, divorcio, pérdida de trabajo o bienes). El proyecto debe incluir lo siguiente: a. el proceso por el cual las personas pasan cuándo han sufrido pérdida; b. información acerca de cómo tratar, consolar, y aconsejar a dichas personas; y c. una enumeración de frases que se pueden y no se pueden decir (véase la páginas 179-180 del texto para un ejemplo). El proyecto debe escribirse de manera sencilla y accesible a los miembros de la iglesia, es decir sin lenguaje técnico ya que debe servir para prestar ayuda práctica en situaciones reales.

4. Un proyecto original que cumpla con los requisitos de FLET (véase la primera lección para una explicación detallada).